認知症がある人をケアする

BPSDによる生活場面の困難さ

佐藤　八千子
小木曽　加奈子　監修

学文社

執筆者一覧（五十音順）

編　者

阿部　隆春	東京都福祉保健局	第1章
安藤　邑惠	岐阜医療科学大学　教授	第5章第1節・2節
小木曽　加奈子	岐阜大学　准教授	第2章，第8章
佐藤　八千子	岐阜経済大学　教授	第4章，第6章
祢宜　佐統美	愛知文教女子短期大学　准教授	第5章第3節
平澤　泰子	浦和大学短期大学部　教授	第7章
山下　科子	信州介護福祉専門学校	第3章

著　者

阿部　隆春	東京都福祉保健局	第1章第1節，第5章第3節2-7）
安藤　邑惠	岐阜医療科学大学	第5章第1節2
伊藤　義明	特別養護老人ホーム優・悠・邑	第5章第3節1-3)-①，③，⑬
今井　七重	平成医療短期大学	第5章第3節3-2）
今津　尚人	岐阜県立寿楽苑	第5章第3節2-10)
臼井　浪子	特別養護老人ホーム清心苑	第5章第3節1-3)-⑥，⑨，⑩，⑪
梅田　雅子	東海建設株式会社介護事業部プルメリア	第5章第3節1-3)-⑦
小木曽　加奈子	岐阜大学	第2章第2節・3節，第5章第2節，第3節2-9)
齊藤　隆司	あいち福祉医療専門学校	第5章第4節1
齊藤　妙子	老人保健施設みず里	第5章第3節2-2)-4)
佐藤　八千子	岐阜経済大学	第4章，第5章第1節1・3，第8章第1節2
重松　義成	西九州短期大学部	第6章第1節，2節
高井　道子	NPO法人ほのぼの朝日ネットワーク	第5章第3節1-3)-⑧，第5章第3節3-1)
高木　房代	岐阜県立寿楽苑	第5章第3節2-10)
武井　浩子	信州介護福祉専門学校	第3章
田村　禎章	ユマニテク福祉専門学校	第6章第3節
温水　理佳	岐阜大学	第5章第3節1-4）
坪井　寿夫	特別養護老人ホーム優・悠・邑	第5章第3節1-3)-②
西村　志織	特別養護老人ホーム優・悠・邑	第5章第3節1-3)-④
西本　円	グループホームサンライフ中野山	第5章第4節3
祢宜　佐統美	愛知文教女子短期大学	第1章第2節，第5章第3節2-1)，第8章第1節1
服部　藤高	特別養護老人ホーム優・悠・邑	第5章第3節1-3)-④
彦坂　亮	日本福祉大学中央福祉専門学校	第8章第2節
平澤　泰子	浦和大学短期大学部	第5章第3節1-1)-2)，第7章第2節
本荘　鈴子	介護老人保健施設アルマ・マータ	第5章第3節2-5)
宮崎　則夫	特別養護老人ホームこうめの里	第5章第3節1-3)-⑫，第5章第4節2
森　由香子	日本福祉大学中央福祉専門学校	第2章第1節
森永　牧子	九州大谷短期大学	第5章第4節4
山下　科子	信州介護福祉専門学校	第5章第3節2-6)，8)
吉澤　進治	特別養護老人ホーム優・悠・邑	第5章第3節1-3)-⑤
吉田　章子	特別養護老人ホームいぶき苑	第5章第3節2-11)
渡邊　美幸	岐阜医療科学大学	第7章第1節

はしがき

　2010（平成22）年10月1日現在，我が国の高齢化率は23.1％であり，国立社会保障・人口問題研究所の日本の将来推計人口（2006（平成18）年12月推計）によると，団塊ジュニアが75歳以上になった後の，2055（平成57）年の高齢化率は40.5％と予測され，4人に1人が75歳以上になると推計されている。一方，厚生労働省研究班（班長 朝田 隆 筑波大学教授）の調査によれば，現在，認知症の人は少なくとも400万人を超えており，そのうちの半数は在宅で生活しているとしている。認知症は，65歳以上の10人に1人，85歳以上の4人に1人に出現する病気であり，誰もが自分はなりたくないと思っている病気である。それは，認知症の心理・行動症状（Behavioral and Psychological Symptoms of Dementia：BPSD）が，ケアの困難性を招いているという現象からくるからであろう。

　本書は，認知症がある人をケアするための対応の手引書として，日々の支援の参考になるよう，さまざまなスケールや事例，制度を豊富に紹介しながら，具体的に展開し，手にとって分かりやすいものとなっているのが特徴である。

　第1章では，認知症ケアの歴史の変遷と介護保険制度の課題を浮きぼりにし，第2章では疾患としての認知症を正しく理解した上で，症状として中核症状とBPSDの関係を図にして，分かりやすく説明している。第3章では，代表的な認知症の種類の発症原因・症状・経過，早期診断・早期治療の糸口につながるよう，評価スケールや諸検査・治療薬を多く掲載しているので参考にしていただきたい。第4章では，ケアの場面で直面する困難さを分類し，ニーズを把握しやすくするとともに，BPSDの原因や対応の仕方を具体的に示している。実践において，生活全体を把握するためのスケールも参考となるだろう。第5章では，認知症ケアの実践に際しては，パーソン・センタード・ケアの理念とDCM，センター方式のアセスメントやICF（国際生活機能分類）に基づいたアセスメントの視点の重要性を取り上げている。看護職版認知症ケア尺度・介護職版認知症ケア尺度は，実践の場で，ケアの確認の一助として是非活用していただきたい。第6章では，2012（平成24）年度介護保険法の改正で，新たに登場した市民後見人について紹介しており，人間の尊厳が，認知症ケアの基盤であることを再確認している。第7章と8章では，認知症の人をとりまく，家族力や地域力，さまざまな専門職との連携を学ぶことによって，地域全体で支える体制の充実を摸索していただきたい。

　最後に，本書が，認知症の人のQOLの向上をめざし，日夜，対応に取り組まれている，一般病院や介護施設の職員，家族介護者，看護，介護を学ぶ学生の皆様の一助になり，座右の書として愛用していただけることを心から願っている。

　2012年7月

佐藤　八千子

目　次

はしがき

第1章　認知症ケアの歴史的経緯と現在の状況 ── 1
第1節　認知症ケアの歴史 ── 1
1．諸外国の認知症ケアの歴史　1
2．我が国における認知症ケアの歴史　2

第2節　認知症を取り巻く我が国の現状 ── 6
1．我が国における高齢社会の現状　6
2．介護保険制度の新たな課題「認知症高齢者の増加」　11

第2章　疾患である認知症の理解 ── 15
第1節　認知症の定義と用語の持つ意味 ── 15
1．認知症の定義　15
2．「痴呆」から「認知症」へ　15

第2節　認知症を招く疾患 ── 17
1．認知症の原因　17

第3節　認知症の疾患としての考え方 ── 18
1．記憶の壺　18
2．脳細胞の破壊により生じる中核症状　18
3．中核症状から派生するBPSD　21
4．中核症状とBPSDの関係　22
5．認知症の経過　25

第3章　認知症の種類と治療 ── 29
第1節　代表的な認知症 ── 29

目 次

   1．脳血管性認知症または血管性認知症　29

   2．アルツハイマー病　31

   3．レビー小体型認知症　34

   4．前頭側頭葉変性症　36

第2節　認知症の診断 ——————————————————————— 39

   1．問　診　39

   2．認知機能テスト　39

   3．諸検査　64

   4．医学的な治療　65

第4章　認知症高齢者の生活場面での困難さ ——————————— 69

第1節　ADLに着目した困難さ ———————————————————— 69

   1．食事場面　69

   2．移動場面　70

   3．排泄場面　71

   4．衣服の着脱・身だしなみ場面　71

   5．整容場面　72

   6．入浴場面　73

第2節　BPSDに起因する困難さ —————————————————— 74

   1．妄　想　75

   2．幻　覚　77

   3．夕暮れ症候群・昼夜逆転・睡眠障害　78

   4．せん妄　79

   5．徘徊・多動・落ち着きのなさ　81

   6．食行動の異常（過食・異食）　83

   7．不潔行為　85

   8．抑うつ・意欲障害　86

   9．仮性作業（常同性・強迫性）　87

  10．攻撃的行動（介護への抵抗）・コミュニケーション障害　88

第3節　生活の中の困難さをアセスメント ― 90
1．生活全体をアセスメントする必要性　90

第5章　認知症ケア ― 105

第1節　認知症ケアの実践 ― 105
1．認知症ケアの捉え方　105
2．パーソン・センタード・ケア　107
3．認知症のセンター方式　112

第2節　ICFの視点に基づく認知症ケア ― 115
1．ICFの概念と構成要素　115
2．認知症ケア尺度　121

第3節　人的・物的環境からのケア ― 129
1．コミュニケーション　129
2．さまざまな療法　151
3．地域との繋がり　171

第4節　事例紹介 ― 178
1．介護老人保健施設での事例　178
2．特別養護老人ホームでの事例　181
3．グループホームでの事例　184
4．小規模多機能型居宅介護での事例　187

第6章　認知症の人の権利擁護 ― 193

第1節　高齢者虐待 ― 193
1．高齢者虐待とは　193
2．高齢者虐待の種類　194
3．高齢者虐待の現状と対応　194

第2節　身体拘束 ― 196
1．介護保険法上の身体拘束　196

2．身体拘束をしない工夫　199

第3節　権利擁護 ──────────────────────202
　　1．社会福祉法の改正と権利擁護　202
　　2．成年後見制度　202
　　3．日常生活自立支援制度　204
　　4．市民後見人の活用　205
　　5．権利擁護制度の課題と民間権利擁護サービス　206

第7章　家族への支援 ──────────────────209

第1節　家族の強みを把握する ─────────────209
　　1．家族の発達段階　209
　　2．家族の介護力　211

第2節　認知症を受け入れる ──────────────221
　　1．家族の受容段階　221
　　2．レスパイトケア　225

第8章　さまざまな職種による支援 ───────────231

第1節　地域における支援体制 ────────────231
　　1．社会資源の活用　231
　　2．認知症サポーター　233

第2節　スペシャリストによる支援体制 ──────────235
　　1．認知症医療のスペシャリスト　235
　　2．認知症ケアのスペシャリスト　237

おわりに ……………………………………………………………243

第1章

認知症ケアの歴史的経緯と現在の状況

第1節　認知症ケアの歴史

1．諸外国の認知症ケアの歴史

　認知症ケアの歴史は，紀元前から，古代ギリシャ，中世ヨーロッパ，近世，現代と人々は老年や老化に対する老年観をどのように捉えているかを辿ることである。

　古くは，旧約聖書によれば，「白髪の人の前では起立し，老人を敬い，神を恐れよ。私は主である（フェデリコ，1981）」と高齢者や老人に対する敬意の言葉が見られ，高齢者や老人は知恵者として尊敬されていたと思われる。その後，古代ギリシャのスパルタにおいては，「市民は自らを平等者とみなし，男子は年少期から厳しい規律のもとで重装歩兵としての訓練を受け，成人後も毎夜共同食事に出席することを義務づけられた（古山ら，1998）」。つまり，老人よりも若者が称賛されていたのであろう。古代ギリシャ・ローマ時代の老いや高齢者についての身体の不自由さや憂鬱などの悪い面のイメージや考えが，その後の西洋社会に多大な影響を与えることとなったのであろう。

　一方，中世ヨーロッパにおいては，一般に親は子どもが十分成長する前に亡くなることが多かった。また，社会不安が増大すると悲惨な境遇にある老人の数が一層増えていった。そこで，老人のための救護施設も各修道院に作られるようになったのである。中でも，社会に不適応な人や精神を患った人は軟禁状態に置かれた（池上，1998）。その頃のヨーロッパにおいては，収容された高齢貧者は慈善施設や救貧施設で強制的に働かなくてはならなかったのである。

　そして，19世紀になり社会変動，とりわけ産業化，都市化が進行した。この時期，科学的精神医学の創始者として名高いフランスのピネル（Philippe Pinel）やイギリスのテューク（Daniel Huck Tuke）により，「鎖からの解放」が提唱され，認知力の低い高齢者が病院内で「道義的な治療（マルトリートメント）」の考えのもとに，運動を取り入れられながら治療，生活を送ることが出来るようになったのである（本間，2009）。人々の老年観も尊敬と親愛へと転換していったと思われる。

　20世紀に入り，1906年アルツハイマー（Alzheimer, Aloysius "Alois"）は，51歳で発症して急速に痴呆症状が進行し，4年半の経過で死亡した婦人の臨床症状と病理所見について記載し，これが後年アルツハイマー病と呼ばれるようになった初老期痴呆の最初の報告である（加藤，1993）。しかしながら，精神病院が患者で満員状態になり，認知力の低い高齢者にとっては，

保護，管理体制へと変化していった時期でもあった。

ところで，1940年代までスウェーデンでは，多くの高齢者が強制的に老人ホームに入所させられていた。しかし，1940年代後半より，老人ホーム自体が高齢者の人権を無視した施設となっている実態が明らかになってきた。ノーマライゼーションやインテグレーションの理念，実践から隔離，収容型の福祉への批判により施設から在宅への転換が図られるようになった。その中でグループホームが誕生し，認知症の人に寄り添った生活が展開された。

1980年代になると，イギリスのトム・キッドウッド（Tom Kitwood）博士によってパーソン・センタード・ケアの理念が提唱された。これまでの認知症ケアに関しての「医学モデル」に基づいた認知症の見方を再検討し認知症の人の立場に立った「その人らしさ」とそこにおける「関係性」を尊重するケアの実践を理論的に明らかにしたものである（本間，2009）。ケアする側が，他者（認知症の人）の立場を理解し寄り添い，人としての尊厳を守る上からもパーソン・センタード・ケアが有効である。これまでの既存のサービスを提供するといった一方的なケアのあり方だけではなく，共にパーソンフッドを高めあうことが今後のケアの充実につながる（大嶋，2009）。

先進諸国では，トム・キッドウッド博士によるパーソン・センタード・ケアの理念が取り入れられたケアモデルが具体化されていった。ヨーロッパ，アメリカ，オーストラリアでは，小規模で家庭的な施設ケアが模索されており，施設型・医療モデルから家庭型・生活モデル，さらにコミュニティモデルへ移行していった（本間，2009）。

2．我が国における認知症ケアの歴史

日本も高齢社会を迎え，老後の不安とともに，認知症になる前に一生を全うしたいという思いは，多くの日本人に存在する。日本各地に普及している「ぼけ封じ」の信仰は，今も根強く信じられている。そこで，我が国の人々の老年観をたどってみることで認知症ケアの歴史を考えてみる。

奈良・平安時代に代表される古代社会の人々の心を支配し，行動を規制していたものは，忠孝道徳と祖霊信仰である。老いて死ねば他界に赴き，やがて祖霊へと昇華して子孫の守護神となると考える祖霊信仰のもとでは，老親の介護をなおざりにすることはできない。老親が痴呆となって，人間離れした行動をとるにしても，それは，神の自由な世界に一歩近づいたものと思惟し，祖霊に対するがごとく接したのである（新村，2002）。このような認知力の低い高齢者に与えられていたプラスの評価は，後の世にマイナス評価へと変化していくことになる。

封建的な支配が強まるのが中世鎌倉時代である。そこでは，心を病む人に向けられた記述として「徒然草」において，老人の特有な行動を「狂る」「物狂」との悲観的な表現がみられる。つまり，村民にとって心身に障害をもつ者を異質なものとして村外へと排除しようとする，許

第1節　認知症ケアの歴史

容できない状況が出現した（新村，2002）。

　近世江戸時代に入り，中世以来の「老いて再び稚児になる」ということが諸文献に記載されている。老耄（ろうもう）は自然の摂理であり，年をとれば老病，老耄は避けられず，治療の手立てもないものと思われていた。徳川時代においては，儒教における敬老の観念が普及し，孝という徳目の実践として親の介護が重視されていた時代であった。1801年に刊行された「官刻孝義録」に老耄介抱の具体的な様子が記載されている。今日でいう老老介護や介護者の厳しい生活が綴られている（新村，2002）。

　近代に入り，明治政府は，「西洋医術」の全面的な導入を図った。そこでは，これまで老いの果てに来る単なる衰え，ボケとみなされていたものが，「老耄狂」という病名を付与された「脳病」，治ることのない気質的な精神病とされたことによって，痴呆老人はいよいよ理解することが困難な存在へとなっていったのである（新村，2002）。精神病の枠組みで捉えられていた認知力の低い高齢者は，精神病院への収容，貧しい家においては私宅監置（かんち）がなされていた。

　日本は，文明開化後の近代工業化時代に入り人口の流動化，地縁血縁の希薄化が起こり，政府は「修身」のもと，介護の動機づけ教育を徹底させた。老人には自助努力を促し介護力不足を主婦や女性に頼ることになった。

　第二次世界大戦後では，急激な傷病者の増加や貧困によって，医療基盤は根本から揺らいでしまった。その後，医療基盤の整備とともに，貧困を防ぐ目的のため我が国では1961（昭和36）年，国民皆保険が実現した。1960年代の高齢者福祉は，1963（昭和38）年，老人福祉法が制定され，それまでのごく少数の高齢者が対象であった養老施設への収容等の施策が，老人福祉施設として，養護老人ホーム，特別養護老人ホーム，軽費老人ホームが設立された。1970年代に入り，我が国の高齢化率も7.0％を超え，高齢者の増加に伴い，認知症高齢者も急増した。1973（昭和48）年，高齢者の医療保険利用の自己負担率を「5割」から「自己負担なし」（老人医療費無料化）とした。この施策により高齢者の受診率は大幅に上昇したが，それに伴い老人医療費も大幅に膨らんだ（山梨，2007）。1972（昭和47）年に有吉佐和子の『恍惚（こうこつ）の人』が出版された。これを契機として，日本国民に認知症高齢者の症状の悲惨さや家族の介護地獄が社会問題として認識されることとなった（有吉，1978）。一方，精神病院に入院した認知症高齢者は，薬漬け，言葉の暴力，身体拘束，行動制限などが行われ症状の悪化がもたらされた。当時は，「認知症」という病気の特性の理解や治療方法などが不遇な時代背景であったのである。

　1980年代に入り，それでも，『恍惚の人』の出版が一つの契機となって，1980（昭和55）年には「ぼけ老人を抱える家族の会」が結成され，家庭介護の困難な状況が語られることになった（新村，2002）。

　1984（昭和59）年には，「痴呆性老人処遇技術研修事業」が創設され，認知症高齢者の研修事業の先駆けとなった。1986（昭和61）年には，厚生省に痴呆性老人推進対策本部が設置され

た。この頃、さまざまな認知症の人に対するアプローチが登場し、認知症ケアの専門性が模索された時期であり、ようやく認知症ケアが議論されることとなった。しかし、病院施設では、本人よりも管理者職員の都合でケアが行われた時代であり、認知症の人にとっては、尊厳に配慮されない辛い時代であった（本間，2009）。1989（平成元）年には在宅福祉対策の緊急課題に重点が置かれた「高齢者保健福祉推進十か年戦略（ゴールドプラン）」が策定され、在宅介護支援センターの設置、ホームヘルプサービス、ケアハウスの創設などが実施され、在宅福祉サービスの充実などが次第に行われていった（安藤，2009）。

1994（平成6）年、「新・高齢者保健福祉推進十か年戦略（新ゴールドプラン）」では、地域の高齢者保健福祉の向上を図るため、在宅介護支援センターの法制化が行われた。この頃より、認知症はだれでもなりうるという認識とノーマライゼーションの考えが広まり、認知症の人の権利重視のケアの追求が始まった。1990年代後半には、グループホームの制度化に向けた動きが活発化し、1997（平成9）年の国庫補助事業をきっかけに、全国規模でのサービス提供体制が本格化していった（山梨，2007）。

2000（平成12）年4月には、介護保険法が施行された。措置の時代から、介護は社会でみるという時代に変わり、権利としての介護サービスを選択し、利用するようになった。認知症ケアは、具体的には、施設の小規模化、個人性の尊重、生活の継続性等に重点が置かれ、グループホームが急増し、介護保険施設でもユニット化がすすめられた（本間，2009）。しかし、予想以上の速さで増え続けるグループホームに対して、これまで作り上げてきた新しい認知症ケアの理念やノウハウを浸透させていく作業は容易ではない。現状における認知症ケアは、長い年月をかけて醸成してきた「高齢者の尊厳を支える」という新しい認知症ケアと知識不足や無理解による権利侵害が起こりかねない旧来型のケアが混在している状況といえる（山梨，2007）。

一方では、高齢化の進行や高齢者人口の増加とともに、認知症高齢者の一層の増加が見込まれている。そこで、厚生労働省は認知症支援対策として、2008（平成20）年5月には、今後の認知症対策をさらに効果的に推進するために認知症の医療と生活の質を高める緊急プロジェクトを設置した。また、同年7月には、今後の認知症対策は、早期の確定診断を出発点とした適切な対応を促進することを基本方針とし、実態の把握、研究開発の加速、早期診断の推進と適切な医療の提供、適切なケアの普及および本人・家族支援、若年性認知症対策を積極的に推進するため、財源確保も含め、必要な措置を講じていく必要があるとした報告書を公表した。現在、厚生労働省では総合的な認知症対策に取り組んでいる。具体的には市町村認知症施策総合推進事業としての地域包括支援センターなどに認知症地域推進委員の配置、介護現場に研究成果を還元するための認知症介護研究・研修センターの設置がなされた。地域では認知症高齢者等やその家族に対しての手伝いをする認知症サポーター等養成事業が行われている。更に2006（平成18）年、高齢者虐待防止法が施行され、高齢者虐待防止と虐待を受けた高齢者に対する

保護，養育者に対する支援の措置を図っている（厚生労働統計協会，2011）。

　認知症対策は，今後の高齢者介護の中心的な課題である。従って，厚生労働省の認知症対策の推進と共に，認知症の人が尊厳を持って安心して地域で暮らしていけるように，住民の一人ひとりが関心をもち，認知症ケアを共に支えていくことが求められる。

第1章 認知症ケアの歴史的経緯と現在の状況

第2節 認知症を取り巻く我が国の現状

1．我が国における高齢社会の現状

1）平均寿命の延長

　日本人の平均寿命をさかのぼると，48歳で人生の幕を閉じた織田信長は「人生50年，下天の内をくらぶれば，夢幻のごとくなり」と『敦盛』を謡い舞ったと伝えられている。その後，日本人の平均寿命は，明治，大正期を通じて低い水準にあったが，昭和期にはいると延びはじめた。それからも，男女とも平均寿命は大幅な伸びを見せ1950（昭和25）年に女性の平均寿命が60歳を超え，男性も1951（昭和26）年に60歳を超えた（厚生労働統計協会，2011）。織田信長の時代から450年後の我が国の平均寿命は図1－2－1に示すように延長傾向を示し，2010（平成22）年は男性が79.64歳，女性が86.39歳となった。今後男女とも引き続き延び（内閣府『平成23年版　高齢社会白書』，2011），2060年には，男性84.19歳，女性90.93歳となり，女性の平均寿命は90歳を超えると見込まれている。

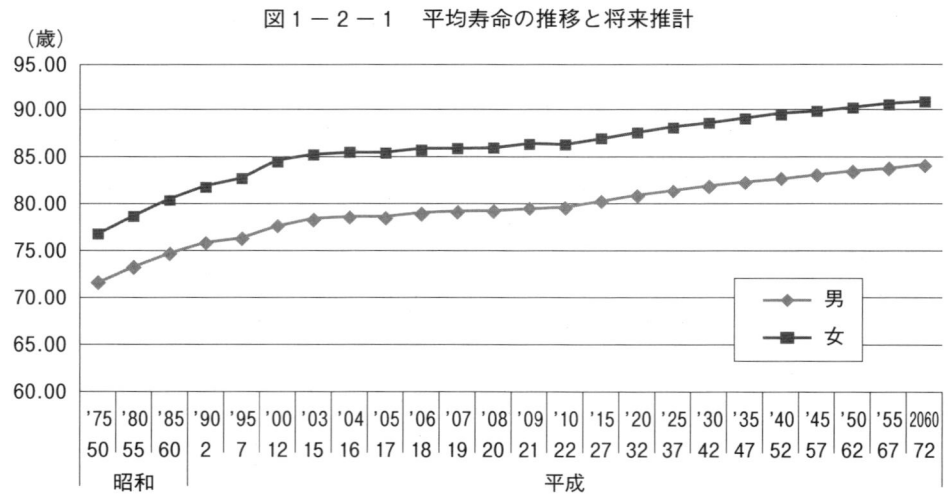

図1－2－1　平均寿命の推移と将来推計

出所）2005年までは厚生労働省「完全生命表」，2010年までは厚生労働省「簡易生命表」
　　　2015年以降は，国立社会保障・人口問題研究所「日本の将来推計人口（平成24年1月推計）」の死亡中位仮定による推計結果

　一方，我が国の総人口は，総務省統計局発表の人口推計によると，2012（平成24）年2月の概算値が1億2,770万人で，前年同月より28万人減っている（総務省統計局「人口推計（平成24年2月報）」）。今後も長期の人口減少過程に入ると推計されている。

　このように総人口が減少するなかで，高齢者は増え高齢化率は上昇を続け，65歳以上の高齢者人口は，1970（昭和45）年に7％を超え（高齢化社会），1994（平成6）年には14％を超えた。

第2節　認知症を取り巻く我が国の現状

さらに，2013年には高齢化率が25.2％で4人に1人となり，2035年には3人に1人となると推定される（高齢社会）（内閣府『平成23年版　高齢社会白書』，2011）。そこで，我が国の1980年から2058年までの高齢化率の推移については，図1－2－2にて示した。総人口に占める75歳以上人口の割合も上昇を続け，その後も増加傾向が続くものと見込まれている。図1－2－3の年齢3区分の日本人口の推移からも，0～14歳人口が減少し，65歳以上人口が増えており，今

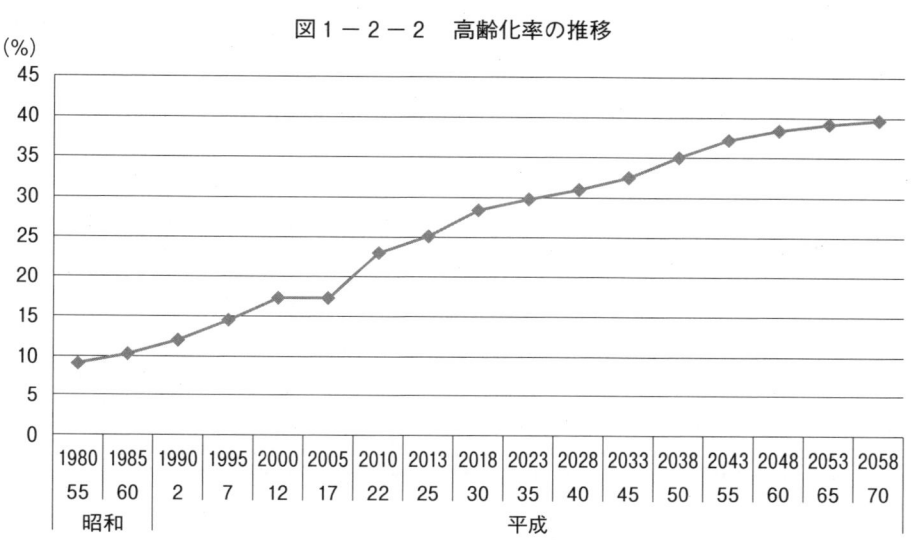

図1－2－2　高齢化率の推移

出所）総務省統計局「国勢調査　長期統計」http://www.stat.go.jp/data/chouki/02.htm

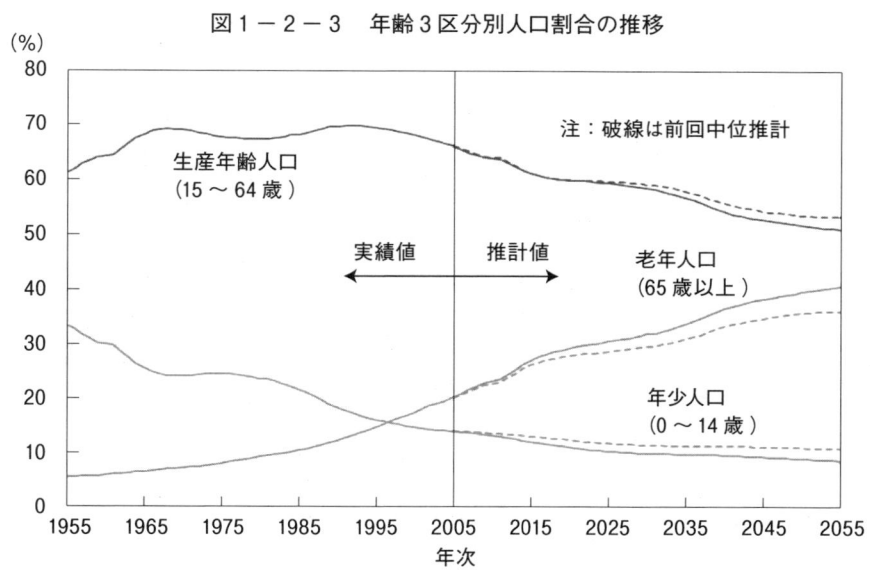

図1－2－3　年齢3区分別人口割合の推移

出所）国立社会保障・人口問題研究所　日本の将来推計人口（平成18年12月推計）
http://www.ipss.go.jp/pp-newest/j/newest03/z1_3.html

後もその傾向が続くことがうかがえる。

また，図1－2－4と5によると65歳以上の高齢者のいる世帯は，2009（平成21）年では，2,000万世帯を超え全世帯の41.9%（図1－2－4）となり，高齢者世帯は増え続けている。図1－2－5からは，世帯構成は，夫婦のみの世帯が29.8%で一番多く，23.0%の単独世帯と合わせると半数を超えている。このような急激な高齢者世帯の増加と世帯構成の核家族化によって，家族の介護機能にも変化が起こっており，高齢者介護が容易ではないということがうかがえる。

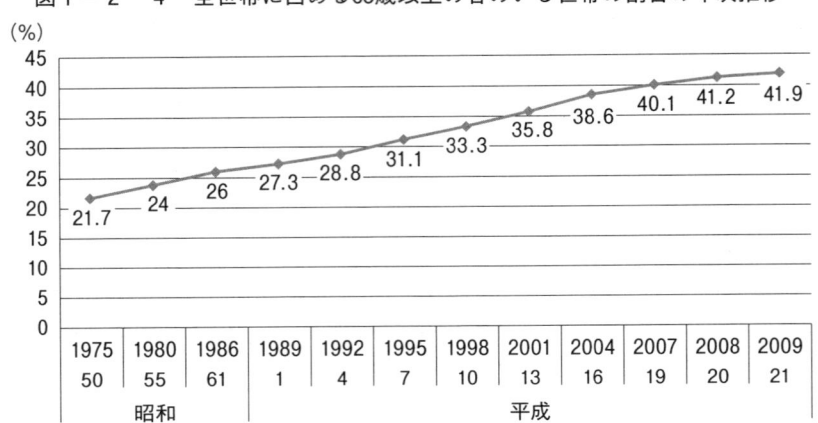

図1－2－4　全世帯に占める65歳以上の者のいる世帯の割合の年次推移

出所）『平成23年版高齢社会白書』，厚生労働省「厚生行政基礎調査」「国民生活基礎調査」
　　　平成7年の数値は兵庫県を除いたものである。

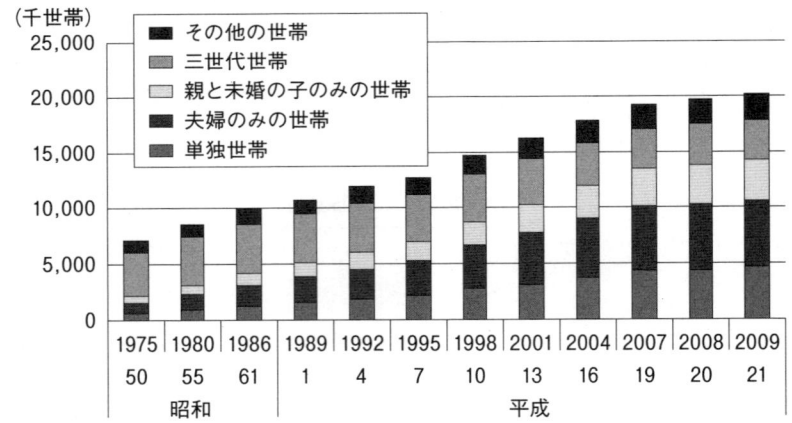

図1－2－5　65歳以上の者のいる世帯数及び構成割合（世帯構造別）

出所）『平成23年版高齢社会白書』，厚生労働省「厚生行政基礎調査」「国民生活基礎調査」
　　　平成7年の数値は兵庫県を除いたものである。

2）諸外国との比較

　高齢化率が7%から14%になる高齢化の速度は，図1－2－6から諸外国が，ドイツ40年，

第2節　認知症を取り巻く我が国の現状

イギリス47年，スウェーデン85年，フランス115年（内閣府『平成23年版　高齢社会白書』，2011）と比較的長いのに比べ，日本は24年と短く，急速に高齢化が進んだことがうかがえる。

　また，図1－2－7にて我が国と諸外国との平均寿命を比較すると，厚生労働省が発表した2010（平成22）年の簡易生命表によると，男性は香港（80.0歳），スイス（79.8歳），イスラエル（79.7歳）に次いで4位だった。女性は26年連続世界1位で，以下は香港（85.9歳），フランス（84.8歳），スペイン（84.6歳）が続く。その上，図1－2－8から日本は諸外国と比べても平均寿命だけでなく，健康で生活できる期間を示す健康寿命も世界で最も長くなっていることがうかがえる。

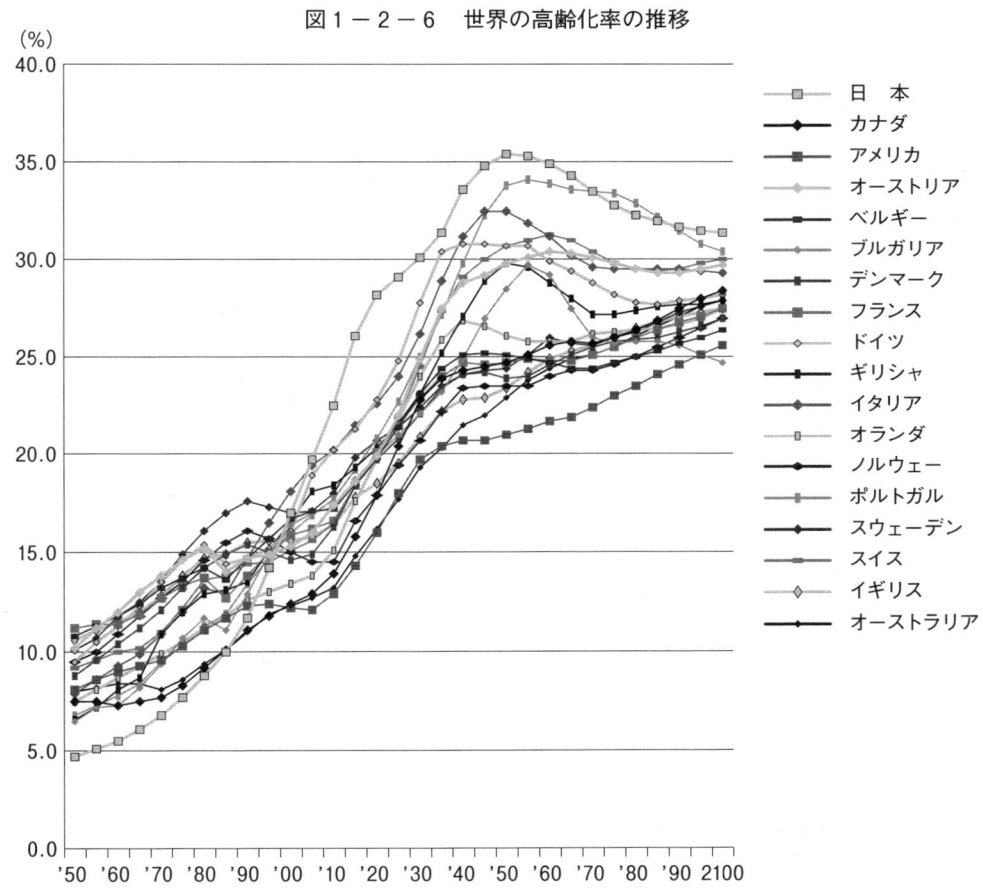

図1－2－6　世界の高齢化率の推移

出所）国立社会保障・人口問題研究所　国連推計による主要国の65歳以上人口割合；1950～2100年
http://www.ipss.go.jp/syoushika/tohkei/newest04/sH2401r.html

第1章 認知症ケアの歴史的経緯と現在の状況

図1-2-7 世界の平均寿命の推移

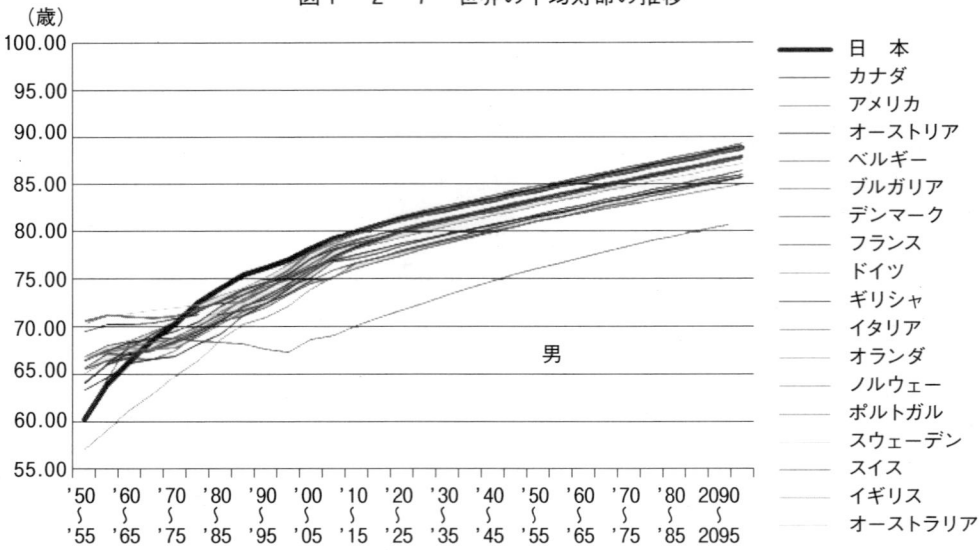

男

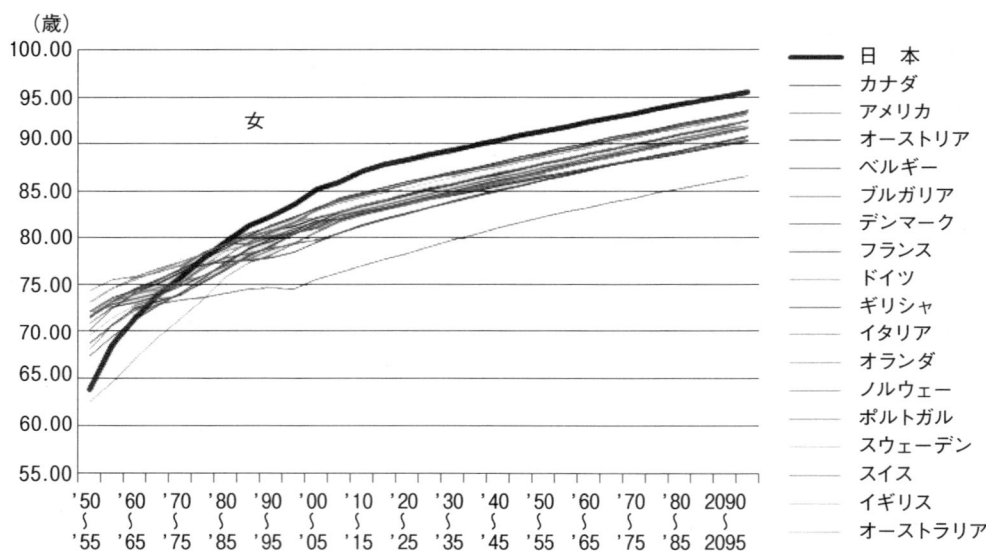

女

出所）国立社会保障・人口問題研究所「国連推計による主要国の平均寿命；1950〜2100年」
http://www.ipss.go.jp/syoushika/tohkei/newest04/sH2401r.html

第 2 節　認知症を取り巻く我が国の現状

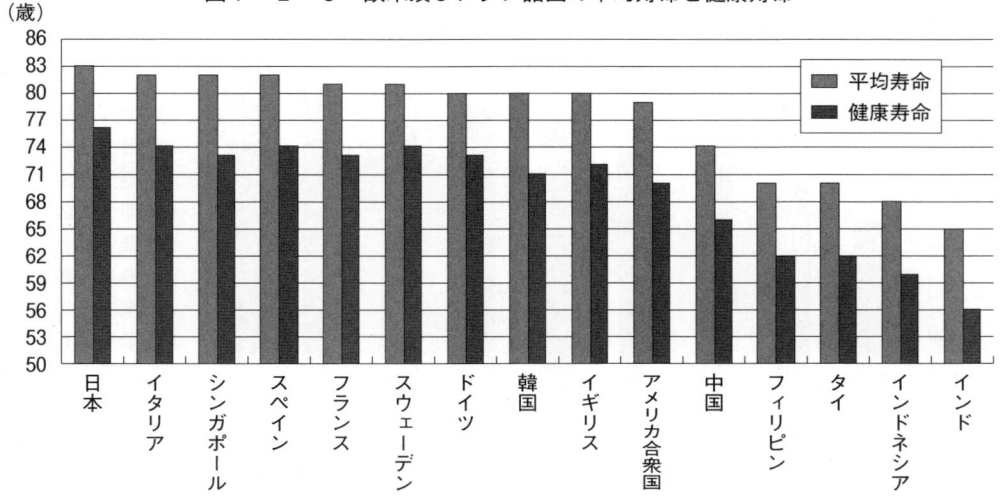

図 1 − 2 − 8　欧米及びアジア諸国の平均寿命と健康寿命

出所）平均寿命は『World Health Statistics 2011（世界保健統計2011）』で2009年時点
　　　健康寿命は総務省統計局『世界の統計2011』

2．介護保険制度の新たな課題「認知症高齢者の増加」

1）介護が必要な人の動向

　図 1 − 2 − 9 から，2000（平成12）年に始まった介護保険制度は年々利用者が増え，要介護者または要支援者と認定された人は，2011（平成23）年10月には5,222,432人（厚生労働省「介護保険事業状況報告」，2011）となっている。また，65歳以上の第 1 号被保険者においても年々増えている。その中でも，表 1 − 2 − 1 から，75歳以上の被保険者の要介護認定者は，65〜74歳の要介護認定者の3.0%に比べ，22.0%となっている。後期高齢者の増加や健康寿命と平均寿命の乖離から，介護が必要な高齢者も増加傾向にあることがうかがえる。

表 1 − 2 − 1　要介護等認定の状況

単位：千人，（ ）内は%

65〜74歳		75歳以上	
要支援	要介護	要支援	要介護
184	459	1,037	3,015
(1.2)	(3.0)	(7.6)	(22.0)

出所）厚生労働省「介護保険事業状況報告（年報）」
　　　（平成23年度）

図1－2－9　第1号被保険者（65歳以上）の要介護度別認定者数の推移

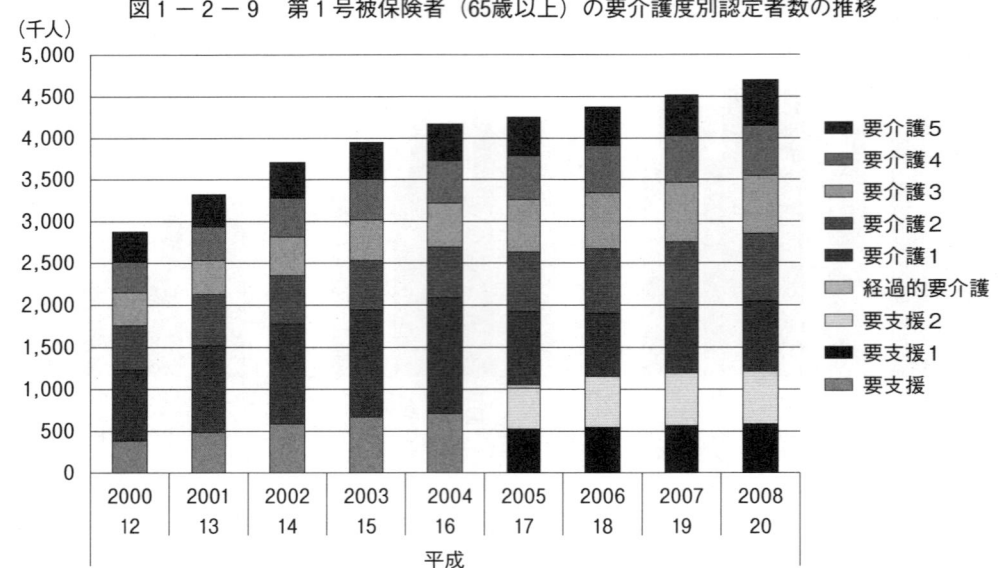

注）2006年より介護保険法の改正に伴い，要介護度の区分が変更されている。
出所）厚生労働省「介護保険事業状況報告（年報）」

2）認知症高齢者の増加

　介護保険の新たな課題の一つが認知症高齢者の増加である。介護認定を受けている約半数に認知症の影響がみられる。高齢者全体に占める後期高齢者の割合が増加することから，認知症高齢者の数も増加することになる。団塊の世代が65歳以上の高齢者となる2015年には，認知症がある高齢者は250万人を超え，85歳となる2035年には380万人に達すると見込まれる（日本認知症学会編，2010）。

3）若年性認知症

　65歳未満で発症する認知症を若年性認知症というが，全国における若年性認知症者数は2009（平成21）年調査において37,750人と推計（厚生労働省発表「若年性認知症の実態と対応の基盤整備に関する研究」，2009）されている。高齢で発症する認知症とは異なり，経過が急速であったり，経済的な問題が大きかったり，親の介護と重なり複数介護となるなど，さまざまな社会的・家庭的問題を引き起こしている。

4）高齢者虐待

　2011（平成23）年厚生労働省が発表した，65歳以上の高齢者への虐待件数は16,800件となり，年毎に増加している結果となった。高齢者虐待のうち，家族や親族による虐待は16,700件，介護施設での介護職員による虐待も急増し，前年比26.3％増の96件となった（厚生労働省「高齢者虐待の防止，高齢者の養護者に対する支援等に関する法律に基づく対応状況等に関する調査結果」，

2011)。虐待の被害者の多くは認知症と考えられ，高齢者虐待防止対応のための体制整備が求められている。

<引用・参考文献>
有吉佐和子『花岡青洲の妻・恍惚の人』新潮社，1978年，p.176
安藤邑惠ほか編著『ICFの視点に基づく高齢者ケアプロセス』学文社，2009年，p.2
池上俊一ほか『岩波講座　世界歴史8　ヨーロッパの成長』岩波書店，1998年，p.157
大嶋光子ほか「認知症の人の心理的理解　パーソン・センタード・ケアの一考察」『太成学院大学紀要』11，2009年，pp.109-118
加藤正明編『新版　精神医学事典』弘文堂，1993年，p.21
厚生労働統計協会『国民の福祉の動向』Vol.58, No.10, 2011/2012, 2011年，p.22, pp.118-122
厚生労働省『平成23年版　厚生労働白書』
　　http://www.mhlw.go.jp/wp/hakusyo/kousei/11/dl/01-01.pdf
厚生労働省「平成22年簡易生命表」
　　http://www.mhlw.go.jp/stf/shingi/2r9852000001rt29-att/2r9852000001rt3q.pdf
厚生労働省「介護保険事業状況報告（平成23年10月分）要介護（要支援）認定者数」
　　http://www.mhlw.go.jp/topics/kaigo/osirase/jigyo/m11/1110.html
厚生労働省「平成22年度　高齢者虐待の防止，高齢者の養護者に対する支援等に関する法律に基づく対応状況等に関する調査結果」http://www.mhlw.go.jp/stf/houdou/2r9852000001wdhq.html
厚生労働省発表「若年性認知症の実態と対応の基盤整備に関する研究」2009年3月19日
国立社会保障・人口問題研究所「日本の将来推計人口（平成24年1月推計）」
新村拓『痴呆老人の歴史』法政大学出版局，2002年，p.15, 53, 74, 99
総務省統計局「人口推計（平成24年2月報）」http://www.stat.go.jp/data/jinsui/2.htm#01
内閣府『平成23年版　高齢社会白書』2011年，p.23
　　http://www8.cao.go.jp/kourei/whitepaper/w-2011/zenbun/pdf/1s1s_5.pdf
日本認知症学会編『認知症テキストブック』2010年，p.206
フェデリコ・バルバロ『新約聖書』限定番号143号，レビの書32，講談社，1981年，p.204
古山正人ほか『岩波講座　世界歴史4　地中海世界と古典文明』岩波書店，1998年，p.22
本間昭編『介護福祉士養成テキストブック　認知症の理解』ミネルヴァ書房，2009年，pp.2-7
山梨恵子「わが国における認知症ケアの実情と課題―『認知症緩和ケア』を視点に―」『ニッセイ基礎研究所報』Vol.48, 2007年，pp.69-72, http://www.nli-research.co.jp

＊2004（平成16）年12月厚生労働省は「痴呆」という用語から「認知症」に行政用語を改めた。引用文献については，原文のまま記載した。

第2章

疾患である認知症の理解

第1節 認知症の定義と用語の持つ意味

1．認知症の定義

　認知症の定義は諸家により若干のニュアンスの違いはあるが，一般的には米国精神医学会の診断・統計のマニュアル（Diagnostic and Statistical Manual of Mental Disorders：DSM）のDSM-ⅢRにある認知症の診断基準をもとに定義することが多い。DSM-ⅢRによると，認知症は，「脳や身体の病気によりいったん獲得した知能が，脳の器質的変化[1]）によって障害を受け，知能が衰退・崩壊・失われた状態」をいい，特定の病名ではない。いくつかの症状を伴うことから認知症症候群ともいわれている。

　知能とは諸課題を解決する能力で，判断能力または適応能力ともいえる。人間は，記憶機能，計算機能，知識があってそれを認識し，判断を下していくわけで，認知症になるとその知的機能が障害を受けることで，認知できなくなる・判断できなくなる・記憶できなくなるといった知的機能低下により日常生活や社会生活に支障をきたすようになる。

2．「痴呆」から「認知症」へ

　「痴呆」という言葉は，日常的な用語としては，大正時代頃から用いられ始め，昭和9年の国語辞典（広辞林）には，「ちほう（癡呆）・あほう・ばか」と記載されている。その後，医学用語として用法も広がり，国語辞典には「あほう・ばか」としての意味と，医学的な「痴呆」を表す意味の2つが記載されるようになった。行政面では，1975年あたりから「痴呆」の用語が用いられ始めており，1986年には当時の厚生省に「痴呆性老人対策推進本部」が設置されている。1989年の老人保健法等の改正が初出で，現在では，介護保険法，社会福祉法等の法令で多く使用されている。なお，「痴」「呆」それぞれの文字についてみると，「痴」は，「おろかなこと，ばか」といった意味であり，痴愚，白痴，痴情，痴漢，愚痴などの言葉がある。「呆」は，「おろかなこと，ぼんやりしていること」「あきれる，あっけにとられる」といった意味であり，阿呆，呆然，呆れる，呆気ないなどの言葉がある。このように，「痴」「呆」の個々の言葉のいずれも蔑視的な意味合いが含まれており，認知症の人の適切な理解を進めるための言葉の提案が，認知症介護研究・研修センターの3センター長名で提議された。関連団体や一般からの意見も集約し，従来の「痴呆」という用語について，高齢者の尊厳に対する配慮を欠く表

現であることを踏まえ，2004（平成16）年12月に名称変更がされ，2005（平成15）年6月29日から厚生労働省が行政用語として改正し，「認知症」と呼ばれるようになった。

第2節　認知症を招く疾患

1．認知症の原因

　認知症は，さまざまな原因によって脳が障害されたことによって生じる状態像あるいは症候群である。つまり，認知症は疾患名ではない。認知症の原因となる疾患は，多岐にわたり，その疾患の特性により症状や経過なども異なる。神経変性疾患による認知症としては，アルツハイマー型認知症[2]（Dementia of the Alzheimer Type：DAT），レビー小体型認知症（Dementia with Lewy Bodies：DLB），前頭側頭葉変性症（Frontotemporal Lobar Degeneration：FTLD）などがあり，進行性で治療も困難であるが，一方，認知症は副次的である正常圧水頭症による認知症などもあり，これらは手術や治療によって改善が期待できる認知症である。そのため，認知症というくくりで，治療やケアを行うのではなく，どのような病態であるのか，原因疾患を明らかにした上でケアを行うことが望ましい。

表2−2−1　認知症の原因による分類

1．神経変性疾患による認知症
　　アルツハイマー型認知症，レビー小体型認知症，前頭側頭葉変性症，パーキンソン病，ハンチントン病，大脳基底核変性症，進行性核上性麻痺，多系統萎縮症など
2．脳血管障害による認知症
　　脳梗塞，脳出血，多発性脳梗塞，モヤモヤ病，脳動静脈奇形，膠原病，側頭動脈炎などによる血管炎，多発梗塞性認知症広範虚血型など
3．感染性疾患による認知症
　　進行麻痺，ヘルペス脳炎，クロイツフェルト・ヤコブ病，中枢神経系ウイルス感染症，神経梅毒，HIV感染，細菌性髄膜炎，真菌性髄膜炎，原虫性疾患など
4．脳外科的疾患による認知症
　　慢性硬膜下血腫，正常圧水頭症，脳腫瘍による認知症，外傷性脳障害など
5．内分泌代謝性疾患による認知症
　　甲状腺機能低下症，肝不全，ウィルソン病，腎不全，ビタミンB_{12}欠乏症，ビタミンB_1（チアミン）欠乏症，ペラグラ，電解質異常など
6．精神作用物質・薬物などによる認知症
　　アルコール性認知症，ベンゾジアゼピン系薬物，抗ヒスタミン薬，胃潰瘍治療薬（シメチジン），抗不整脈薬（プロプラノロール）など

出所）本間昭編『認知症の理解』ミネルヴァ書房，2009年，pp.51-52，一部改変

第2章　疾患である認知症の理解

第3節　認知症の疾患としての考え方

1．記憶の壺

　人間には，目や耳が捕らえたたくさんの情報の中から，関心のあるものを一時的に捕らえておく器官（海馬，仮にイソギンチャクと呼ぶ）と，重要な情報を頭の中に長期に保存する「記憶の壺」が脳の中にあると考えてみる。いったん「記憶の壺」に入れば，普段は思い出さなくても，必要なときに必要な情報を取りだすことができる。

　しかし，加齢に伴いイソギンチャクの力が衰え，一度にたくさんの情報を捕まえておくことができなくなり，捕まえても，「壺」に移すのに手間取るようになる。また，「壺」の中から必要な情報を探し出すことも，ときどき失敗する。加齢によりもの覚えが悪くなったり，ど忘れが増えるのはこのような機能低下が起因となる。生理的な加齢現象においては，イソギンチャクの足はそれなりに機能しているので，二度三度と情報を得ることを繰り返しているうち，大事な情報は「壺」に納まり，日常生活は維持できる。ところが，認知症になると，イソギンチャクの足が病的に衰えてしまうため「壺」に納めることができなくなる。新しいことを記憶できずに，さきほど聞いたことさえ思い出せない。さらに，病気が進行すれば，「壺」が溶け始め，覚えていたはずの記憶も失われていく。このような記憶の機能低下により，日常生活に困難が生じる（認知症を理解する，厚生労働省）。

図2－3－1　認知症における記憶の壺

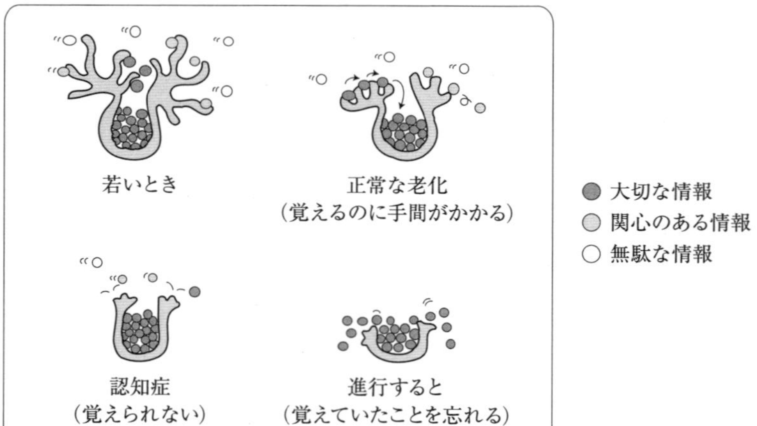

若いとき
正常な老化（覚えるのに手間がかかる）
認知症（覚えられない）
進行すると（覚えていたことを忘れる）

● 大切な情報
● 関心のある情報
○ 無駄な情報

出所）厚生労働省「認知症を理解する」http://www.mhlw.go.jp/seisaku/19.html

2．脳細胞の破壊により生じる中核症状

　認知症の原因はさまざまであるが，いずれの場合でも脳が傷害された状態となり，脳細胞の

第3節　認知症の疾患としての考え方

破壊や機能不全によって，記憶障害を中心とした中核症状が出現する。各認知症疾患に共通する症状を表2－3－1に示す。脳の細胞が壊れることによって直接起こる症状が記憶障害，見当識障害，理解・判断力の低下，実行機能の低下などの中核症状である。認知症になるとこれらの中核症状のため周囲で起こっている現実を正しく認識できなくなる。中核症状は，認知症において中心となる症状であり必須の症状である。

表2－3－1　DSM-Ⅳ-TR　精神障害の診断統計マニュアルによる認知症の診断基準

A　以下の2項目からなる認知障害が認められること
1　記憶障害（新しい情報を学習したり，かつて学習した情報を想起する能力の障害）
2　以下のうち1つ，または複数の認知障害が認められること
(a) 失語（言語障害）
(b) 失行（運動機能が損なわれていないにもかかわらず，動作を遂行することができない）
(c) 失認（感覚機能が損なわれていないにもかかわらず，対象を認識あるいは同定することができない）
(d) 実行機能（計画を立てる，組織立てる，順序立てる，抽象化する）の障害
B　上記のA1，A2の記憶障害，認知障害により社会生活上あるいは職業上あきらかに支障をきたしており，以前の水準から著しく低下していること
C　上記の記憶障害，認知障害はせん妄の経過中にのみに起こるものではないこと

出所）本間昭「認知症予防・支援マニュアル改訂版」厚生労働省介護予防マニュアルの改訂に関する研究班，2009年，p.5，http://www.mhlw.go.jp/topics/2009/05/dl/tp0501-1h_0001.pdf

　中核症状は，認知症という疾患の症状の中心をなすものである。中核症状があるという認識は，病状の悪化とともに，本人においては自覚されにくくなる。また，その日その時の状態によって，症状は一様ではない。そのため，患者に問診をするのみでなく，本人の日頃の状態をよく知っている家族や介護者から症状を把握することが重要となる。受診の際には，日常生活の中で，特記となることをメモに残し持参することで，認知症の診断にも役立つ。

　認知症は「物忘れ」があると認識されがちであるが，加齢現象による記憶力の低下とは異なる。生理的な物忘れと認知症の場合の記憶障害の違いを表2－3－2に示す。例を示すと，生理的な物忘れの場合，朝食に食べた副食を思い出せないなどがあるが，食べたことは覚えている。認知症の場合は，朝食を食べたこと自体を忘れてしまい，自己の体験に基づく事柄でも忘

表2－3－2　生理的な物忘れと認知症の違い

	生理的な物忘れ	認知症
原因	脳の加齢による生理的変化	脳の病気（脳細胞の変性や機能低下）
物忘れの仕方	体験した出来事の一部を忘れる ヒントで思い出す	体験した出来事をそっくり忘れる ヒントでも思い出せない
症状の進行	あまり進行しない	だんだん進行する（認知症の種別により進行に違いがある）
判断力	低下しない	低下する
自覚	忘れることを自覚	忘れることの自覚がない
日常生活	支障はあまりない	支障が生じる

れてしまうという特徴がある。

記憶障害
＜時間的な記憶の形態＞
　① 即時記憶（感覚記憶）
　　数秒から1分程度の短い時間の記憶である。電話をかけるときに，少しの間だけ電話番号を記憶するなどの一瞬記憶するという形態である。短文や数字の復唱を試してみることで障害が判断できる。情報量は7±2チャンク（まとまり）である。
　② 近時記憶（短期記憶）
　　数分から数時間にわたる記憶である。即時記憶（感覚記憶）のリハーサルなどにより，短期記憶に保持される。
　③ 遠隔記憶（長期記憶）
　　近時記憶（短期記憶）をさまざまな記憶を蓄える方法で長期に保持できる記憶へ変換する。数十年前の昔の出来事や，覚えたこと（九九や歌など）の記憶である。認知症になっても比較的保持されやすい。

＜内容による記憶の形態＞
　① 意味記憶
　　「赤飯はお祝い事があるときに食べる」などの，事実や常識など知識として長い間かけて，蓄えた記憶である。ことわざや故事などもこれに該当する。意味記憶の評価として，語彙の測定を行うこともあるが，生理的な加齢では低下は少ない。
　② エピソード記憶
　　いつ，どこで，だれと，なにを，行った，などの体験に基づく記憶である。「私が嫁入りした日は，桜の花が満開だった」など思い出として記憶されていることが多い。その多くが回想のプロセスと関連している。過去のエピソード記憶の意識的回想は，年齢を重ねることにより，より困難になるため，認知症の場合でも同様である。
　③ 手続き記憶
　　経験を積みながら習得した体で覚えた記憶である。干し柿をつくるために，包丁で柿の皮をむけるなどがある。

見当識障害（人・時・場所に対する認識の障害）
　① 人に対する見当識障害
　　親しい関係である夫婦や親子の関係であっても，自分と他者との関係なども認識できなくなる。そのため，息子に対して夫であると認識してしまうこともある。
　② 時間に対する見当識障害
　　季節，日時などが認識できなくなる。また，過去と現在などの区別もできなくなる。季節

③場所に対する見当識障害

　ここがどこであるか，認識できなくなる。病院や施設に居ても，自宅や職場であると誤って認識することもある。場所がどこであるかわからない不安な気持ちは，BPSD（Behavioral and Psychological Symptoms of Dementia）の誘因となるため，安心できる環境を整えることが重要である。

失語・失行・失認

①失語

　話すことや聞くことなど，言葉を使ったコミュニケーションにおける障害である。言葉を聞いてもその意味を理解することができず，伝えたいことがあるにもかかわらず，適切な言葉で表現できないなどが生じる。語彙が乏しくなり，伝えることも伝わることも双方が困難になる。

②失行

　運動機能の障害はないが，服を着る方法を忘れてしまい，着脱ができなくなる（着衣失行）など，目的に応じた行為ができなくなる。本人の目の前で一緒に動作（服を着るなど）を行うことで，マネをしながら着脱行為ができることも多い。

③失認

　見る・聞く・触るなどさまざまな感覚機能で知覚している情報を正しく認識できなくなる。食べ物を見ても，食べ物と認識できないこともある。知っているはずの人を認識できない相貌失認や使い慣れていたトイレまで迷って行けないなどの空間失認などがある。

実行機能（遂行機能）障害

　目的に合わせて，順序立てて物事をすすめることができなくなる。例えば，カレーライスをつくる際に，ジャガイモを洗わずに鍋に入れるなど，さまざまな段階で手順を踏むことができなくなる。

3．中核症状から派生するBPSD

　中核症状は，すべての認知症患者にみられる中心的な症状であり，病期の増悪に伴い，症状は進行する。さまざまな中核症状である記憶障害や見当識障害などにより，正常に保たれている脳の部分が「ここが何処だかわからない不安」「何を言っているのかわからない怒り」など心がかき乱されてしまうことがある。「安心である」「心地よい」という感情を保つ場合は穏やかに過ごすことができるが，「不安」「怒り」という感情が湧けば，BPSDが出現することになる。

表2－3－3　32項目のBPSD

睡眠障害（昼夜逆転）	徘徊・迷子
不安症状	易怒・興奮
抑うつ症状	拒薬・拒食・拒絶
自殺企図（自殺を図る）	言語的攻撃（暴言）
自発性低下	行動的攻撃（暴力）
心気（過度に心配をする）	依存
気分の易変性（気分が変わりやすい）	人物誤認
感情失禁（泣いたり怒ったりしやすい）	人物に関する状況誤認
焦燥（焦る様子がみられる）	場所に関する状況誤認
多動（じっとしていられない）	火の不始末
妄想	収集癖
被害念慮（非難されていると思う）	不潔行為
幻聴	排泄（尿失禁・放尿・便失禁など）
幻視	多弁（まとまりのない話）
せん妄（夜間も含む）	異食
逸脱行為（社会通念から外れる行動）	過食（食事後にも食事の訴えがある）

出所）王淑媚ら「日中両国の認知症高齢者のBPSDに関する比較検討」『日本保健科学学会誌』11(1), 2008年, pp.12-19

　BPSDは，認知症患者にみられる記憶障害や見当識障害などのいわゆる認知症の中核症状以外の周辺症状を総称したものであり，その概念は1996（平成8）年のIPA（International Psychogeriatric Association, 国際老年精神医学会）のシンポジウムで紹介され命名された（西村，2009）。先行研究（Black W. et al., 2004・王ら，2008）では，認知症高齢者のBPSDの出現率は70～90％とされているが，BPSDはすべての患者にみられるものではない。穏やかに過ごすことができれば，BPSDは軽減する（鈴木みずえら，2009）ため，国際生活機能分類（ICF）を用いて，人的環境や物的環境も視野に入れて，さまざまな角度からアプローチを行うことが求められる。なお，BPSD測定尺度については，第4章で述べる。

4．中核症状とBPSDの関係
1）中核症状にさまざまな誘因が重なりBPSDが出現する

　中核症状とBPSDの両者の関係を示すと次ページの図のようになる。認知症では，中核症状など疾患がもつ症状と，本人がもともと持っている性格などの心理学的要因，環境や介護者などとの人間関係などの社会的要因などさまざまな要因がからみ合って，BPSDが生じる。BPSDである妄想や易怒・興奮などの軽減のために，薬物療法を用いることもあるが，認知機能や運動機能に対する副作用も多い。そのため，できるだけ非薬物療法を実践することが望ま

第3節　認知症の疾患としての考え方

図2－3－2　中核症状とBPSDの関係

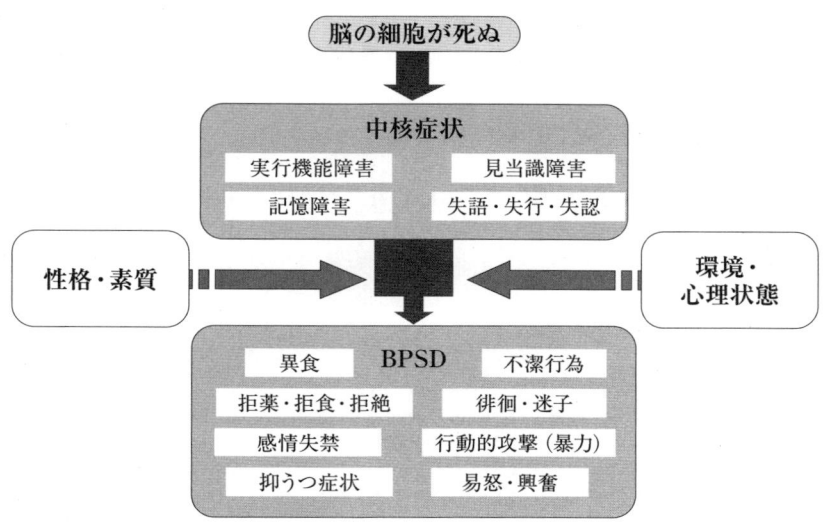

出所）厚生労働省「認知症を理解する」http://www.mhlw.go.jp/seisaku/19.html より一部改変

しい。

　BPSDに対する非薬物療法の基本は，記憶を失い，過去，未来とのつながりを切り離され，不安な患者の"今"を心地良いと感じられるように対応し，環境を整えることに尽きる（鈴木肇ら，2009）。家族の対応のまずさが，BPSDを招いていることも少なくないため，家族に認知症やBPSDの病態を十分説明し，家族が尊厳を持って対応することの重要性を認識できるよう支援することが必要である。

2）中核症状とBPSDの位置関係

　中核症状は，認知症の中心をなす症状であるが，BPSDは周辺症状と呼ばれるように，その周りに随伴して生じる症状である。BPSDは，一部の患者に出現する症状ではなく，すべての患者がBPSDの出現の可能性をもっている。一過性のBPSDはほとんどの患者に出現する。また，疾患ごとの特性を持っているため，その患者がどのような種類の認知症であるかを見極めながら関わることが重要である。アルツハイマー型認知症の妄想では，記憶障害やそれに伴う時間的感覚の誤認などが背景にあることが多く，一方，前頭側頭型認知症や脳血管性認知症の一部にみられるような激しい攻撃性や脱抑制，レビー小体型認知症でみられる幻視などは，疾患自体の要因の関与が大きく，環境やケアの配慮だけではコントロールできない（鈴木肇ら，2009）。

3）認知症との鑑別が難しい疾患

　記憶障害やBPSDに類似した症状を示す疾患は多く，認知症との鑑別も重要となる。せん妄は，環境が大きく変化する場合に生じやすく，緊急入院や手術後などにみられ，夜間にみられる場合は夜間せん妄と呼ぶ。せん妄は一時的に意識障害・記憶障害・見当識障害などを呈す

第2章 疾患である認知症の理解

図2－3－3　中核症状とBPSDの関係

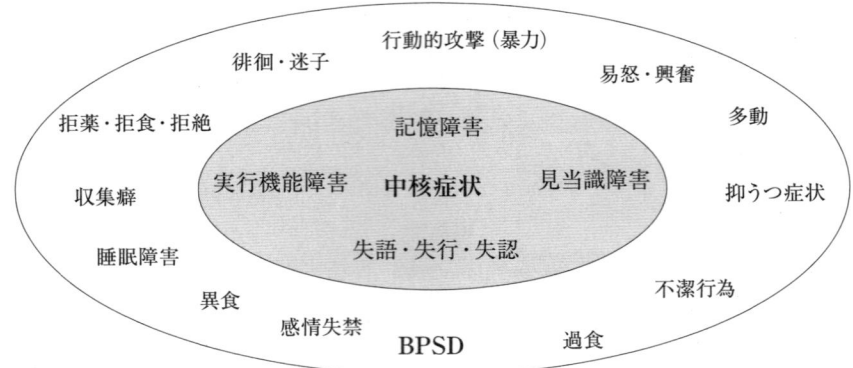

出所）厚生労働省「認知症を理解する」http://www.mhlw.go.jp/seisaku/19.html より一部改変

るが，一過性であるため軽快する。

また，うつ病やうつ症状との鑑別も重要となる。うつ病では被害妄想や意欲の低下などの症状もあるため，的確な診断を行い，うつ病であれば早期に治療を開始することが望ましい。表2－3－4に徴候の比較を示す。

表2－3－4　せん妄，認知症，うつ症やうつ症状の臨床徴候の比較

臨床徴候	せん妄	認知症	うつ病やうつ症状
発現	急性／亜急性，しばしば薄明りで，あるいは暗闇で	慢性的，一般に潜行性	しばしば突然の大きな生活の変化と同時に起こる
経過	短い，症状の日周的変動，可逆的	明確な発症はない。徐々に発症，多くは不可逆的	ある程度明確な発症がある。可逆的
進行	急激に発症する	進行は比較的緩やかである。進行のむらがある	急速に進行する。変動的，速いか遅いかが均一
持続時間	多くは，1カ月未満に数時間	数カ月から数年	少なくとも6週間，数カ月から数年の可能性がある
認識	減少する	はっきりしている	はっきりしている
敏捷性	変動する，無気力，あるいは極度に用心深い	早期では一般的に正常	正常
注意	損なわれている，変動する，危険回避ができない	早期では一般的に正常	容易に気が散る
見当識	一過性の見当識障害	早期では一般的に正常，進行とともに出現	選択的見当識障害
記憶	一過性の短期記憶障害	短期記憶から障害され，長期記憶は保持されやすい	即時記憶，近時記憶，遠隔記憶共に問題を生じる
思考	混乱に陥っている，ゆがめられた，断片的な，思考錯乱性言語	抽象化が困難，考えが乏しい，判断力が損なわれ，言葉を見出すことが困難	損なわれてはいないが，絶望感，無力感，あるいは自己非難の傾向がある

第3節　認知症の疾患としての考え方

知覚	錯覚，妄想，幻覚，現実との誤解の区別が困難	通常欠如している誤解	妄想や幻覚は重度の場合を除いてない
生活	援助が必要	進行に伴い援助が必要	自立していることが多い
睡眠・覚醒サイクル	乱れている，サイクルが逆になっている	疾患からの睡眠障害は見られない	乱れている，多くは早朝に起きる
関連した特徴	可変的な感情変化，自律神経の超覚醒状態，性格タイプの誇張，急性の疾患と結びついている	感情が表面的な傾向，不適当で不安定，知性の欠損を隠そうとする試み，性格変化，失語症，洞察力低下	抑うつ状態の影響，不快な気分，誇張して諸述した苦情，個人的な考えで頭がいっぱいになる，入念な言葉

出所）プラシラら『ヘルシー・エイジング』エルゼビア・ジャパン，2007年，p.692，を一部改変

5．認知症の経過
1）軽度認知障害

さまざまな調査結果から，認知症の発症のプロセスが明らかになり，生活習慣を含め，認知症予防の可能性が注目されつつある。できるだけ，認知症に至らないように自立した生活を継続することは多くの人が望むことであろう。

認知症に至る前段階にあたる軽度認知障害の時期に低下する認知機能も，次第に明らかとなっている。軽度認知障害の時期には，エピソード記憶，注意分割力，計画力を含めた思考力の低下が起こりがちであり，認知症予防の観点からはこれらの認知機能を維持するような知的な活動が有効であろうと考えられている（本間，2009）。軽度に認知機能が低下したこの時期の状態である軽度認知障害（Mild Cognitive Impairment：MCI）は，統一的な診断基準が提唱されている。

また，MCIと類似した概念として，1993年に国際老年精神医学会の検討委員会が提唱した加齢関連認知低下（Aging-associated Cognitive Decline：AACD）も診断基準がある。

表2－3－5　MCIの診断基準

1．認知症または正常のいずれでもないこと
2．客観的な認知障害があり，同時に，客観的な認知機能の経時的低下または主観的な低下の自己報告，あるいは情報提供者による報告があること
3．日常生活能力は維持されており，かつ，複雑な手段的機能は正常か，障害があっても最小であること

出所）本間昭編『認知症の理解』ミネルヴァ書房，2009年，p.79，より引用

表2－3－6　AACD（加齢関連認知低下）の診断基準

1．本人または信頼できる他者から認知的低下が報告されること
2．始まりが緩徐で（急激でなく），6ヶ月以上継続していること
3．認知障害が，以下のいずれかの領域での問題によって特徴づけられること
　(a)記憶・学習，(b)注意・集中，(c)思考（例えば，問題解決能力），(d)言語（例えば，理解，単語検索），(e)視空間認知

4．比較的健康な個人に対して適応可能な年齢と教育規準が作られている量的な認知評価（神経心理学的検査または精神状態評価）において異常があること。検査の成績が適切な集団の平均よりも少なくとも1SD（＝標準偏差；データのばらつき具合を表す数値）を下回ること

5．除外規準
　上に挙げた異常のいずれもがMCIまたは認知症の診断に十分なほどの程度でないこと
　身体的検査や神経学的検査や臨床検査から，脳の機能低下を引き起こすとされる脳の疾患，損傷，機能不全，または全身的な身体疾患を示す客観的な証拠がないこと

＊その他の除外基準
　　(a)認知的障害をもっていると観察されがちな，うつ病，不安症，その他の精神的な疾患，(b)器質的な健忘症状，(c)せん妄，(d)脳炎後症候群，(e)脳震盪後症候群，(f)向精神的薬物の使用や中枢作用性薬物の効果による持続的な認知障害

出所）本間昭編『認知症の理解』ミネルヴァ書房，2009年，p.79．より引用

2）認知症の病期における特徴

MCIは，認知症ではないと診断基準においても明記されているが，ここではその前段状態として取り扱う。また，認知症においては，その種類により経過の差異もあるため，それぞれの疾患による特徴は第3章で述べる。

表2－3－7　MCIと認知症の経過

病期	中核症状	BPSD	生活の状態
軽度認知障害（MCI）	判断力や注意力がやや低下　軽微な記憶障害		日常生活は自立して送ることができ，仕事や趣味活動等に支障が生じるようになるが何とか継続できる
初期	近時記憶の障害　判断力の低下　進行とともに見当識障害	不安（記憶障害を認識できるため），焦燥，抑うつ症状	仕事や趣味活動等に支障が生じるようになり，支援がないとできない。見守りがあれば日常生活は維持できる
中期	即時記憶障害，近時記憶障害，遠隔記憶障害，エピソード記憶障害，意味記憶障害，見当識障害，失語・失行・失認，実行機能障害	多彩なBPSDの出現（妄想，幻覚，徘徊・迷子，不潔行為，異食，過食，収集癖，感情失禁，焦燥，抑うつ症状，易怒・興奮，拒薬・拒食・拒絶など）	ADLの低下，身体機能が保持されている場合は，徘徊・迷子や多動が出現
重度期	中核症状は存在するものの自発語や活動性の低下により症状が不明瞭となる		セルフケアはほぼ全介助，心身機能の低下が著しく臥床時間が増える

第3節 認知症の疾患としての考え方

図2−3−4 アルツハイマー型認知症の経過

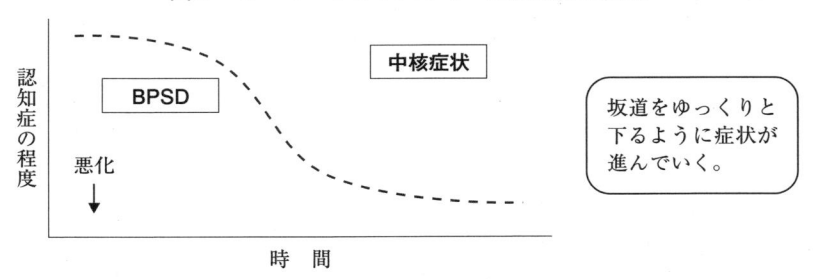

坂道をゆっくりと下るように症状が進んでいく。

出所）本間昭「認知症の基礎知識，認知症の経過」http://www.e-65.net/index.html を一部改変

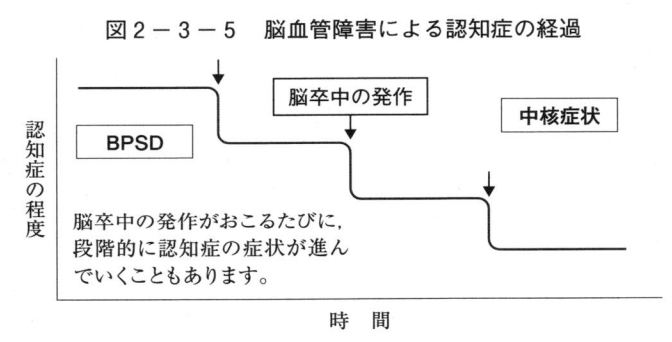

図2−3−5 脳血管障害による認知症の経過

脳卒中の発作がおこるたびに，段階的に認知症の症状が進んでいくこともあります。

出所）図2−3−4と同じ

注
1) 脳の器質的変化としては，神経細胞が破壊されたり失われたりする。
2) 本書では，DSM-Ⅳ-TR に依拠し，アルツハイマー型認知症と表記する。

＜引用・参考文献＞

朝田隆「BPSD に対する薬物以外の対応と家族へのアドバイス」『Cognition and Dementia』第9巻第2号，2010年，pp.47-52

朝田隆ほか「日本語版 BEHAVE-AD の信頼性について」『老年精神医学雑誌』第10巻，1999年，pp.825-834

雨海照祥「Mini Nutritional Assessment―高齢者のアウトカム指標としての栄養判定基準―」『臨床栄養』第114巻第6号，2009年，pp.627-637

安藤邑惠ほか編『ICF の視点に基づく高齢者ケアプロセス』2009年，学文社，p.123

衛藤暢明ほか「救命救急センターに搬送された自殺企図者の精神医学的評価―平成18年度のリエゾン活動から―」『福岡大学医学部紀要』第35巻第1号，2008年，pp.25-33

王淑媚ほか「日中両国の認知症高齢者の BPSD に関する比較検討」『日本保健科学学会誌』第11巻第1号，2008年，pp.12-19

岡田慶一『介護老人保健施設認知症棟における摂食・嚥下障害―問題の分類と対策―』『北関東医学』第59巻第1号，2009年，pp.9-14

厚生労働省「認知症を理解する」http://www.mhlw.go.jp/seisaku/19.html

サドック, B.J. ほか，井上令一ほか監訳『カプラン臨床精神医学テキスト 第2版』メディカル・サイ

エンス・インターナショナル，2006年
鈴木肇ほか（いわて盛岡認知症介護予防プロジェクトもの忘れ検診専門医部会編）『かかりつけ医とケアスタッフのためのBPSD対応マニュアル』南山堂，2009年，p.9
鈴木みずえほか「重度認知症病棟における認知症ケアマッピングを用いたパーソン・センタード・ケアに関する介入の効果」『老年精神医学雑誌』第20巻第6号，2009年，pp.668-679
西村浩「BPSDの概念と対応；治療上の問題点」『老年精神医学雑誌』第20巻（増刊号Ⅲ），2009年，pp.87-94
日本認知症学会編『認知症テキストハンドブック』中外医学社，2009年，pp.114-138
認知症介護研究・研修東京センター『第2版 新しい認知症介護―実践者編（認知症介護実践研修テキストシリーズ1）』中央法規出版，2006年，p.239
博野信次ほか「日本語版 Neuropsychiatric Inventory；痴呆の精神症状評価法の有用性の検討」『脳と神経』第49巻，1997年，pp.266-271
J. E. ビリン＆ K. W. シャイエ編，藤田綾子ほか訳『エイジング心理学ハンドブック』北大路書房，2008年，pp.150-167
プラシラ・エバーソールほか『ヘルシー・エイジング』エルゼビア・ジャパン，2007年，p.692
本間昭『認知症予防・支援マニュアル 改訂版』厚生労働省介護予防マニュアルの改訂に関する研究班，2009年，pp.2-9，http://www.mhlw.go.jp/topics/2009/05/dl/tp0501-1h_0001.pdf
本間昭編『認知症の理解』ミネルヴァ書房，2009年，p.12
三根浩一郎「介護老人保健施設におけるBPSDへの対応と課題」『老年精神医学雑誌』第18巻第12号，2007年，pp.1318-1324
American Psychiatric Association, 佐藤光源ほか監訳『米国精神医学会治療ガイドライン コンペンディアム』医学書院，2006年
American Psychiatric Association, 高橋三郎ほか訳『DSM-Ⅳ-TR 精神疾患の診断・統計マニュアル』医学書院，2002年
Black, W., Almeida, O. P., *A systematic review of the association between the behavioral and psychological symptoms of dementia and burden of care,* Intpsychogeriatr, 16(3)：2004，p.295
Cummings, J. L. et al., *The Neuropsychiatric Inventory: Comprehensive assessment of psychopathology in dementia,* Neurology, 1994, 44：pp.2308-2314
Reisberg, B. et al., Behavioral symptoms in Alzheimer's disease: Phenomenology and treatment, *J Clin Psychiatry,* 48（Supp．1-5）：1987，pp.9-15

第3章

認知症の種類と治療

　認知症の原因となる疾患は70種類以上あるが，治療や予防がある程度可能であるものと，治療が困難であるものとに大きく分けることができる。治療や予防がある程度可能であるものには，脳血管性認知症や内分泌・代謝疾患，薬物などによる認知症がある。治療が困難であるものは，アルツハイマー病を代表とする神経変性疾患による認知症があげられる。認知症の原因となる疾患は単発とは限らず，いくつかの疾患を合併しているケースが多々みられる。

第1節　代表的な認知症

1．脳血管性認知症または血管性認知症

　血管性認知症（Vascular Dementia：VaD）は，脳の血管障害により脳内の神経細胞や神経線維が破壊されておこる認知症の総称である。心臓などに原因がある血管障害でも認知症が発症するため，脳血管性認知症を単に血管性認知症と呼ぶことも多くなっている。以前は日本における認知症の原因として，最も多いと考えられていたが，現在はアルツハイマー病の方が多いとされている。発症の背景は高血圧や糖尿病，脂質異常症，心不全といった慢性疾患がある。

1）発症原因

　脳梗塞や脳出血による脳血管障害や脳循環の不全が原因となり，脳が損傷され，認知症症状が現れる。発症原因となった血管障害の種類やそれが生じた部位によっていくつかのタイプに分けることができる。

（1）皮質下血管性認知症

　大脳皮質より深い部分の細い血管が詰まって生じる認知症で，日本人を含むアジア人に最も多い血管性認知症である。脳の奥の方の血管障害により，二次的に前頭葉の血流が低下し，意欲の低下が起こる。ラクナ梗塞と，ビンスワンガー病がある。

　ラクナ梗塞は，脳の深い部分にある小さな血管が詰まり小さな梗塞がいくつも起こる。

　基底核やその周辺は運動機能に関わっているため，梗塞がたくさん生じると運動障害が生じやすい。

　ビンスワンガー病は，神経細胞の軸索（細長い部分）が集中する白質と呼ばれる部分に虚血性の変化が生じ，神経の伝達が悪くなることで認知症が生じる。

（2）大脳皮質型血管性認知症（多発梗塞性認知症）

　太い血管が詰り，大脳皮質を含む広い範囲に複数の脳梗塞が起こるタイプ。脳や首の動脈硬

化が原因で起こるアテローム血栓性脳梗塞や，心臓でできた血栓が脳に運ばれる心原性脳梗塞がある。失語症や行為障害，半身麻痺などの神経徴候を伴いやすい。

(3) 局在病変型梗塞認知症

視床や前脳基底部など，認知機能や精神機能と重要な関連を持つ場所に脳血管障害が生じると，小さな梗塞が1カ所生じただけで，記憶障害や意欲障害，人格変化など，重篤な認知症症状を，突然発症する。1回の脳梗塞が原因となるため，経過とともに改善することもある。

(4) その他　出血性疾患，低酸素・低灌流による認知症

脳出血，くも膜下出血などにより，脳の組織が障害され，認知症が生じることがある。梗塞や出血がなくても，「心不全」，極端な血圧低下，動脈硬化などが原因となり，大脳全体が血流不足の状態に陥り，認知機能が低下する場合がある。皮質下血管性認知症に次いで多いとされる報告もある。

2）脳血管性認知症の主な症状

脳血管性認知症では，脳血管障害が起きた場所によって，症状の現れ方はさまざまである。障害された認知機能も，完全に欠落している訳ではなく，部分的に保たれている，いわゆる「まだら認知症」を示すことが多い。

よくみられる症状に，「意欲の低下・無関心」「遂行機能障害」（考えや行動が遅くなる，段取りが悪い）がある。意欲や理性を担う前頭葉につながる神経回路が損傷を受けることが多いために現れる症状である。また，集中力が切れやすく，注意力が落ちる，感情失禁が目立つこともある。運動障害が合併する場合も目立ち，歩行障害や片麻痺，運動機能低下，排尿障害・尿失禁などがみられる。また，「仮性球麻痺」と呼ばれる症状も目立ち，摂食・嚥下障害，構音障害・失語症がみられる。

3）経過

典型的な血管性認知症の経過は，脳卒中発作後に突然発症し，脳卒中が再発するたびに階段を下るように悪化すると言われている（図3-1-1）。しかし，突然発症し，階段状に進行するのはごく一部である。階段状の進行には，新しい脳のトピックスに起因することが多い。

4）悪化予防

脳血管性認知症を引き起こす脳血管障害は，多くの場合，脳梗塞，脳出血，くも膜下出血等の脳卒中が原因となっている。脳卒中の危険因子は，「高血圧」「糖尿病」「脂質異常症」「虚血性心疾患」等のほか，喫煙や飲酒，肥満，運動不足などの生活習慣があげられる。

脳血管性認知症の悪化予防には，脳卒中の再発を防ぐために，危険因子の管理をすることにある。特に重要なのは血圧の管理である。食生活や運動等，生活習慣の改善とともに，「降圧剤」による内服治療を行うことで，血圧を管理する。高血圧を管理することで脳血管性認知症の発症リスクを軽減させることができる。

第1節　代表的な認知症

　糖尿病・脂質異常症は動脈硬化を進行させ，脳卒中発生のリスクを高めてしまう。適切な治療と，体重のコントロール，禁煙，適度な運動等により，生活習慣病を予防することが，脳卒中を減少させ，脳血管性認知症の発症のリスクを減少させることにつながる。

　健康的な生活については，2000（平成12）年，厚生省（当時）が，「21世紀における国民健康づくり運動」（通称「健康日本21」）を発表した。生活習慣病とその原因となる生活習慣等の課題，9分野（栄養・食生活，身体活動・運動，休養・こころの健康づくり，たばこ，アルコール，歯の健康，糖尿病，循環器病，がん）にわたり，数値目標を設け，生活習慣を改善する運動を展開している。

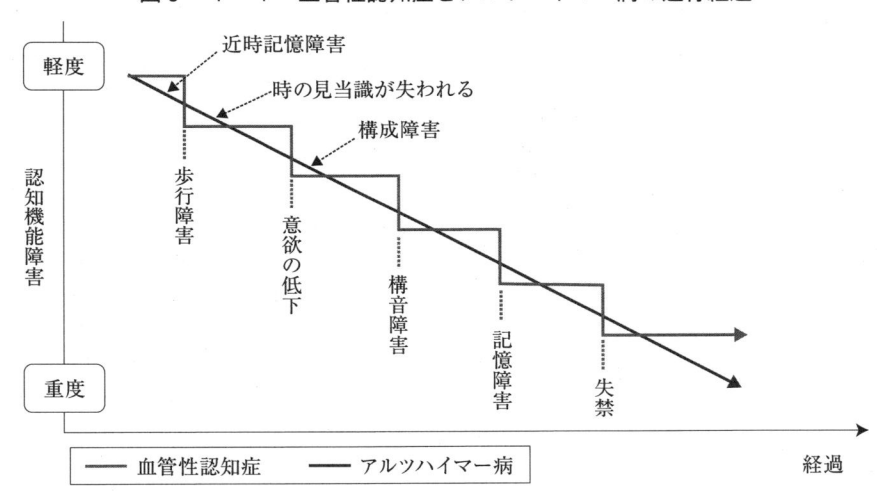

図3－1－1　血管性認知症とアルツハイマー病の進行経過

出所）池田学『認知症　専門医が語る診断・治療・ケア』中公新書，2010年，p.67，より引用

2．アルツハイマー病

　アルツハイマー病（Alzheimer Disease：AD）は，神経変性疾患による認知症の代表的な疾患である。多くは，もの忘れや時間の感覚がわからなくなるといった症状で始まり，徐々に判断力や理解力が低下し，生活に支障を来すようになる進行性の疾患である。1906年，ドイツの精神科医アロイス・アルツハイマーが51歳頃から進行性に記憶障害，見当識障害を呈した女性の解剖脳に，脳の神経細胞内に線維状の構造物（神経原線維変化），大脳皮質に斑状構造物（老人斑），神経細胞の消失が認められたことを発見したことが，最初の報告である。

　日本では，2010（平成22）年現在，200万人以上の認知症の患者がいると言われているが，その半数近くにアルツハイマー病があると考えられている。

1）発症原因

　大脳皮質の神経細胞が消失し，脳の萎縮が起きる，進行性の神経変性疾患である。アルツハ

イマー病の患者の脳には、老人斑と神経原線維変化の2つが特徴としてみられている。アルツハイマー病発症のメカニズムは諸説あるが、まだ完全には解明されていない。

(1) アミロイド・カスケード仮説とオリゴマー仮説

老人斑はβアミロイドというタンパク質の一種が異常に蓄積してできる病変である。βアミロイドは誰の脳にも作られ、若い頃はアミノ酸に分解されるが、加齢とともに蓄積するようになる。老人斑ができると神経細胞内に「神経原線維変化」と呼ばれる過剰にリン酸化した「タウ蛋白質」の凝集体ができる。過剰にリン酸化したタウ蛋白は、毒性を持ち、脳の神経細胞を死滅させ、大脳皮質が萎縮するために認知症の症状があらわれると言われていた（アミロイド・カスケード仮説）。しかし、マウスの実験で、脳内に老人斑がみられない状態でも認知機能の低下が生じることが確認され、最近は、老人斑になる前のβアミロイドの小さな集合体「オリゴマー」が神経細胞のシナプスに作用し、認知機能の低下が起こると考えられるようになってきた（オリゴマー仮説）。

(2) 家族性アルツハイマー病

家族性アルツハイマー病は遺伝によるものであり、ごく稀である。原因となる遺伝子は、βアミロイドの元となるアミロイド前駆体蛋白質（APP）遺伝子、プレセニリン1、プレセニリン2で、これらが変異してβアミロイドを増加させ、脳内に蓄積させてアルツハイマー病を発病させるというものである。

(3) 危険因子

いくつかの要因がアルツハイマー病を引き起こしやすいと言われている。

① 加齢

アルツハイマー病の患者の割合は、85歳を超えると15％以上になり、加齢とともに病気を有する人の割合が増えていると言われている。

② 女性

男性と比べ、女性の方がアルツハイマー病になる確率が高いと言われる（2.6倍）。寿命の違いを考慮した上でも、年齢とともに女性の割合が増えている。

③ 遺伝

家族性アルツハイマー病のほかに、アポリポ蛋白E-ε4という遺伝子を持つ人がアルツハイマー病になりやすいと言われている。ただし、E-ε4を持つ人が必ずアルツハイマー病になるという訳ではない。この遺伝子が関わって引き起こされるアルツハイマー病は、通常は65歳以上の老年期に発症する。

④ 糖尿病、その他

「糖尿病」「高血圧」「心房細動」などは、アルツハイマー病との関連があると言われている。

2）アルツハイマー病の主な症状

(1) 記憶障害

「物忘れ」として知られている症状である。アルツハイマー病の脳内変化は、記憶中枢である海馬周辺から起こりはじめる。アルツハイマー病では最も目立つ症状は記憶障害である。初期には「最近のことが思い出せない」「新しいことが覚えられない」等の近時記憶障害のみが起こる。病気の進行に伴い、体験したことを記憶にとどめておく時間が短くなり、数分前の出来事を全く覚えていないようになる。一方、かなり以前の出来事は比較的保たれている。

(2) 見当識障害

日時や場所、人物を正しく認識する能力を見当識という。ほとんどの場合、時 → 場所 → 人物の順に障害される。

(3) 構成障害・視空間認知障害

発症して数年で、海馬から側頭頂葉に病変が広がると、構成障害や視空間認知障害、失語症などが目立ってくる。構成障害があると図形の模写が難しくなる。視空間認知障害があると、空間の位置関係や奥行きが正しく理解できず、服をきちんと着ることができなかったり、道に迷うなどが出現する。

(4) 計算障害

計算障害は比較的初期から現れる。日常生活では金銭の計算ができなくなってくる。

(5) 遂行機能障害

ある目的を達成するために必要ないくつかの行動を、効率よく手順よく行う能力のことを遂行機能という。遂行機能が障害されると、日常生活において複雑な手順を要する行為がうまくいかなくなり、料理が作れなくなったりする。

(6) 言語障害・書字障害

アルツハイマー病では、しばしば言語の障害がみられる。話し方は流暢でも、思っている単語を思い浮かべることができず「あれ」「これ」といった指示語が多くなる。書字は早い段階から障害され、特に漢字が書きにくくなる。構成障害があると、文字そのものの形が歪むようになる。

3）経過

記憶障害や遂行機能障害が徐々に進行していく。症状は多様であるが、軽度認知症→初期・中期・進行期と進む。病変は側頭葉（海馬周辺）から始まり、頭頂葉や前頭葉などへ次第に広がっていき、病変が側頭葉にあるときは記憶障害が主症状となる。頭頂葉に進行すると、字が読めない（失読）、衣服の着脱など、なれた動作がうまくできない（失行）、椅子や鉛筆などを認識できない（失認）、前頭葉におよぶと、自発性の低下や遂行機能障害などの高次機能障害や人格変化、言動異常などが出現する。発症から8-12年で死に至る。重症度やステージの評

価には，CDR，FAST等がある（表3－2－10，3－2－12）

3．レビー小体型認知症

　レビー小体型認知症（dementia with lewy bodies；DLB）は，1968（昭和43）年，小阪憲司氏によって初めて報告された。認知症患者の数パーセントから20％を占めており，「アルツハイマー病」「脳血管性認知症」と並ぶ三大認知症の一つである。男性は女性より2倍多いと言われている。レビー小体型認知症は，アルツハイマー病に次いで頻度の高い変性疾患性認知症である。また，しばしば，パーキンソン症状を呈するため，認知機能障害と運動障害の両者が患者の日常生活を阻害し，介護者負担が大きくなりがちである。世界的な診断基準ができたのは1996（平成8）年である。2005（平成17）年改訂の国際臨床基準では，進行性の認知症に加えて，認知機能変動，パーキンソン症候，幻視の3主徴のうち2つがあてはまる患者は，ほぼ確実にレビー小体型認知症と診断され，一つなら「疑いがある」とされる。

1）発症要因

　レビー小体と呼ばれる異常なタンパク質が，大脳皮質の神経細胞内に蓄積することで生じる認知症である。レビー小体は，脳幹にたまると，手足の震えや動作の鈍さ，歩行障害などの運動障害を示すパーキンソン病を引き起こす。レビー小体は，αシヌクレインと呼ばれる蛋白から作られていることや，αシヌクレインの遺伝子異常を持つ家族はパーキンソン病を発症することが分かり，αシヌクレインの異常がレビー小体型認知症の発症に関わっていることが明らかになった。しかし，今のところαシヌクレインの発生機序やその性質は十分には分かっていない。

2）レビー小体型認知症の主な症状

　レビー小体型認知症の症状はさまざまで，記憶障害から発症する人もいれば，身体の動きの悪さから発症する場合，幻視や抑うつ状態などの精神症状から発症する場合もある。便秘や低血圧といった自律神経障害がみられることもある。発症と進行は緩徐である。

(1)認知機能が変動する

　認知機能に大きな波があり，病状の変動が大きい。状態の良いときは認知症の存在すら疑うほどであるが，悪いときには，全く話が通じず，周囲環境の理解もできず，せん妄と言わざるを得ないような状態となる。

(2)幻視

　レビー小体型認知症の一番の特徴は，ありありとした幻視である。幻視はレビー小体型認知症患者のおよそ70－80％にみられるとされている。錯視も多い。幻視の内容は具体的で幻視の内容を患者が覚えているという特徴がある（せん妄ならば，覚えていない）。これらの症状は夕方から夜間の薄暗いときに比較的多く，不安によって増強する傾向がある。幻聴や体感幻覚を

第1節　代表的な認知症

訴えることもある。

(3) レム睡眠行動障害

夢を見ている浅い眠り（レム睡眠）の時，大声を上げたり，暴れたりする。レビー小体型認知症では，このほかにもさまざまな睡眠障害がみられ，日中の過眠が特徴的で，夜間も十分眠っているはずなのに，日中も何時間も眠ってしまう。

(4) パーキンソン症状

筋肉の動かしにくさとそれに基づく動作の鈍さ，小刻み歩行などの運動障害が初期からみられる。患者は表情が乏しく，前屈みでとぼとぼ歩くため，転倒しやすい。

(5) 自律神経障害

起立性低血圧による立ちくらみや失神，頑固な便秘，尿失禁などがよくみられる。

(6) 薬に対する過敏性

薬剤が少量でも効き，効きすぎや，副作用が目立つ。

(7) 抑うつ

気分が沈み悲観的になったり，意欲が低下するなどの抑うつ症状が高い確率で現れる。初期の認知症の中で抑うつ症状の合併が出てくる割合は，レビー小体型認知症で最も高くなっている。

(8) 記憶障害

記憶障害は比較的軽症である。

3）症状に対する対応

レビー小体型認知症の患者の主な症状に対する対応について記す（表3-1-1）。

表3-1-1　レビー小体型認知症の主な症状に対する対応

幻視	一方的に否定しない。安易に同調しない。認知機能障害が軽いため，本人も変だと感じている。病気の症状であることを説明する。パン屑を虫だと認識する場合や，壁のシミを蛇だと思うこともある。誘因を少なくする工夫を行う
レム睡眠行動障害	危険がない限り見守る。体を揺するなど急激に起こさない（夢と現実の区別がつかなくなる）。部屋を明るくしたり，目覚ましをかけるなどの自然な方法で目を覚まさせる
自律神経障害	転倒しないように支える。起き上がるときは，体の向きを変えながら，ゆっくりと動く。立ち上がった際に足踏みをして，血行を促す
抑うつ	孤独にさせず，安心感を与える。会話を増やし，本人の言うことを尊重する。飲食への意欲も低下するため，栄養不足や脱水症状に気をつける。抑うつ薬の使用は控える

出所）飯島裕一ら『認知症の正体』PHP研究所，2011年，p.189，をもとに作成

4）経過

進行は比較的ゆっくりで年単位で進行する。アルツハイマー病のような明確なステージは定まっていない。生存期間は5年から8年であるが，幅がある。

4．前頭側頭葉変性症

　前頭側頭葉変性症（Frontotemporal Lobar Degeneration: FTLD）は，脳変性疾患の一つであり，従来はピック病と呼ばれてきた疾患である。発症と進行は緩徐で，多くは初老期に発症する。同じ行動の繰り返しや自由奔放な行動が目立つ。最初に侵される領域に対応し，行動の障害が強く出る前頭側頭型認知症（Frontotemporal Dementia: FTD），言葉の障害と行動の障害の両方が強く出る意味性認知症（Semantic Dementia: SD），言葉の障害のみが強く出ることの多い進行性非流暢性失語（Progressive non-fluent Aphasia: PA），の3つの類型が含まれる（表3－1－2）。

表3－1－2　3つの類型による特徴

	前頭側頭型認知症（FTD）	意味性認知症（SD）	進行性非流暢性失語（PA）
初期症状	行動の障害が強い	行動と言葉の障害が双方とも強い	言葉の障害が強い
言語表現	あまりない	物の名前が出てこなくなり，言葉の意味もわからなくなる	「湯船」が「ヨぶね」など，言葉の誤りや，流暢性がなくなる。次第に意味の理解も困難になる
特徴	統合失調症や人格障害，うつ病と誤診されやすい	アルツハイマー病と誤診されやすい	咀嚼や嚥下障害によって，誤嚥しやすくなる

出所）飯島裕一ら『認知症の正体』PHP研究所，2011をもとに作成

1）発症要因

　前頭側頭葉変性症の発症のメカニズムは一通りではない。神経細胞内に現れる，ピック球と呼ばれるタウ蛋白の異常に蓄積した塊が原因の一つである。ただし，ピック球がない場合もあり，前頭側頭葉変性症の原因がTDP-43という蛋白が原因であることもある。TDP-43が脊髄に貯留するとALS（筋萎縮性側索硬化症）を発症し，FTDでは大脳に貯留することがわかってきた。

2）前頭側頭葉変性症の主な症状

(1) 病識の欠如

　自分が病気であるということを自覚できない。

(2) 無関心・意欲の低下

　病気の比較的初期から意欲の低下がみられる。身だしなみを気にしなくなり，入浴しなくても気にしなくなる。周囲への配慮もなくなり，我が道を行く行動が目立つ。病気が進行するに従って，次第に意欲や自発性の低下が著明になっていく。

(3) 常同行動

　常同行動とは，同じ行動や行為を目的も無く何度も繰り返すことである。日常生活において最初から最も目につく症状である。たとえば，毎日同じ時間に同じ道を散歩したり（時刻表的

第1節　代表的な認知症

生活），何キロもの同じコースを一日に何度も歩き回るという「繰り返しの散歩」（常同的周遊）などを多くの患者で見ることができる。同じものばかり好んで食べるといった食事の繰り返し行動，同じ話や同じ言葉を前後の脈絡に関係なく話し続けるといった言葉の繰り返し行動（滞続言語）も出現する。病状が進行すると，膝を手で擦り続けたり，パチパチと叩くなどの繰り返し動作がみられるようになる。常同行動を遮ろうとしたとき，暴力が出現することがある。常同行動に対する対応の例を表3-1-3にまとめた。

表3-1-3　常同行動に対する対応の例

状況	対応
ある時間になるとスーパーへ行き，商品を食べてしまう。	短期入所などで生活習慣を変えて，その時間帯に好きな趣味（カラオケなど）をするように生活パターンを変える
落ち着きがなくなるなどの症状のため，作業療法など，途中でやめてしまい，何処かへ行こうとする。	作業療法の道具を見せて，注意をそちらへ向かせる。患者の前で作業療法を行う。影響されやすいので作業療法を行う環境に配慮をする
いつも座っている席に別の人がいると怒り出す。	常同行動への執着のためであり，その椅子に座っていた方を別の席にしていただき，患者のいつもの場所を確保する

出所）飯島裕一ら『認知症の正体』PHP研究所，2011年，p.205，をもとに作成

(4) 反社会的行動

気の向くまま，周囲を気にしないといった「我が道を行く行動」が出現する。他者への配慮や社会のルールが守れなくなり，万引きや窃盗，盗み食いなどの抑制の外れた行動が現れる。症状が進み，自発性の低下が強くなると，何もせずじっとしていることが増えるため，抑制の外れた行動は自然に目立たなくなる。

(5) 食行動の異常

前頭側頭型認知症や意味性認知症では，アルツハイマー病と比べ，食行動異常が非常に多い。あるものをあるだけ食べてしまう過食（食欲の変化），食事の好みが甘いものや味の濃いものに変わるといった嗜好の変化がみられる。毎日決まったものばかり食べるようになる，常同的食行動がみられる場合も多い。例えば，女性の場合，同じ献立に固執し，みそ汁の具が1年間変わっていないこともよくみられる。

(6) 周囲に刺激されやすく落ち着きがなく注意散漫

周囲からの刺激に影響されやすく，人の仕草をまねたり，何かの文句につられ即座に歌を歌い出したり，目に入った看板の文字をいちいち読み上げるといった行動がみられることがある。

落ち着きがなくなり，一つの行為を続けられなくなる。診察や介護の現場で，何の断りもなく突然その場から立ち去ってしまう「立ち去り行動」がみられる。

(7) 言語の障害

進行性非流暢性失語の場合，非流暢性，失文法，失構音，復唱障害，錯語，錯読などがあげ

られる。語彙は比較的保たれる。意味性認知症の場合は，意味記憶障害が強くみられる。

3） 経過

　初期には物忘れが目立たず，パターン化した行動に固執する常同行動や過食などの食行動の異常が出現することが多い。記憶障害は比較的後期になってから目立ってくる。末期には歩行障害などの神経障害が出現し，寝たきりになる。全経過は約10年と言われている。

第2節　認知症の診断

認知症の診断は，まず，本当に認知症か否かを診断し，次に原因疾患は何かを診断する。

認知症か否かの診断には，患者・患者家族を対象とした問診と，評価スケールを用いて記憶障害や認知機能の低下を調べる認知機能テストが行われる。原因疾患は何かを調べるために，身体・神経学的検査，血液検査，画像診断などが行われる。

1．問　診

認知症の症状かもしれないと疑ったときに，受診する専門診療科は，精神科・神経科・神経内科が多い。老年科や脳神経外科などで対応しているところもあるが，最近は「物忘れ外来」を開設している医療機関が増えている。

認知症の特徴として，本人の「物忘れ」に対する自覚と，家族から見た状態に差が大きいことがあげられる。また，認知症初期では，患者が医師の前で，しっかりとした返答をすることが多く，本人からの問診だけでは十分な情報を得ることが困難である。

普段の生活をよく知っている家族などが同伴し，受診することが，正確な診断をつけるために必要となる。本人と家族（あるいは同伴者）との話の食い違いが診断のポイントの1つとなる。患者への代表的な問診とその答えに対する判断には，次のようなものがある（表3－2－1）。

表3－2－1　問診と判断の一例

質問	判断
年齢・生年月日	重度認知症でも，正答可能な場合もある
診察当日の日付・曜日	高齢者は正答できない場合もある
診察当日の月	答えられない場合は認知症の可能性
季節	正しく答えられない場合は認知症と考える
当日の昼食	食べたのに食べていないと答えたら認知症と考える
昼食の内容	「いろいろ」「いつもと同じ」などの答えは認知症の可能性
子どもの数	間違える，わからない場合は認知症の可能性
現在いる場所	答えられない場合は認知症の可能性
付き添いの名前や続柄	答えられない場合は認知症の可能性

出所）飯島裕一ら『認知症の正体』PHP研究所，2011年，p.59，より一部修正して引用

2．認知機能テスト

認知機能テストは大きく分けて質問紙法と観察法に大別できる。

質問紙法は被験者と直接面接し，知的機能の評価を行うものである。日常生活の様子を把握している家族からの情報がない場合や，単独での受診，独居者に対して，認知機能障害の評価を行う場合に有効である。しかし，被験者が視力障害や難聴などの感覚器障害，麻痺や失調などの運動機能障害を有する場合は，施行が困難である。

観察法は，対象者の知的機能の段階を日常生活におけるその人の言動や行動，作業遂行能力などの観察を通じて評価するものである。対象者本人の協力が得られない場合や質問紙法が実施できない場合でも判定可能である。しかし，観察法を用いる場合は，対象者の日常生活を正しく把握する必要がある。どの人が情報提供者として適切なのか見極め，対象者の日常生活全般にわたり，具体的に情報を得る必要がある。

1）質問紙法
(1) 改訂長谷川式簡易知能評価スケール（表3-2-2）

簡易的なもので，日本で最も多く使用されている認知機能判定テストである。年齢，見当識，記銘，計算，言語の流暢性からなる9項目のテストであり，30点満点である。20点以下は認知症の疑いがある。

(2) Mini-Mental State Examination（MMSE）（表3-2-3）

Folstein夫妻の開発した認知機能判定テストであり，国際的に広く使用され，日本でも一般的に使用される。MMSEは，見当識，記憶，注意と計算，言語（文章を読んで指示に従う，文章を書く），構成（図形の模写）について項目が設けられている。30点満点で，23点以下を認知機能障害と判定する。

(3) Alzheimer's Disease Assessment Scale（ADAS）

1983年にMt.Sinai School of medicineのMohs, R.C.らによって開発された記憶を中心とする認知機能検査である。アルツハイマー型認知症に対するコリン作動性薬物による認知機能の評価を主な目的としている。見当識，記憶などを中心に11項目からなる検査で，アルツハイマー型認知症の進行の様子を評価するのに適している。検査に40分～1時間30分かかることもあり，すべての患者に適用はしない。

(4) 老年うつ病スケール（GDS）（表3-2-5）

高齢者を対象としたうつ症状のスクリーニング検査である。高齢になると気分的な落ち込みによって，認知症と似たような状態になることがある。そのため，気分の検査をすることも大切となってくる。認知症があっても答えやすい検査で，15項目からなり，口頭質問で行われる。0-4：うつ症状無し，5-10：軽度のうつ病，11以上：重度のうつ病と診断される。

第2節　認知症の診断

表3-2-2　改訂長谷川式簡易知能評価スケール（HDS-R）

	質問内容		配点
1	お歳はいくつですか？（2年までの誤差は正解）		
2	今日は何年の何月何日ですか？何曜日ですか？ （年月日，曜日が正解でそれぞれ1点ずつ）	年 月 日 曜日	0 1 0 1 0 1 0 1
3	私たちが今いるところはどこですか？ 　（自発的に出れば2点，5秒おいて家ですか？病院ですか？施設ですか？ 　のなかから正しい選択をすれば1点）		0 1 2
4	これから言う3つの言葉を言ってみてください。あとでまた聞きますのでよく覚えておいてください。 　（以下の系列のいずれか1つで，採用した系列に○印を付けておく） 　1：a）桜　b）猫　c）電車　2：a）梅　b）犬　c）自転車		0 1 0 1 0 1
5	100から7を順番に引いてください。（100-7は？それからまた7を引くと？と質問する。最初の答えが不正解の場合，うちきる）	(93) (86)	0 1 0 1
6	私がこれから言う数字を逆から言ってください。（6-8-2，3-5-2-9を逆に言ってもらう。3桁逆唱に失敗したら，うちきる）	2-8-6 9-2-5-3	0 1 0 1
7	先ほど覚えてもらった言葉をもう一度言ってみてください。 　（自発的に回答があれば各2点，もし回答がない場合，以下のヒントを与え正解であれば1点）a）植物　b）動物　c）乗り物		a：0 1 2 b：0 1 2 c：0 1 2
8	これから5つの品物を見せます。それを隠しますので何があったか言ってください。 　（時計，鍵，タバコ，ペン，硬貨など必ず無関係なもの）		0 1 2 3 4 5
9	知っている野菜の名前をできるだけ多く言ってください。 　（答えた野菜の名前を右欄に記入する。途中でつまり，10秒間待っても出ない場合にはそこでうちきる）0～5＝0点，6＝1点，7＝2点， 8＝3点，9＝4点，10＝5点		0 1 2 3 4 5
			合計点

出所）小澤利男ら編『高齢者の生活機能評価ガイド』医歯薬出版，2006年，p.35，より引用

第3章　認知症の種類と治療

表3－2－3　Mini-Mental State Examination（MMSE）

	質　問　内　容	回答	得点
1（5点）	今年は何年ですか。 今の季節は何ですか。 今日は何曜日ですか。 今日は何月何日ですか。	年 曜日 月 日	
2（5点）	ここは何県ですか。 ここは何市ですか。 ここは何病院ですか。 ここは何階ですか。 ここは何地方ですか。（例：関東地方）	県 市 階 	
3（3点）	物品名3個（相互に無関係） 検者は物の名前を1秒間に1個ずつ言う。その後，被検者に繰り返しさせる。 正答1個につき1点を与える。3例すべて言うまで繰り返す（6回まで）。 何回繰り返したかを記せ。___回		
4（5点）	100から順に7を引き（5回まで），あるいは「フジノヤマ」を逆唱させる。		
5（3点）	3で提示した物品名を再度復唱させる。		
6（2点）	（時計を見せながら）これは何ですか。 （鉛筆を見せながら）これは何ですか。		
7（1点）	次の文章を繰り返させる。 「みんなで，力をあわせて綱を引きます」		
8（3点）	（3段階の命令） 「右手にこの紙をもってください」 「それを半分に折りたたんでください」 「机の上に置いてください」		
9（1点）	（次の文章を読んで，その指示に従ってください） 「眼を閉じなさい」		
10（1点）	（何か文章を書いてください）		
11（1点）	（つぎの図形を書いてください）		
		得点合計	

出所）小澤利男ら編『高齢者の生活機能評価ガイド』医歯薬出版，2006年，p.37，より引用

第2節　認知症の診断

表3－2－4　Alzheimer's Disease Assessment Scale（ADAS）認知機能検査　認知行動

1．単　語　再　生
カードに書かれた単語10個を1個ずつおのおの2秒ずつ被験者に提示し読ませたあとに，以下の教示を与える。この手続きを3回繰り返し，各回の正解数を記録する。単語は3回とも同一のものを同一の順序で用いる。得点としては3回の平均不正解を用いる。 教示：『これから10個の言葉を，声を出して読んで覚えてください』 　　　（10個提示したあとに） 　　　『いま読んだ言葉で覚えているものをいってください』 （正解の場合は○を，不正解の場合は×を記入）

	1	2	3		1	2	3		1	2	3		1	2	3		1	2	3
犬				包丁				電車				野球				猫			
鍋				飛行機				馬				水泳				自転車			

2．口頭言語能力（自由会話を通して評価する）
言葉の明瞭さ，自分の言うことを他人にわからせるなど，発話の質的側面を全般的に評価し，量は評価しない。 （注：被験者の発話のみによって評価する。） □0．支障なし： □1．ごく軽度：面接時の内容について不明瞭あるいは意味不明な箇所が1つあった □2．軽　　度：面接時の25％以下の内容について発話が不明瞭あるいは意味不明 □3．中　等　度：面接時の25～50％の内容について発話が不明瞭あるいは意味不明 □4．やや高度：面接時の50％以上の内容について発話が不明瞭あるいは意味不明 □5．高　　度：発話は1～2回，または流暢だが意味不明あるいは無言

3．言語の聴覚的理解（自由会話を通して評価する）
話された言葉を理解する能力を評価する。ただし，口頭命令に対する反応はここでは評価の対象としない。 □0．支障なし：十分に理解できる □1．ごく軽度：了解障害が1～2回 □2．軽　　度：了解障害が3～5回 □3．中　等　度：数回の繰り返しや言い換えが必要 □4．やや高度：時に正しく応答（「はい」「いいえ」で答えられる質問などに対して） □5．高　　度：口頭言語機能の低下が原因ではないが，質問に対して，まれにしか適切な反応を示さない

4．自発話における喚語困難（自由会話を通して評価する）
手指および物品呼称課題における反応はここでは評価の対象としない。 □0．支障なし： □1．ごく軽度：1～2度あるが，臨床的にみて問題がない □2．軽　　度：迂遠な表現や同義語での置き換えが顕著である □3．中　等　度：時に喚語困難が起こるが，その語をほかの語で置き換えない □4．やや高度：頻繁に喚語困難が起こるが，その後をほかの語で置き換えない □5．高　　度：ほとんど意味内容のある発語がない，または話の内容が空虚である，あるいは1～2語文による発語

5．口頭命令に従う（注意事項参照）
下記の5つの段階の動作を順に口頭で指示し，それを実行する能力を通して口頭言語の聴覚的理解力を評価する。下線が引かれた項目は単一の段階を表している。 各段階の指示に完全に従えた場合のみに正解とし，できた段階の数で評価する。第3段階までは必ず実施すること。命令は各段階ごとに1回だけ繰り返してよい。第3段階の動作は片手あるいは両手のどちらで行ってもよい。（注：ここでみているのは，あくまでも言語の聴覚的理解であり，動作ではない。） 教示：『これから，私がいった通りの動作をしてもらいます。たとえば，「手を上げてください」と言ったら（動作を促す），このように手を上げてください。私が最後まで言ってから，動作を始めてください。』

第1段階　『こぶしを握ってください。』
第2段階　『天井を指差し，次に床を指差してください。』
第3段階　『目を閉じたまま2本の指で両方の肩を2度ずつたたいてください。』
　　　　　（鉛筆，時計，白い紙をその順に被験者の前の机の上に並べる。）
第4段階　『鉛筆を白い紙の上に置き，次にもとに戻してください。』
第5段階　『時計を鉛筆の反対側におき，白い紙を裏返してください。』
　　　　　（使用した物品を片付ける。）

☐0．5つの命令すべてに従える
☐1．4つの命令に従える
☐2．3つの命令に従える
☐3．2つの命令に従える
☐4．1つの命令に従える
☐5．どの命令にも従えない

6．手指および物品呼称

被験者の利き手の5指の名前およびランダムに提示される12個の物品の名前をたずねる。物品については，まず被験者に見せるだけで触れさせないで名前を言わせる。被験者が「わからない」と言えば，次に触れさせて名前を言わせる。
正解の場合は○，誤反応の場合は内容をそのまま下表に記録しておく。
出現頻度別の物品：高頻度物品：イ　ス　　自動車　　はさみ　　　カナヅチ
　　　　　　　　　中頻度物品：つめきり　　く　し　　そろばん　　　　筆
　　　　　　　　　低頻度物品：タオル　　手帳　　指輪　　扇子
教示：（被験者の利き手の5指に1本ずつ触れながら）
　　　『これは何指ですか？』
　　　（出現頻度の異なる12個の物品を1つずつランダムに提示し，触れさせないで）
　　　『これは何ですか？』
　　　（見せるだけでは被験者がわからない場合には触れさせながら）
　　　『これは何ですか？』

手　　指	高頻度物品	中頻度物品	低頻度物品
親　　　指（　　）	イ　ス（　　）	つめきり（　　）	タ オ ル（　　）
人差し指（　　）	自 動 車（　　）	く　し（　　）	手　帳（　　）
中　　　指（　　）	は さ み（　　）	そろばん（　　）	指　輪（　　）
薬　　　指（　　）	カナヅチ（　　）	筆（　　）	扇　子（　　）
小　　　指（　　）			

☐0．手指または物品のうち0～2個の不正解
☐1．手指または物品のうち3～5個の不正解
☐2．手指または物品のうち6～8個の不正解
☐3．手指または物品のうち9～11個の不正解
☐4．手指または物品のうち12～14個の不正解
☐5．手指または物品のうち15～17個の不正解

7．構　成　行　為（採点基準参照）

図形を模写する能力を評価する。
図の書かれた紙を以下の順番に従って1枚ずつ提示し，下記の教示を与える。被験者が右利きの場合には見本を左側に，左利きの場合には見本を右側に提示する。各図形とも2回まで書き直し可とする。被験者が自発的に3回目を書き始めた場合は，最初の2つがどれかを記録しておく。被験者ができなくとも，最低5分間はテストを続ける。
1．円
2．2つの重なった長方形
3．ひし形
4．立方体

第2節　認知症の診断

教示：『この図形が見えますか？この紙のどこでもよいですから同じ図形を書いてください。』
- □ 0．4つの図形とも正解
- □ 1．1つの図形だけが不正解
- □ 2．2つの図形が不正解
- □ 3．3つの図形が不正解
- □ 4．なぞり書き，囲い込み（手本の上または周りを囲んだり手本の一部を模写に組み込む）
- □ 5．どの図形も書かれていない。または殴り書き，図の一部あるいは図のかわりに単語が書かれている

8．観念運動

被験者に便箋，封筒および切手を与え，手紙を出すことを想定して以下の動作を順番に行うように教示する。教示は一度にまとめて行う。

被験者が教示の一部を忘れた場合には，一度にまとめたかたちで再度教示する。再教示後も被験者が途中の段階で動作を誤ったり，忘れたりした場合は，各段階ごとに教示する。評価は一度にまとめて教示を与えたときの被験者の反応に基づいて行う。各段階ごとに教示を与えた場合には，そのときの被験者の反応についても記録する。

第4段階と第5段階の動作は入れ替わってもよい。課題の前に「これから手紙を出す練習をします」などと説明すると導入しやすい。

　　　第1段階　　便箋を折りたたむ
　　　第2段階　　便箋を封筒に入れる
　　　第3段階　　封筒に封をする
　　　第4段階　　封筒にあて名を書く
　　　第5段階　　封筒に切手を貼る

一度にまとめたかたちでの教示：『ここに封筒と手紙があります。これを使って，この手紙を（すでに内容が書かれた便箋を示す），この人あてに（住所と名前が書かれた紙を示す）出してもらいます。そのままポストに出せるようにして，私に渡してください。』

各段階ごとの教示：『便箋を折りたたんでください。』
　　　　　　　　『便箋を封筒に入れてください。』
　　　　　　　　『封筒に封をしてください。』
　　　　　　　　『封筒にあて名を書いてください。』
　　　　　　　　『封筒に切手を貼ってください。』

- □ 0．すべての動作ができる
- □ 1．1つの動作のみ困難またはできない
- □ 2．2つの動作が困難またはできない，あるいはその両方
- □ 3．3つの動作が困難またはできない，あるいはその両方
- □ 4．4つの動作とも困難またはできない，あるいはその両方
- □ 5．5つの動作とも困難またはできない，あるいはその両方

9．見　当　識

以下の8項目について評価し，不正解の項目数を得点として記録する。質問する順序はランダムでも可とする。（注：被験者が間違った場合でも正解は言わないこととする。）
- □ 年
- □ 月
- □ 日（1日以内の違いは正解）
- □ 曜日
- □ 時間（1時間以内の違いは正解）
- □ 季節
- □ 場所（場所の部分名は正解）
- □ 人物

10．単　語　再　認（テスト教示の再生能力も評価する）

はじめに，具体的な単語が1語ずつ書かれた12枚のカードを1枚ずつ被験者に提示し声を出して読ませる。

次に，被験者が見ていない新たな単語の書かれたカード12枚を混ぜた計24枚のカードを1枚ずつランダムに提示し，最初に提示した単語か否かを識別させる。

最初に提示した12個の単語についてその正解数を記録する。以上の手続きを3回繰り返し，得点としては3回の平均不正解数を用いる。

新しい単語12個は各回とも異なったものを用いる。このとき，テスト教示の再生能力についても評価する。

教示：『これから12個の言葉を見せますから，声を出して読んでください。そして，その12個の言葉を覚えてください。』

　　（新しい12枚を加えてから，第1番目および第2番目の単語に対して）

　　『この言葉は今読んだ言葉のなかにありましたか？』

　　（第3番目から第24番目の単語に対して）

　　『これはどうですか？』

（正解の場合は○を，不正解の場合は×を記入）

第1試行	松　　（ ）	冷蔵庫（ ）	さ　る（ ）	汽　車（ ）	牛　　（ ）	ライオン（ ）
	ベッド（ ）	う　め（ ）	テーブル（ ）	オートバイ（ ）	つ く え（ ）	本　箱（ ）
第2試行	ライオン（ ）	テーブル（ ）	松　　（ ）	本　箱（ ）	う　め（ ）	ベッド（ ）
	牛　　（ ）	汽　車（ ）	つ く え（ ）	さ　る（ ）	冷蔵庫（ ）	オートバイ（ ）
第3試行	オートバイ（ ）	つ く え（ ）	本　箱（ ）	さ　る（ ）	ベッド（ ）	汽　車（ ）
	冷蔵庫（ ）	ライオン（ ）	う　め（ ）	牛　　（ ）	テーブル（ ）	松　　（ ）

11．テスト教示の再生能力（単語再認課題施行時に評価する）

単語再認課題において被験者が教示内容を覚えているかどうかを評価する。

答が正解であるか不正解であるかは，ここでは問題としない。被験者が『はい』または『いいえ』と答えれば反応は適切である。被験者が反応できなければ教示を忘れたことを意味する。その場合は教示を繰り返す（教示は単語再認課題を参照）。

評価は単語再認課題の第1施行時の結果を中心にして行う。

☐ 0．支障なし
☐ 1．ごく軽度：1度だけ忘れてしまった
☐ 2．軽度：2度思い出させる必要がある
☐ 3．中等度：3〜4度思い出させる必要がある
☐ 4．やや高度：5〜6度思い出させる必要がある
☐ 5．高度：7度以上思い出させる必要がある

出所）大塚俊男ら『高齢者のための知的機能検査の手引き』ワールドプランニング，2008年，pp.45-48，より引用

第2節　認知症の診断

表3－2－5　老年うつ病スケール（Geriatric Depression Scale：GDS）

1. 自分の生活に満足していますか。	はい／**いいえ**
2. これまでやってきたことや興味があったことの多くを，最近やめてしまいましたか。	**はい**／いいえ
3. 自分の人生はむなしいものと感じますか。	**はい**／いいえ
4. 退屈と感じることがありますか。	**はい**／いいえ
5. 将来に希望がありますか。	はい／**いいえ**
6. 頭から離れない考えに悩まされることがありますか。	**はい**／いいえ
7. 普段は気分のよいほうですか。	はい／**いいえ**
8. 自分には何か悪いことが起こるかもしれないという不安がありますか。	**はい**／いいえ
9. あなたはいつも幸せと感じていますか。	はい／**いいえ**
10. 自分は無力と感じることがよくありますか。	**はい**／いいえ
11. 落ち着かずいらいらすることがよくありますか。	**はい**／いいえ
12. 外に出て新しい物事をするより，家の中にいるほうが好きですか。	**はい**／いいえ
13. 自分の将来について心配することがよくありますか。	**はい**／いいえ
14. 他の人と比べて記憶力が落ちたと感じますか。	**はい**／いいえ
15. いま生きていることは，素晴らしいことと思いますか。	はい／**いいえ**
16. 沈んだ気持ちになったり，憂うつになったりすることがよくありますか。	**はい**／いいえ
17. 自分の現在の状態はまったく価値のないものだと感じますか。	**はい**／いいえ
18. 過去のことについて，いろいろ悩んだりしますか。	**はい**／いいえ
19. 人生とは，わくわくするような楽しいものだと思いますか。	はい／**いいえ**
20. いまの自分にはなにか新しい物事を始めることはむずかしいと思いますか。	**はい**／いいえ
21. 自分は活力が満ちあふれていると感じますか。	はい／**いいえ**
22. いまの自分の状況は希望のないものと感じますか。	**はい**／いいえ
23. ほかの人はあなたより恵まれた生活をしていると思いますか。	**はい**／いいえ
24. ささいなことで落ち込むことがよくありますか。	**はい**／いいえ
25. 泣きたい気持ちになることがよくありますか。	**はい**／いいえ
26. 物事に集中することが困難ですか。	**はい**／いいえ
27. 朝，気持ちよく起きることができますか。	はい／**いいえ**
28. 社交的な集まりに参加することを避けるほうですか。	**はい**／いいえ
29. 簡単に決断することができるほうですか。	はい／**いいえ**
30. 昔と同じくらい頭がさえていますか。	はい／**いいえ**

太字の回答はうつ症状として加算する。
出所）日本認知症ケア学会編『認知症ケア標準テキスト　改訂・認知症ケアの実際1・総論』ワールドプランニング，2011年，p.102，より引用

(5) N式精神機能検査 (Nishimura Dementia Scale)（表3－2－6）

　N式精神機能検査は記憶・見当識・計算のほかに，概念構成・図形描写・空間認識・運動構成機能などに関する課題も加えて，より広範囲に知的機能を検査することを目的としている。12項目からなる。質問項目がバラエティに富んでいて，難易度の面でも配列に工夫をしており，あまり緊張感を与えることなく，短時間に簡便に行える。認知症の程度を正常・境界・軽度・中等度・重度の5段階で評価する。

第3章 認知症の種類と治療

表3－2－6　N式精神機能検査（Nishimura Dementia Scale）

	教示（留意事項）	回答・課題	粗点＊
A	年齢は？歳（満もしくはかぞえ） ＊誤答を0，正答は1とする。以下同様	歳	① 0, 1
B	今日は何月何日ですか？	月　　日	② 0, 1
C	この指（薬指）は，何指ですか？ （患者の指をさわって，指の名を言わせる）	正　　誤	③ 0, 1
D	（動作で示して）このように片手をグー，もう一方の手をパーにして下さい。 次に，このようにグーの手をパー，パーの手をグーというようにして下さい。左右の手が同じにならないように繰り返して下さい。 ＊5回以上の繰り返しを正とする。	正　　誤	④ 0, 1
E	この時計は何時何分になっていますか？ （下の時計を示す。他の部分は隠す。）	時　　分	⑤ 0, 1
F	果物の名前をできるだけ沢山，できるだけ早く言って下さい。私が「始め」と言ったら，すぐ言い始めて下さい。「始め」（患者の言うとおりの順序で記入） ＊30秒以内の正答数4以上を正答とする。 　重複は数えない。		⑥ 0, 1
G	これから私が読む話を最後まで聞いて下さい。私が読み終ったらいまの話で覚えていることを思い出して言ってください。どんな順序でもよろしい。最後までよく聞いて下さい。 （右欄の課題を明瞭に読み聞かせる）（採点はしない）	きのう　東京の　銀座で 火事があり　17軒　焼けました。 女の子を　助けようとして 消防士が　火傷をしました。	
H	10から17をひくと？	正　　誤	⑦ 0, 1
I	これと同じ絵を書いて下さい。（裏面の図を指示し，空白部に記入させる。） ＊何も書けない＝0，何か書ける＝1，完全に書ける＝2		⑧ 0, 1, 2
J	少し前に覚えていただいた話を，今，思い出してもう一度言って下さい。火事の話でしたね。 ＊正答句数0＝0，1＝1，2～6＝2，7～10＝3	きのう　東京の　銀座で 火事があり　17軒　焼けました。 女の子を　助けようとして 消防士が　火傷をしました。	⑨ 0, 1, 2
K	今から私がいくつかの数字を言いますからよく聞いて下さい。私が言い終わったらすぐに逆の方向から言って下さい。たとえば1－2の逆は2－1ですね。 （1秒に1数字の速度で読み聞かせる。最後の数字は調子を少し下げて読む） （2桁の1）24から始める。失敗すれば同じ桁の2]58をする。失敗すれば，中止する。正しく逆唱できれば，次の1]629に進む。失敗すれば2]415をする。） ＊2桁 失敗＝0，2桁成功，3桁失敗＝1，3桁成功＝2	1]　　　　2] 　24　　　　58 629　　　415	⑩ 0, 1, 2
L	これから私の言う文章を書いて下さい。 「山の上に木があります。」 （裏面の空白部に記入させる。患者が聞き直す場合は，繰り返し読み聞かせる。）	正　　誤	⑪ 0, 1
M	声を出して読んで下さい。 （下の「男の子が本を読んでいる」を正位置にして示す。他の部分は隠す。）	正　　誤	⑫ 0, 1

第2節　認知症の診断

E　時計 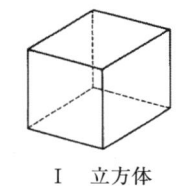　　　I　立方体

男の子が　本を読んでいる

集計表

問題＼粗点	0	1	2	3
①年　　　　齢	0	8		
②月　　　　日	2	8		
③指　の　名	2	7		
④運動メロディ	4	6		
⑤時　　　　計	1	8		
⑥果物の名前	−2	10		
⑦引　き　算	4	6		
⑧図　形　模　写	−3	4	12	
⑨物　語　再　生	0	5	8	12
⑩逆　　　　唱	−2	3	10	
⑪書　き　取　り	3	7		
⑫読　　　　字	−1	6		

合計得点 [　　　]

（粗点に対応する得点を合計する）

34以下　（重度痴呆）
35〜59　（中程度痴呆）
60〜84　（軽度痴呆）
85〜94　（境界）
95以上　（正常）

出所）大塚俊男ら『高齢者のための知的機能検査の手引き』ワールドプランニング，2008年，pp.28-29，より引用

(6) クロック・ドローイングテスト（Clock Drawing Test：CDT）（図3-2-1）

円の中に時計を描いてもらい，認知症を診断するテストである。認知症患者は異常に小さい円を描く，時計の長針・短針の区別ができない特徴がある。

図3-2-1　Clock Drawing Test：CDT

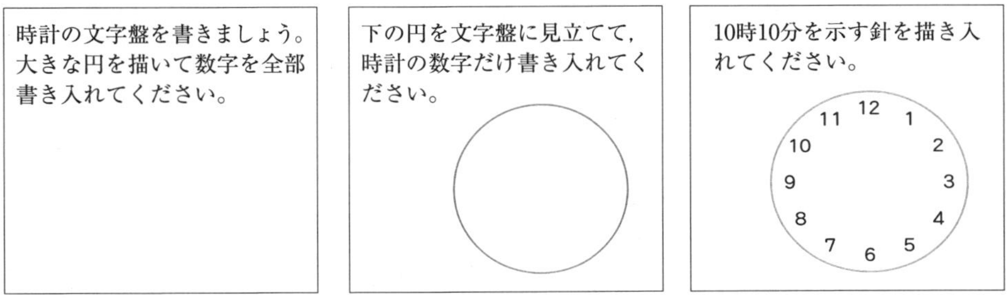 時計の文字盤を書きましょう。大きな円を描いて数字を全部書き入れてください。	下の円を文字盤に見立てて，時計の数字だけ書き入れてください。	10時10分を示す針を描き入れてください。
解答用紙A	解答用紙B	解答用紙C

出所）河野和彦監修『自宅でかんたん　認知症診断ブック』楓書店，2010年，pp.16-19，より引用

第3章　認知症の種類と治療

＊採点と判定
　①解答用紙Aに描かれた円を確認する。大小にかかわらず，円が描けていれば1点。なければ0点。
　②解答用紙Bに文字盤の12個の数字が正しく描けているかどうかを確認。
　　正しい数字が1個描けていれば0.5点，2個なら1点，12個の数字が正しく描けていれば6点。
　　位置や向きは問わない。（重複や実際にない数字はカウントしない）
　③解答用紙Cの針の確認をする。長針・短針ともに描けていれば2点。1本だけ描けていたら1点。
　　針の長さ，向き，位置，指している時間は問わず，描けていれば得点とする。
　④それぞれの描画から，異常のある場合は基準に添って減点をする。
　　9点満点中8点以下だと認知症の疑いが濃厚といわれている。

(7) 視空間性認知機能検査（図3－2－2）

　視空間性認知障害は，アルツハイマー病の想起からみられる障害として重要である。代表的な視空間性認知障害機能検査として，ベンダー・ゲシュタルト・テストが挙げられる。

　ベンダー・ゲシュタルト・テストは，1938年にベンダー（Bender）により作成された。9枚の図形を模写させ，図帰属の回転，歪み，断片化などを評価する。

図3－2－2　ベンダー・ゲシュタルト・テストで使用される刺激図形

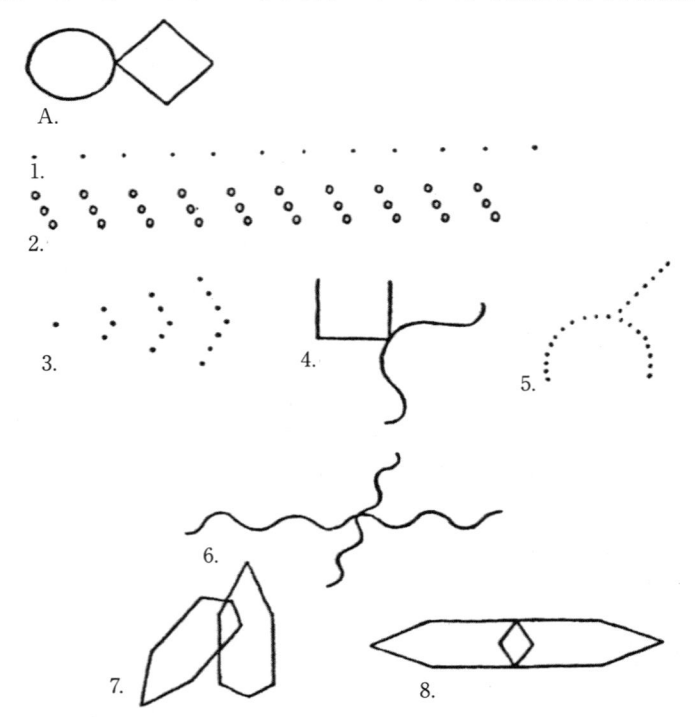

出所）滝沢孝之「ベンダー・ゲシュタルト・テストにおける日本人の標準値」
　　　『広島修大論集』第48巻第1号，2007年，p.318，より引用

第2節　認知症の診断

(8) Rapid Dementia Screening Test (RDST)　日本語版（表3－2－7）

　RDSTは，2003年，ドイツのマックス-プランク研究所のエルケ・カルベ博士らが発表した。RDST日本語版は，順天堂大学医学部の酒井佳永博士らが原著者の許可を得て作成した認知症スクリーニング検査である。言語流暢性課題と数字変換課題の2題からなる。記憶力や注意力・柔軟性・言語能力などを問われるため，認知障害の判定に有効とされている。軽度認知症の判別にも優れた効果を発揮する。施行時間が，3－5分と短いこと，特別な用具や技術を必要とせず非専門家にもなじみやすいこと，日常生活場面に近い課題であるため，被検査者からの受け入れがよいこと，感度と特異性がよいことなどの条件を備えている。

表3－2－7　Rapid Dementia Screening Test (RDST)

---
① 言語流暢性課題
　指示「スーパーやコンビニエンスストアで売られている商品を，できるだけたくさん思い出して，下の余白に書いてください。」（制限時間1分）
② 数字変換課題
　指示「次の算用（アラビア）数字を漢数字に，漢数字を算用数字になおして書いてください。」（制限時間無し。回答を書き終わったら終了）
　　＜例＞　75→七十五　　　三百二十四→324
　　　(1) 608→
　　　(2) 5013→
　　　(3) 九百三十四→
　　　(4) 七千四十五→
算定と判定
① 言語流暢性課題：被験者が思い出したものの個数が
　4個以下の場合は0点，5～7個は2点，8～10個は4点，11～13個は6点，
　14個以上かければ8点（最高点）とする。重複やスーパーマーケットやコンビニエンスストアにない商品を書いた場合はカウントしない。
② 数字変換課題：1問正解につき1点。満点は4点。
①②合計し，12点満点。7点以下の場合は認知症の疑いがあり，4点以下では認知症の疑いは濃厚といえる。

出所）河野和彦監修『自宅でかんたん　認知症診断ブック』楓書店，2010年，pp.9-10，より引用

(9) Frontal Assessment Battery (FAB)（表3－2－8）

　前頭葉機能検査の一つで，近年よく使われるようになった。前頭側頭葉変性症を診断・鑑別する検査として利用されることが多い。言葉の概念化（類似の把握），言語流暢性，運動プログラミング，干渉への感受性，抑制性制御，理解行動を調べる6つの項目からなる。18点満点で，得点が低下するほど，前頭葉の機能障害の可能性が上がる。認知症の中でも，前頭側頭葉変性症は，アルツハイマー病よりもさらに点数が低い傾向がある。

表3－2－8　Frontal Assessment Battery（FAB）

	方法・手順	得点	採点基準
類似性	**概念化** 「次の2つは，どのような点が似ていますか？」 ①バナナとオレンジ ②机と椅子 ③チューリップとバラ	3	3つとも正答
		2	2つ正答
		1	1つ正答
		0	正答なし
語の流暢性	**柔軟性** 「'か'という字で始まる単語をできる限りたくさん言ってください。ただし，人の名前と固有名詞は除きます。」 制限時間は60秒。5秒反応がなければ「たとえば，紙」という。 10秒間黙っていたら「'か'で始まる単語なら何でもいい」と刺激する。	3	10語以上
		2	6-9語
		1	3-5語
		0	2語以下
運動系列	**運動プログラミング** 「私がすることをよく見ておいてください」検者は被験者の前に座り，左手でLuriaの「拳―刀―掌（fist-edge-palm）」を3回やってみせる。 「では右手で同じことをしてください。最初は私と一緒に，次に一人でやってください。」という。検者は被験者と一緒に3回繰り返し，その後，「さあ一人でやってみて下さい」という。	3	被験者一人で正しく6回連続
		2	被験者一人で少なくとも3回連続
		1	検者と一緒に正しく3回
		0	検者と一緒でも正しく3回連続できない
葛藤指示	**干渉刺激に対する敏感さ** 「私が1回叩いたら，2回叩いて下さい」といい，次の系列を施行する：1-1-1 「私が2回叩いたら，1回叩いて下さい」といい，次の系列を施行する：2-2-2 そして検者は次の系列を実施する：1-1-2-1-2-2-2-1-1-2	3	間違いなく可能
		2	1，2回の間違いで可能
		1	3回以上の間違い
		0	被験者が4回連続して検者と同じように叩く
Go/No-Go	**抑制コントロール** 「私が1回叩いたら，1回叩いて下さい」といい，次の系列を施行する：1-1-1 「私が2回叩いたら，叩かないで下さい」といい，次の系列を施行する：1-1-1 そして検者は次の系列を実施する：1-1-2-1-2-2-2-1-1-2	3	間違いなく可能
		2	1，2回の間違いで可能
		1	3回以上の間違い
		0	被験者が4回連続して検者と同じように叩く
把握行動	**環境に対する非影響性** 「私の手を握らないで下さい」検者は被験者の前に座り，被験者の両方の手の平を上に向け，被験者の膝の上に置く。検者は何も言わないか，あるいは被験者の方を見ないで両手を被験者の手の近くに持っていって両方の手のひらに触れる。 そして被験者が自発的に検者の手を握るかどうかを見る。 もしも，被験者が検者の手を握ったら，次のように言ってもう一度繰り返す。「今度は，私の手を握らないでください」	3	被験者は検者の手を握らない
		2	どまどい何をすればいいのか尋ねる
		1	とまどうことなく検者の手を握る
		0	握らなくてもいいといわれた後でも検者の手を握る

出所）本間昭編『介護福祉士養成テキストブック⑪認知症の理解』ミネルヴァ書房，2011年，p.33．より引用

2）観察法

(1) 認知症（痴呆症）高齢者の日常生活の自立度判定基準（表3－2－9）

認知症（痴呆症）高齢者の日常生活の自立度判定基準は，地域や施設などの現場において，認知症高齢者に対する適切な対応がとれるよう，医師により認知症と診断された高齢者の日常生活自立度の程度，すなわち介護の必要度を保健師，看護師，社会福祉士，介護福祉士，介護支援専門員などが，客観的にかつ短期間に判定することを目的として，厚生労働省により作成された。介護認定調査などは，この基準と「障害高齢者の日常生活自立度（寝たきり度）判定基準」の両方を必要とする。

表3－2－9　認知症高齢者の日常生活の自立度判定基準

ランク	判定基準	見られる症状・行動の例
Ⅰ	何らかの認知症（痴呆）を有するが，日常生活は家庭内及び社会的にほぼ自立している	
Ⅱ	日常生活に支障を来すような症状・行動や意思疎通の困難さが多少見られても，誰かが注意していれば自立できる	
Ⅱa	家庭外で上記Ⅱの状態が見られる	たびたび道に迷うとか，買物や事務，金銭管理などそれまでできたことにミスがめだつなど
Ⅱb	家庭内で上記Ⅱの状態が見られる	服薬管理ができない，電話の応対や訪問者との応対など一人で留守番ができないなど
Ⅲ	日常生活に支障を来すような症状・行動や意思疎通の困難さがときどきみられ，介護を必要とする	
Ⅲa	日中を中心として上記Ⅲの状態が見られる	着替え，食事，排便・排尿が上手にできない・時間がかかる，やたらに物を口に入れる，物を拾い集める，徘徊，失禁，大声・奇声をあげる，火の不始末，不潔行為，性的異常行為など
Ⅲb	夜間を中心として上記Ⅲの状態が見られる	ランクⅢaに同じ
Ⅳ	日常生活に支障を来すような症状・行動や意思疎通の困難さが頻繁に見られ，常に介護を必要とする	ランクⅢaに同じ
M	著しい精神症状や問題行動あるいは重篤な身体疾患が見られ，専門医療を必要とする	せん妄，妄想，興奮，自傷・他害などの精神症状や精神症状に起因する問題行動が継続する状態など

出所）厚生労働省「認知症高齢者の日常生活自立度判定基準」

(2) CDR（Clinical Dementia Rating）（表3－2－10）

1982年にHughesらによって作成され，認知症の重症度を判定する尺度である。記憶・見当識・判断と問題解決・社会生活・家庭生活および趣味・介護状況の6項目を「障害なし」から「重度障害」までの5段階で評価する。

第 3 章　認知症の種類と治療

表 3 － 2 －10　CDR 修正版

	障害なし 0	障害の疑いあり 0.5	軽度障害 1	中等度障害 2	重度障害 3
記憶	記憶諸具合はないか，時に若干の物忘れ	一貫した軽い物忘れ，部分的な想起"良性"健忘	中程度の記憶障害。最近の出来事に対してより顕著，日常生活に支障	重度の記憶障害。高度に学習した記憶は保持，新しいものは急速に忘れる	重度の記憶障害。断片的記憶のみ残存している
見当識	見当識障害なし	時間的関連性に軽度の障害がある以外は，見当識障害なし	時間的関連性に中等度の障害，検査場所の見当識は保たれている，他の場面では地誌的失見当を示すことがある	時間的関連性に重度の障害。通常時間の失見当があり，しばしば場所の失見当を示す	人物への見当識のみ保たれている
判断と問題解決	過去の行動と関連づけて日常生活や仕事・金銭上での問題を解決できる	問題解決および類似性・相違性の理解に軽度の障害	問題解決および類似性・相違性の理解に中等度の障害，社会的判断は通常保たれている	問題解決および類似性・相違性の理解に重度の障害。社会的判断は通常障害されている	判断や問題解決はできない
社会生活	仕事・買い物・ボランティア活動・社会的グループで，通常のレベルの自立した機能がある	左記の活動に軽度の障害がある	左記の活動のいくつかに参加していたとしても自立した機能はない。一見正常にみえる	家庭外では自立した機能はない 家庭外の活動に連れ出せるようにみえる	家庭外の活動に連れ出せないほど重度にみえる
家庭生活および趣味	家庭生活・趣味・知的関心は十分に保たれている	家庭生活・趣味・知的関心は軽度に障害されている	家庭での機能に軽度だがはっきりした障害がある。難しい家事や複雑な趣味や関心は継続できない	簡単な家事のみ保持。非常に限られた関心がわずかに残存	家庭での意味ある機能はない
介護状況	身の回りのことは完全にできる		時に激励が必要	更衣・衛生管理・整容に介助が必要	身の回り活動に多くの介助が必要。頻回に失禁

出所）池田学編『認知症　臨床の最前線』医歯薬出版，2012年，p.136，より引用

(3) 柄澤式「老人知能の臨床的判定基準」(表 3 － 2 －11)

　柄澤昭秀らによって開発された行動観察尺度である。認知機能レベルの大まかな段階付けの評価を目的としている。知能のレベルを日常生活におけるその人の言動や態度，作業遂行能力などを用いて判断する。

(4) FAST (Functional Assessment Staging)

　アルツハイマー病に対して，その病期と重症度を ADL の障害の程度によって分類・評価するものである。アルツハイマー病の病期を，正常も含めて 7 段階で分類しており，境界状態や

軽度認知症，高度認知症についても臨床的特徴が比較的詳細に記述されている。反面，具体的な臨床症状に一致しない場合もあり，評価に迷うこともあるが，日常の臨床場面でのアルツハイマー病の重症度を把握する上で有効である。

表3－2－11　柄澤式「老人知能の臨床的判定基準」

判定		日常生活能力	日常会話・意思疎通	具体的例示
正常	（－）	社会的，家庭的に自立	普通	活発な知的活動維持（優秀老人）
	（±）	同上	同上	通常の社会活動と家庭内活動可能
異常衰退	軽度（±）	通常の家庭内での行動はほぼ自立 日常生活上，助言や介助は必要ないか，あっても軽度	ほぼ普通	社会的な出来事への興味や関心が乏しい 話題が乏しく，限られている 同じことを繰り返し話す，たずねる いままでできた作業（事務，家事，買い物など）にミスまたは能力低下が目立つ
	中程度（＋2）	知能低下のため，日常生活が一人ではちょっとおぼつかない 助言や介助が必要	簡単な日常会話はどうやら可能 意思疎通は可能だが不十分，時間がかかる	なれない状況で場所を間違えたり道に迷う 金銭管理や適正な服薬に他人の援助が必要
	高度（＋3）	日常生活が一人ではとても無理 日常生活の多くに助言や介助が必要，あるいは失敗行為が多く目が離せない	簡単な日常会話すらおぼつかない 意思疎通が乏しく困難	なれた状況でも場所を間違え道に迷う さっき食事をしたこと，さっき言ったことすら忘れる
	最高度（＋4）	同上	同上	自分の名前や出生地すら忘れる 身近な家族と他人の区別もつかない

出所）日本認知症ケア学会編『認知症ケア標準テキスト　改訂・認知症ケアの実際Ⅰ：総論』ワールドプランニング，2011年，p.84，より引用

表3－2－12　Functional Assessment Staging（FAST）

FAST stage	臨床診断	FASTにおける特徴	臨床的特徴など
1．認知機能の障害なし	正常	主観的にも客観的機能低下は認められない	5～10年前と比較して職業あるいは社会生活上，主観的および客観的にも変化はまったく認められず支障をきたすこともない。
2．非常に軽度の認知機能の低下	年齢相応	ものの置き忘れを訴える。喚語困難。	名前や物の場所，約束を忘れたりすることが年齢相応の変化であり，親しい友人や同僚にも通常は気づかれない。複雑な仕事を遂行したり，込み入った社会生活に適応していく上で支障はない。多くの場合，正常な老化以外の状態は認められない。
3．軽度の認知機能低下	境界状態	熟練を要する仕事の場面では機能低下が同僚によって認められる。新しい場所に旅行することは	初めて，重要な約束を忘れてしまうことがある。初めての土地への旅行のような複雑な作業を遂行する場合には機能低下が明らかになる。買い物や家計の管理あるいはよく知って

第3章　認知症の種類と治療

			困難。	いる場所への旅行など日常行っている作業をする上では支障はない。熟練を要する職業や社会的活動から退職してしまうこともあるが、その後の日常生活の中では障害は明らかとはならず、臨床的には軽微である。
4．中等度の認知機能低下	軽度のアルツハイマー型認知症		夕食に客を招く段取りをつけたり、家計を管理をしたり、買い物をしたりする程度の仕事でも支障を来す。	買い物で必要なものを必要な量だけ買うことができない。誰かがついていないと買い物の勘定を正しく払うことができない。自分で洋服を選んで着たり、入浴したり、行き慣れている所へ行ったりすることには支障はないために日常生活では介助を要しないが、社会生活では支障を来すことがある。単身でアパート生活している老人の場合、家賃の額で大家とトラブルを起こすようなことがある。
5．やや重度の認知機能低下	中等度のアルツハイマー型認知症		介助なしでは適切な洋服を選んで着ることができない。入浴させるときにもなんとかなだめすかして説得することが必要なこともある。	家庭での日常生活でも自立できない。買い物をひとりですることはできない。季節にあった洋服を選んだりすることができないために介助が必要となる。明らかに釣り合いがとれていない組合せで服を着たりし、適切に洋服を選べない。毎日の入浴を忘れることもある。なだめすかして入浴させなければならないにしても、自分で体をきちんと洗うことはできるし、お湯の調節もできる。自動車を適切かつ安全に運転できなくなり、不適切にスピードを上げたり下げたり、また信号を無視したりする。無事故だった人が初めて事故を起こすこともある。きちんと服が揃えてあれば適切に着ることはできる。大声をあげたりするような感情障害や多動、睡眠障害によって家庭で不適応を起こし医師による治療的かかわりがしばしば必要になる。
6．重度の認知機能低下	やや高度のアルツハイマー型認知症	(a) 不適切な着衣		寝巻の上に普段着を重ねて着てしまう。靴紐が結べなかったり、ボタンを掛けられなかったり、ネクタイをきちんと結べなかったり、左右間違えずに靴をはけなかったりする。着衣も介助が必要になる。
		(b) 入浴に介助を要す。入浴を嫌がる。		お湯の温度や量を調節できなくなり、体もうまく洗えなくなる。浴槽に入ったり出たりすることもできにくくなり、風呂から出た後もきちんと体を拭くことができない。このような障害に先行して風呂に入りたがらない、嫌がるという行動がみられることもある。
		(c) トイレの水を流せなくなる。		用を済ませた後水を流すのを忘れたり、きちんと拭くのを忘れる。あるいは済ませた後服をきちんと直せなかったりする。
		(d) 尿失禁		時に(c)の段階と同時に起こるが、これらの段階の間には数カ月間の間隔があることが多い。この時期に起こる尿失禁は尿路感染やほかの

第 2 節　認知症の診断

			生殖泌尿器系の障害がよく起こる。この時期の尿失禁は適切な排泄行動を行う上での認知機能の低下によって起こる。
		(e) 便失禁	この時期の障害は(c)や(d)の段階でみられることもあるが，通常は一時的にしろ，別々にみられることが多い。焦燥や明らかな精神病様症状のために医療施設を受診することも多い。攻撃的行為や失禁のために施設入所が考慮されることが多い。
7．非常に高度の認知機能低下	高度のアルツハイマー型認知症	(a) 最大限約6語に限定された言語機能の低下	語彙と言語能力の貧困化は Alzheimer 型認知症の特徴であるが，発語量の減少と話し言葉のとぎれがしばしば認められる。更に進行すると完全な文章を話す能力は次第に失われる。失禁がみられるようになると，話し言葉は幾つかの単語あるいは短い文節に限られ，語彙は2，3の単語のみに限られてしまう。
		(b) 理解し得る語彙はただ1つの単語となる	最後に残される単語には個人差があり，ある患者では"はい"という言葉が肯定と否定の両方の意志を示すときもあり，逆に"いいえ"という返事が両方の意味をもつこともある。病期が進行するに従ってこのようなただ1つの言葉も失われてしまう。一見，言葉が完全に失われてしまったと思われてから数ヵ月後に突然最後に残されていた単語を一時的に発語することがあるが，理解し得る話し言葉が失われた後は叫び声や意味不明のぶつぶつ言う声のみとなる。
		(c) 歩行能力の喪失	歩行障害が出現する。ゆっくりとした小刻みの歩行となり階段の上り下りに介助を要するようになる。歩行できなくなる時期は個人差はあるが，次第に歩行がゆっくりとなり，歩幅が小さくなっていく場合もあり，歩くときに前方あるいは後方や側方に傾いたりする。寝たきりとなって数ヵ月すると拘縮が出現する。
		(d) 着座能力の喪失	寝たきり状態であってもはじめのうち介助なしで椅子に座っていることは可能である。しかし，次第に介助なしで椅子に座っていることもできなくなる。この時期ではまだ笑ったり，噛んだり，握ることはできる。
		(e) 笑う能力の喪失	この時期では刺激に対して眼球をゆっくり動かすことは可能である。多くの患者では把握反射は嚥下運動とともに保たれる。
		(f) 昏迷および昏睡	Alzheimer 型認知症の末期ともいえるこの時期は本疾患に付随する代謝機能の低下と関連する。

出所）日本認知症ケア学会編『認知症ケア標準テキスト　改訂・認知症ケアの実際Ⅰ：総論』ワールドプランニング，2011年，pp.88-89，より引用

(5) NMスケール（表3-2-13）

表3-2-13　NMスケール

項目＼評点	0点	1点	3点	5点	7点	9点	10点	評価
家事・身辺整理	不能	ほとんど不能	買い物不能，ごく簡単な家事，整理も不完全	簡単な買い物も不確か。ごく簡単な家事，整理のみ可能	簡単な買い物は可能。留守番，複雑な家事，整理は困難	やや不確実だが買い物，留守番，家事などを一応任せられる。	正常	
関心・意欲交流	無関心まったくなにもしない	周囲に多少関心あり。ぼんやりと無為に過ごすことが多い	自らはほとんど何もしないが，指示されれば簡単なことはしようとする	習慣的なことはある程度自らする。気がむけば人に話しかける	運動・家事・仕事・趣味などを気がむけばする。必要なことは話しかける	やや積極性の低下が見られるが，ほぼ正常	正常	
会話	呼びかけに無反応	呼びかけに一応反応するが，自ら話すことはない	ごく簡単な会話のみ可能。つじつまの合わないことが多い	簡単な会話は可能であるが，つじつまの合わないことがある	話し方は，滑らかではないが，簡単な会話は通じる	日常会話はほぼ正常複雑な会話がやや困難	正常	
記銘・記憶	不能	新しいことはまったく覚えられない。古い記憶がまれにある	最近の記憶はほとんどない。古い記憶多少残存，生年月日不確か	最近の出来事の記憶困難。古い記憶の部分的脱落生年月日正答	最近の出来事をよく忘れる。古い記憶は正常	最近の出来事をときどき忘れる	正常	
見当識	まったくなし	ほとんどなし。人物の弁別困難	失見当識著明。家族と他人との区別は一応できるが，だれかはわからない	失見当識かなりあり（日時・年齢・場所など不確か，道に迷う）	ときどき場所を間違えることがある	ときどき日時を間違えることがある	正常	
						NMスケール評価点		

●重症度評価点
　カッコ内の数字は，寝たきり老人（N-ADLで歩行・起坐が1点以下のとき）の場合で，「会話」「記銘・記憶」「見当識」の3項目によって暫定的に評価する。

正　　常	50～48点（30～28点）
境　　界	47～43点（27～25点）
軽症痴呆	42～31点（24～19点）
中程度痴呆	30～17点（18～10点）
重症痴呆	16～0点（9～0点）

出所）大塚俊男ら『高齢者のための知的機能検査の手引き』ワールドプランニング，2008年，p.82，より引用

　NMスケールは，高齢者および認知症患者の日常生活における実際的な精神機能を種々の角度からとらえた行動観察による評価法である。行動観察による評価法であるため，患者に拒否されることがなく，日常生活場面における実際的な状態，行動，能力が評価できる。また，認

第2節 認知症の診断

知症の進行によって，意思疎通の困難なケースや視聴覚障害，運動障害のあるケースでも精神機能の評価が可能である。

3）生活機能の評価

(1) 障害高齢者の日常生活の自立度判定基準（表3－2－14）

高齢者の日常生活の自立度の程度を示す指標であり，1991（平成3）年厚生省大臣官房老人保健福祉部長通知で示された。介護保険における審査判定の際に参考とされ，ランクJからランクCまでの4ランクがある。

表3－2－14　障害高齢者の日常生活の自立度判定基準

生活自立	ランクJ	何らかの障害などを有するが，日常生活はほぼ自立しており独立で外出する 　1．交通機関などを利用して外出する 　2．隣近所なら外出する
準寝たきり	ランクA	屋内の生活はおおむね自立しているが，介助なしには外出しない 　1．介助により外出し，日中はほとんどベッドから離れて生活する 　2．外出の頻度が少なく，日中も寝たり起きたりの生活をしている
寝たきり	ランクB	屋内での生活は何らかの介助を要し，日中もベッドの上での生活が主体であるが座位を保つ 　1．車椅子に移乗し，食事・排泄はベッドから離れて行う 　2．介助により車椅子に移乗する
	ランクC	1日中ベッドで過ごし，排泄・食事・着替えにおいて介助を要する 　1．自力で寝返りをうつ 　2．自力では寝返りもうたない

出所）厚生省「障害高齢者の日常生活の自立度判定基準」

(2) 英国版バーセルインデックス（表3－2－15）

バーセルインデックス（Barthel Index）は，セルフケア能力を判断するために用いることが多い日常生活動作（ADL）を評価する方法の一つである。近年，英国の老年医学会では，原著の5点刻みの採点法を改めて，1点刻み合計20点で表記する方法を採用している。

表3－2－15　英国版バーセルインデックス（Barthel Index）

項目	点数	評価基準	実施日
排便	0 1 2	失禁（または看護師による浣腸を必要とする） ときどき失敗 （週1回）失禁なし	
排尿	0 1 2	失禁，またはカテーテル留置や自分では管理できない ときどき失敗（最大2時間に1回） 失禁なし	
整容	0 1	介助を必要とする 自立　顔／髪／髭剃り（器具は準備されて）	
トイレの使用	0 1	全介助を必要とする 多少の介助を必要とするがおおよそ自分ひとりでできる	

	2	自立（前後処理，衣類，清拭）	
食事	0 1 2	不能 切ったり，バターを塗ったりなどで介助を必要とする 自立	
移乗 （ベッドと車椅子との間）	0 1 2 3	不能　座位バランス困難 高度の介助を必要とする（1～2人のちからで）が座っていられる 軽度の介助（口頭または身体的手助け）で可能 自立	
移動	0 1 2 3	動けない 車椅子で自立 1人介助（口頭または身体的手助け）で歩く 自立（杖などの補助具は使用してもよい）	
更衣	0 1 2	全介助を必要とする 介助を必要とするが半分程度は自分でできる 自立（ボタン，ジッパー，ひもなどを含める）	
階段	0 1 2	不能 介助を必要とする（口頭，身体的手助け，補助具を使用して） 自立	
入浴	0 1	全介助を必要とする 自立（またはシャワーで）	
合計点	／20		

出所）小澤利男ら編『高齢者の生活機能評価ガイド』医歯薬出版，2006年，p.18，より引用

(3) 1) ADL-20の評価項目と判定基準（表3－2－16）

　IADLの情報収集とアセスメントも重要となる。IADLの評価は性差があり，女性の方が食事や更衣に関する得点が高い傾向がある。また，現在の暮らしの様子により，得点にも差異が生じる。療養の場が在宅なのか，病院なのか，施設なのかによって違いが大きい。そのため，一人の個人に対してのIADLの変化の様子をアセスメントする場合に適している。

表3－2－16　IADL-20の評価項目と判定基準

1	基本的ADL──起居移動（BADLm）	①（ベッド上）寝返り ②床からの立ち上がり・腰下し ③室内歩行（10mを目安とする） ④階段昇降（1階分を目安とする） ⑤戸外歩行
2	基本的ADL──身のまわり動作（BADLs）	⑥食事 ⑦更衣 ⑧トイレ ⑨入浴 ⑩整容 ⑪口腔衛生
3	手段的ADL（IADL）	⑫食事の準備 ⑬熱源の取り扱い

第2節　認知症の診断

	⑭ 財産管理 ⑮ 電話 ⑯ 自分の薬の管理 ⑰ 買い物 ⑱ 外出
4　コミュニケーションADL（CADL）	⑲ 意思の伝達 ⑳ 情報の理解

注釈：日常生活動作・活動に関する判断基準
1）実用的時間内にできるか，できないかの判定を原則とする
2）本人，同居家族あるいは介護者より面接聴取し，内容的には日常観察に基づき判定し，直接テストを施行しなくとも良い
3）ADL能力判定基準の原則
　　3：完全自立，補助用具不要
　　2：補助具（杖，手すり，自助具）を利用して自立，監視不要
　　1：他者の監視下，または部分的介助を必要とする
　　0：他者の全面介助による

出所）小澤利男ら編『高齢者の生活機能評価ガイド』医歯薬出版，2006年，p.27，より引用

(4) N式老年者用日常生活動作能力評価尺度（N-ADL）（表3-2-17）

　N式老年者用日常生活動作能力評価尺度は，老年者および認知症患者の日常生活動作能力を多角的にとらえ，点数化して評価する行動評価尺度である。NMスケールとの併用で，日常生活面での老年者の実際的能力を総合的にとらえることができる。① 歩行・起座，② 生活圏，③ 着脱衣・入浴，④ 摂食，⑤ 排泄，の5項目について，対象者の観察や介護者より情報を得て各項目ごとに7段階に重症度分類をして評価する。

表3-2-17　N式老年者用日常生活動作能力評価尺度（N-ADL）

評価項目	0点	1点	3点	5点	7点	9点	10点	評価
歩行・起座	寝たきり（座位不能）	寝たきり（座位可能）	寝たり・起きたり。押し車などの支えが必要	つたい歩き階段昇降不能	つえ歩行階段昇降不能	短時間の独歩可能	正常	
生活圏	寝床上（寝たきり）	寝床周辺	室内	屋内	屋外	近隣	正常	
着脱衣入浴	全面介助特殊浴槽入浴	ほぼ全面介助（指示に多少従える）全面介助入浴	着衣困難，脱衣は部分介助を要する。入浴も部分介助を要する	着脱可能，着衣は部分介助を要する。自分で部分的に洗える	遅くて，時に不正確。頭髪・足など洗えない	ほぼ自立やや遅い。体は洗えるが，洗髪に要介助	正常	
摂食	経口摂取不能	経口全面介助	介助を多く要する（途中でやめる。全部細かくきざむ必要あり）	部分介助を要す（食べにくいものを刻む必要あり）	お膳を整えてもらうとほぼ自立	ほぼ自立	正常	

第3章　認知症の種類と治療

| 排泄 | 常時，大小便失禁（便意・尿意が認められない） | 常時，大小便失禁（便意・尿意あり，失禁後不快感を示す） | 失禁することが多い（尿意・便意を伝えること可能，常時おむつ） | 時々失禁する（気を配って介助すれば，ほとんど失禁しない） | ポータブルトイレ・しびん使用後，始末不十分 | トイレで可能。後始末不十分なことがある | 正常 | |

N-ADL　得点（　　　）点

重症度評点

10点	正　　　　常	自立して日常生活が営める
9点	境　　　　界	自立して日常生活を営むことが困難になり始めた初期状態
7点	軽　　　　度	日常生活に軽度の介助または観察を必要とする
5点・3点	中　な　ど　度	日常生活に部分介助を要する
1点・0点	重　　　　度	全面介助を要する（0点は活動性や反応性はまったく失われた最重度の状態）

出所）日本認知症ケア学会編『認知症ケア標準テキスト　改訂・認知症ケアの実際1・総論』ワールドプランニング，2011年，p.90，より引用

(5) IADL (Instrumental Activities of Daily Living Scale)（表3－2－17）

　IADLは，Lawton（1969）により開発された。電話の使用，買い物，食事の支度など高次のIADLを8領域に分けてアセスメントしていく。対象が男性の場合は「食事の支度」と「洗濯」および「家事」については評価しない。したがって得点範囲は女性では0－8点，男性では0－5点となる。

表3－2－18　Instrumental Activities of Daily Living Scale（IADL）

項目	得点
A．電話の使い方	
1．自由に電話をかけることができる	1
2．いくつかのよく知っている番号であればかけることができる	1
3．電話で対応できるが電話をかけることはできない	1
4．まったく電話を使うことができない	0
B．買い物	
1．1人で買い物ができる	1
2．少額の買い物であれば1人でできる	0
3．だれかが付き添っていれば買い物ができる	0
4．まったく買い物ができない	0
C．食事の支度	
1．人数にあった支度をして必要十分な用意ができる	1
2．材料が用意してあれば食事の支度ができる	0
3．食事をつくることはできるが，人数にあった用意ができない	0
4．他人に支度をしてもらう	0
D．家　事	
1．力仕事など以外は1人で家事をすることができる	1
2．食事のあとの食器を洗ったり布団を敷くなどの簡単なことはできる	1
3．簡単な家事はできるが，きちんとあるいは清潔に維持できない	1
4．他人の手助けがなければ家事をすることができない	1

5. まったく家事をすることができない		0
E. 洗　濯		
1. 1人で洗濯できる		1
2. 靴下など小さなものは洗濯できる		1
3. 他人に洗濯してもらう		0
F. 移動・外出		
1. 自動車を運転したり，電車・バスを利用して出かけることができる		1
2. タクシーを自分で頼んで出かけられるが，電車やバスは利用できない		1
3. 付き添いがあれば電車やバスを利用することができる		1
4. 付き添われてタクシーや自動車で出かけることができる		1
5. まったく出かけることができない		0
G. 服薬の管理		
1. きちんとできる		1
2. 前もって飲む薬が用意されていれば自分で服薬できる		0
3. 自分では全く服薬できない		0
H. 金銭の管理		
1. 自分でできる（家計簿，家賃，請求書の支払，銀行での用事など）		1
2. 日常の買い物は管理できるが，大きな買い物や銀行へは付き添いが必要		1
3. 金銭を扱うことはできない		0

出所）日本認知症ケア学会編『認知症ケア標準テキスト　改訂・認知症ケアの実際1・総論』ワールドプランニング，2011年，pp.93-94，より引用

(6) 認知症の初期段階のアセスメント（表3-2-19）

認知症の徴候チェックリストは，自分や家族，友人など高齢者の状態をよく知っている方が認知症の徴候をチェックするためのリストであり，全項目の総合点が24点以下の場合は，認知症の疑いが出現する。このチェックリストの結果のみで，認知症が判断できるものではないが，認知症の徴候をアセスメントするための一助となる。

表3-2-19　認知症の徴候チェックリスト

現在の日常生活と1年前の状態を比べたご自分の状態について「よくなった，あるいはほとんど同じ」「多少悪くなった」「とても悪くなった」の3段階で，それぞれの項目の数字に○をつけてください。

	チェック項目	よくなった・同じ	多少悪くなった	とても悪くなった
1	曜日や月がわかりますか？	2	1	0
2	以前と同じように道がわかりますか？	2	1	0
3	住所・電話番号を覚えていますか？	2	1	0
4	物がいつもしまわれている場所を覚えていますか？	2	1	0
5	物がいつもの場所にないとき，見つけることができますか？	2	1	0
6	洗濯機やテレビのリモコンなどの電気製品を使いこなせますか？	2	1	0
7	自分で状況にあった着衣ができていますか？	2	1	0
8	買い物でお金が払えますか？	2	1	0
9	身体の具合が悪くなったわけではないのに，行動が不活発になりましたか？	2	1	0

10	本の内容やテレビドラマの筋がわかりますか？	2	1	0
11	手紙を書いていますか？	2	1	0
12	数日前の会話を自分から思い出すことができますか？	2	1	0
13	数日前の会話を自分から思い出そうとしても，難しいですか？	2	1	0
14	会話の途中で言いたいことを忘れることがありますか？	2	1	0
15	会話の途中で，適切な単語が出てこないことがありますか？	2	1	0
16	よく知っている人の顔がわかりますか？	2	1	0
17	よく知っている人の名前がわかりますか？	2	1	0
18	その人たちがどこに住んでいるのか，仕事などわかりますか？	2	1	0
19	最近のことを忘れっぽくなりましたか？	2	1	0

出所）大渕律子ら『ナーシング・グラフィカ27　老年看護学―老年看護の実践』メディカ出版，2006年，p.28，より引用

3．諸検査

問診と認知機能検査のみで，認知症の診断が確定する訳ではない。原因疾患を調べ，身体疾患に伴う「治る認知症」との鑑別や，脳の障害された部分を判断するためにさまざまな検査が行われる。

1）身体・神経学的検査

血液検査：甲状腺ホルモン，アンモニア，クレアチニン，ビタミンB群，銅など
神経学的検査：手足の麻痺，こわばり，歩行障害，パーキンソン病など
生化学検査：脳脊髄液検査　アミロイドβ蛋白やタウ蛋白の確認ができる
脳波検査：クロイツフェルト・ヤコブ病，肝性脳症，てんかんの鑑別が可能

2）CTやMRIなど画像検査

認知症は，脳がダメージを受けることで発症する。脳のどの部分にどのような障害があるのかを画像化することで，原因となっている疾患の診断に結びつけることができる。脳の画像診断装置は，①脳の形状を調べる装置と，②脳の機能（活動状態）を可視化する装置の2種類に大きく分けられる（表3-2-20）。

①脳の形状を調べる装置

- CT（コンピュータ画像診断装置：X線によって脳内を輪切りに透視しコンピュータ処理して画像にする）
- MRI（磁気共鳴画像装置：磁場を利用して脳内をさまざまな角度から観察，画像化する）
- MRA（磁気共鳴血管撮影：磁場を利用して血管の様子を画像化する）がある。

②脳の機能（活動状態）を可視化する装置

- SPECT（単一光子放射型コンピュータ断層撮影：放射性のヨウ素などの薬品を静脈注射し，脳の血流量の分布を画像化する）

- PET（陽電子放射断層撮影：ブドウ糖に放射性同位元素で標識をつけた薬品を静脈注射し，活動が活発な部位と鈍い部位を画像化する）アミロイドイメージングにより，脳にアミロイドがたまっているかどうか，調べることができる。

表3－2－20　画像診断のおもな種類と機能

CT・MRI	脳の形（形態）を調べる。 脳の血腫，腫瘍の有無，梗塞・出血の有無や程度を判別して，治療の方向性を明らかにする。 脳の委縮状態も判断できる。 ・脳出血 ・脳梗塞 ・慢性硬膜下血腫 ・脳腫瘍 ・頭部外傷　　など
SPECT	脳の機能が低下すると，血流が低下する。脳の血流低下がある部分は機能が低下している。 脳の血流低下のパターンを判別することで，認知症の診断の一助となる。 ・アルツハイマー型認知症 ・脳血管性認知症 ・レビー小体型認知症 ・前頭側頭型認知症　　など

4．医学的な治療

1）薬物療法

　認知症の薬物療法を考えた場合，中核症状である認知機能の障害に対する治療と，周辺症状である行動・心理症状（Behavioral Psychological Symptoms of Dementia：BPSD）の治療に分けることができる。現在使用されている認知症治療薬は認知機能改善薬であり，病気の進行の抑制を目的としているが，病気の進行を止めることはできず，根本的に治療する薬剤ではない。

　(1)認知機能の障害に対する治療薬

　○アルツハイマー病に対する治療薬（表3－2－21）

　アルツハイマー病患者の脳では，アミロイドβ蛋白の重合・沈着，神経細胞内のタウ蛋白の重合・リン酸化などから，情報の担い手となるさまざまな神経伝達物質を作る神経細胞が破壊される。特に，神経伝達物質の中でもアセチルコリンという，伝達物質を作る神経細胞の破壊が進む。

　2011（平成23）年，アルツハイマー病に対する新しい治療薬が我が国でも認可され，1999（平成11）年に国内で使用が認められたドネペジル塩酸塩を含め，4種類の薬剤が処方されるようになった。

① コリンエステラーゼ阻害剤
- ドネペジル塩酸塩（商品名：アリセプト®など）
- ガランタミン臭化水素酸塩（商品名：レミニール®など）
- リバスチグミン（イクセロン®パッチ・リバスタッチ®パッチなど）

ドネペジル塩酸塩，ガランタミン臭化水素酸塩，リバスチグミンは，アセチルコリンを分解するアセチルコリンエステラーゼという酵素の働きを妨げることで，脳内のアセチルコリンの濃度を高めて症状を改善する効果がある（アセチルコリンエステラーゼ阻害剤）。

これらの薬を使用し続けることで，記憶力や判断力，意欲自発性や集中力が改善され，認知症の進み方も遅くなる。主な副作用はコリンが賦活化されることによるもので，不眠，不安，易怒興奮，焦燥などの精神症状と，食欲低下，嘔気，嘔吐，下痢，めまいなどの身体症状がみられる。なお，リバスチグミンは，我が国では貼付剤として開発されている。

② NMDA 受容体拮抗薬
- メマンチン塩酸塩（メマリー®）

メマンチン塩酸塩は脳内グルタミン酸による神経毒性を，受容体である NMDA 受容体に対する拮抗作用により阻止し，神経細胞を保護するという薬効を持つ薬剤である。

メマンチン塩酸塩の効果として記憶学習機能の活性化のほかに，興奮・攻撃性の減少があり，BPSD に対する効果が期待されている。副作用として，めまい，眠気，便秘がみられる。

○血管性認知症に対する治療薬

血管性認知症では，脳血管障害の原因となる脳血栓や脳梗塞の予防が重要である。脳血栓に対しては，血小板による血栓の形成を防ぐために抗血小板薬（アスピリン・チクロピジン・ジピリダモールなど）が用いられる。脳梗塞の予防には，抗凝固薬（ワルファリン・ダビガトラン）が用いられる。また，脳血管障害の危険因子である高血圧や糖尿病，高脂血症，心疾患などの予防・コントロールが必要となる。

血管性認知症の認知機能障害にドネペジル塩酸塩が有効であると言われている。脳血管性認知症の場合は健康保険が適応されないが，アルツハイマー病を合併している場合は使用できる。その他，脳血管を拡張して代謝を活発にする作用がある脳循環代謝改善薬（ニセルゴリン），脳梗塞後遺症に伴う意欲・自発性の低下の改善に使用するアマンタジン，漢方薬である釣藤散が，自発性の低下に効果がある。

○レビー小体型認知症および前頭側頭型認知症に対する治療薬

レビー小体型認知症および前頭側頭型認知症の薬物療法は根本的な治療方法はなく，対症療法となる。

レビー小体型認知症の患者は抗精神病薬に対する感受性が高く，副作用として重篤なパーキンソニズムをきたしやすい。一方，抗パーキンソン病薬は幻覚や妄想などの BPSD を増強さ

表3－2－21　アルツハイマー型認知症（AD）の国内の主な治療薬

一般名 (商品名)	ドネペジル塩酸塩 （アリセプト®など）	ガランタミン臭化水素酸塩 （レミニール®）	リバスチグミン （イクセロン®パッチ・リバスタッチ®パッチ）	メマンチン塩酸塩 （メマリー®）
作用機序	アセチルコリンエステラーゼ阻害	アセチルコリンエステラーゼ阻害およびニコチン性アセチルコリン受容体へのAPL作用	アセチルコリンエステラーゼおよびブチリルコリンエステラーゼ阻害	NMDA受容体チャネル阻害
ADの適応症	軽度から高度	軽度および中程度	軽度および中程度	中程度および高度
剤形	錠，細粒，口腔内崩壊錠，内用ゼリー	錠，口腔内崩壊錠，内服薬	パッチ	錠
投与回数	1日1回	1日2回	1日1回	1日1回

出所）高橋正彦「認知症の薬をめぐって」『認知症ケア事例ジャーナル』4(4), 2012年, p.390, より引用

せる。レビー小体型認知症では，アルツハイマー病と同程度かそれ以上に脳内アセチルコリンが低下していることから，ドネペジル塩酸塩などの抗コリンエステラーゼ阻害剤が認知機能の変動，注意・集中に効果があると考えられている。また，抗コリンエステラーゼ阻害剤はレビー小体型認知症における幻覚・妄想・意欲の低下などに対する効果もしばしばみられる。

(2) 認知症の行動・心理症状（BPSD）に対する治療薬

BPSDに対して，抗精神薬などを中心とした薬物療法が行われている。しかし，BPSDに対する薬物療法はあくまで対症療法である。環境調整や介護者の対応の工夫などの非薬物療法を検討することが大切である。

① メマンチン塩酸塩（メマリー®）

認知症に伴う攻撃性や興奮など，過活動性のBPSDに有効な場合がある。

② 抑肝散

アルツハイマー病の興奮，妄想，介護への抵抗に用いられる。副作用は比較的少ないが，血中カリウム値の低下がみられることもあるため，定期的に血液検査を行う必要がある。

③ 非定型抗精神病薬

幻覚・妄想，興奮，焦燥などが顕著にみられる場合に用いられる。共通する副作用として，薬剤性パーキンソン症候群や鎮静作用などがある。定型抗精神病薬に比べて錐体外路障害などの副作用の出現が少ないため，非定型抗精神病薬（リスペリドン：リスパダール®，ペロスピロン：ルーラン®，クエチアピン：セロクエル®，オランザピン：ジプレキサ®など）が用いられる場合がある。

④ バルプロ酸ナトリウム

バルプロ酸ナトリウムを含め，抗てんかん薬が易怒興奮に対し，有効なことがある。

⑤ 非定型抗うつ剤

　意欲低下，抑うつ，食欲低下などの低活動性のBPSDに対し，抗うつ剤が有効なことがある。なかでも，非定型抗うつ剤（SSRI，SNRI，など）は高齢者に対しても比較的副作用が少ないとされ，認知症の人の抑うつなどの低活動性のBPSDに用いることが可能である。

⑥ アマンタジン塩酸塩（シンメトレル®など）

　アマンタジン塩酸塩は，脳梗塞後の意欲低下やパーキンソン病に対して用いられる。夕方以降に使用するとせん妄のリスクを高めるため，注意が必要である。

⑦ 睡眠導入剤

　ベンゾジアゼピン系および類似の睡眠導入剤は，高齢者に対しても夜間の鎮静を目的として用いられることがある。使用に際しては，超短時間作用型または短時間作用型の薬剤を用いる。中長時間作用型薬剤を用いると，朝に薬効が残ることがあり，生活リズムを乱してしまうことがある。副作用として，筋弛緩作用がある。

＜引用・参考文献＞
飯島裕一ほか『認知症の正体　診断・治療・予防の最前線』PHP研究所，2011年
池上晴之『別冊NHK 今日の健康　認知症　よりよい治療と介護のために』NHK出版，2011年，pp.16-58
池田学編『認知症』中央公論，2010年
池田学編『認知症　臨床の最前線』医歯薬出版，2012年，pp.20-66，164-174，p.136
大塚俊男ほか『高齢者のための知的機能検査の手引き』ワールドプランニング，2008年，pp.28-29，45-48，p.82
大渕律子ほか『ナーシング・グラフィカ27　老年看護学―老年看護の実践』メディカ出版，2006年，p.28
小澤利男ほか編『高齢者の生活機能評価ガイド』医歯薬出版，2006年，p.18，27，35，37
河野和彦監修『自宅でかんたん　認知症診断ブック』楓書房，2010年，pp.9-10，16-19
厚生省「『痴呆性老人の日常生活自立度判定基準』の活用について」老発0403003号，2006年4月3日
厚生労働省「認知症高齢者の日常生活自立度判定基準」「『認知症高齢者の日常生活自立度判定基準』の活用について」（平成18年4月3日老健第135号厚生省老人保健福祉局長通知の別添）
酒井佳永ほか「認知症スクリーニング検査Rapid Dementia Screening Test（RDST）日本語版の有効性」『老年医学雑誌』第17巻5号，2006年，pp.539-552
髙橋正彦「認知症の薬をめぐって」『認知症ケア事例ジャーナル』4(4)，2012年，pp.389-399
滝沢孝之「ベンダー・ゲシュタルト・テストにおける日本人の標準値：文献的検討」『広島修大論集』第48巻第1号，2007年，p.318
日本認知症ケア学会編『認知症ケア標準テキスト　改訂・認知症ケアの基礎』ワールドプランニング，2011年，p.90
日本認知症ケア学会編『認知症ケア標準テキスト　改訂・認知症ケアの実際1：総論』ワールドプランニング，2011年，p.84，pp.88-89，93-94，95-99，p.101，102
福祉教育カレッジ編『イラストでみる介護福祉用語辞典』医学評論社，2010年
本間昭編『介護福祉士養成テキストブック⑪認知症の理解』ミネルヴァ書房，2011年，p.33

第4章

認知症高齢者の生活場面での困難さ

第1節　ADLに着目した困難さ

　認知症の人が感じていることやニーズを把握し理解することは，認知症高齢者の生活支援をする上で極めて重要である。生活場面や状況に応じた行動をよく観察し，アセスメントしながら，認知症の人のニーズに応じたケアを実践していく必要がある。ここでは，食事，移動，排泄，衣服の着脱・身だしなみ，整容，入浴の場面でのケアの困難さに着目をする。

1．食事場面

　食事場面を摂食・嚥下アセスメントスコアシート（小木曽，2010）に基づいた領域に分けて，困難さを分類すると表4－1－1のようになる。

表4－1－1　摂食・嚥下アセスメントスコアシートに基づく食事場面の困難

領域	食事場面の困難
A：食欲の状態	食事に無関心になる 食事の時間を繰り返し聞く 食事が出ても食べ始めない（拒食） 少量しか食べない（少食） 満腹感の欠如から過食になる うつ状態・傾眠傾向・幻覚などで食欲が阻害される 食べることをやめようとしない すぐに食べたことを忘れ，うろうろしたり，テーブルをたたきやめようとしない
B：食べ物の認識の状態	食べる時に適切な食器と調味料を選ぶことができない 偏った食べ方をする 異物（紙・便など）を口に入れたり，飲んだり（洗剤・花の水など），放そうとしない（異食） 食べ物を投げたり，ひっくり返したりする 食事に毒が入っている，虫が入っているなどという 盗食（他の人の食事に手を出す） 水分のコントロールができない
C：口への取り込みの状態	途中で食べることを忘れ，止めてしまう どのように食べてよいのかわからない 目の前に複数の食器や食べ物があっても限られたものしか食べようとしない 目の前のものしか食べようとしない 口をあけない 手づかみで食べる，食器類がうまく使用できない

第4章　認知症高齢者の生活場面での困難さ

	スプーンで一皿一皿をつつく感じで食べる 箸を持って遊んでいる，箸を上手に持てない 周りが気になり食事に集中できない きちんと着席できず立ったまま食べる 食卓にじっと座っていられない 手を洗う，手を拭くなど自発的にできない 食事を取るテーブルの位置には関係なく，どこにでも座って食べることでトラブルになる
D：咀嚼と食塊形成の状態	口から食べ物を吐き出す
E：咽頭への送りこみの状態	早食いをする，あわてた食べ方をする
F：咽頭通過・食道への送りこみの状態	口に食物を溜め込み嚥下しない
G：食道通過の状態	かまずに食べる，そのため嚥下が困難になる

2．移動場面

　移動場面を転倒・転落アセスメントスコアシート（小木曽，2010）に基づいた領域に分けて，困難さを分類すると表4－1－2のようになる。

表4－1－2　転倒・転落アセスメントスコアシートに基づく移動場面の困難

領域	移動場面の困難
C：既往歴	心不全があるため，少し歩くと呼吸が乱れる 膝関節の痛みがあるため，すぐに歩くことができなくなる
D：感覚	明りがない暗い空間であるのにかかわらず，電気をつけず移動する 「危ない」という声が聞こえていないため，他の人とぶつかる
E：機能障害	移動が不安定であるが，手すりなどにつかまらずに移動する 絨毯，カーペットや新聞などにつまずいたり，転んだりする 靴などを正しく履かずに，滑ったり，転んだりする
F：活動領域	車いすから急に立ち上がり，車いすから降りて歩こうとする 介助が必要であるのに一人で移動する 車いすのフットレストから走行中に足をおろす 歩けるのにかかわらず，車いすを利用したいという 杖やシルバーカーを上手に使用できず，突進し何かにぶつかりとまる
G：認知力	自分の身体上の動きの困難なことが理解できず，移動しようとする ベッド柵や手すりにつかまることを忘れる 停止中の車いすのブレーキをはずす 自分のものと他人のものの区別ができないため，自分のサイズにあわないスリッパや靴をはく 移動を促しても理解できず拒否する 骨折していても何度も歩きたいと呼ぶ
H：薬剤	精神科の薬を内服しているため，昼間も傾眠となり姿勢も不安定になる
I：排泄	トイレに行きたいと思い急に立ち上がる トイレの後始末を自分でしようと思い，それが危険行為になる

第1節 ADLに着目した困難さ

3．排泄場面

排泄場面を3つの段階に分けて，困難さを分類すると表4－1－3のようになる。

表4－1－3　尿意のチェック表に基づく排泄場面の困難

領域	排泄場面の困難
1．トイレへ行き排泄を行う	トイレにたどり着くのが困難で，トイレに行く途中で失禁する トイレまで歩こうとしないで，途中で止まる 頻回にトイレに通う 排便と排尿を勘違いして失敗する 排泄行為の一連の動作が分からず，順序よくできず失敗する 排便・排尿動作が遅く失敗する 衣服を下ろさないで便をしようとする 衣服をしっかり上げないまま，次の動作にうつる 毎回，長時間座り込む，トイレから出ようとしない トイレの周囲を汚す 排泄途中で便座から立ち上がる トイレの使い方がわからない，水洗トイレを旧式のトイレと勘違いする 排泄後，便器内の水で手を洗う 手を洗う場所が分からない，手の洗い方がわからない トイレットペーパーの使い方がわからない，トイレットペーパーで遊ぶ
2．排泄したいというサインがある	トイレの場所が分からずウロウロする 何度も立ち上がり落ち着かない様子になる 陰部や臀部を触る お腹が痛いと言う お腹を何度もさすっている
3．排泄したいという意思確認ができない	自分でトイレに行こうとしない トイレで排泄することが理解できず，トイレ以外で排泄する 尿意・便意を感じないか，尿意・便意を伝えることができない 汚れた衣服をそのまま着ている 失禁や失便していても気にならない オムツを使用しているがオムツをとって失禁する オムツを外し，どこにでも捨てる オムツに手をいれ，便を触る

4．衣服の着脱・身だしなみ場面

衣服の着脱・身だしなみ場面を4つの段階に分けて，困難さを分類すると表4－1－4のようになる。

表4－1－4　衣服の着脱・身だしなみのチェック表に基づく着脱・身だしなみの困難

領域	衣服の着脱・身だしなみ場面の困難
1．衣服を準備する	用途や季節に応じた適切な衣服を選択することができない 衣服の色合い・デザインなど判別できない・組み合わせができない 汚れた衣服と清潔な衣服の区別がつかない 汚れたまましまいこんでいた下着や服を着ようとする

2．衣服を着るという行為	衣服を着るという動作を行う意味が理解できない
	着替えの意味が理解できないため，着替えようとしない
	衣服を着る順番や脱ぐ順番がわからない
	ボタンのかけ違いをする
	チャックのしめ方がわからない
	衣服を裏表に着る
	衣服の正しい位置に手や足を通すことができない
	服を何回も着たり脱いだりする
	脱衣の意味が理解できず，自分でしようとしない
	脱ぐ必要のない時に何回も脱衣行為を繰り返す
	着ているものを脱ぐことを嫌がる
	汚したものを脱ぐことを極端に嫌がる
	動作が不安定で一人で着替えができない
	動作が不安定でも立ったまま靴下などをはこうとする
3．衣服を着て身だしなみを整える	身なりがだらしない
	襟をきちんと直せない
	季節や気候に合った着方ができないため，いっぱい重ね着をしたがる
	衣服をすぐ汚し，清潔に保つことが難しい
4．外出時の身だしなみの場面	はだしで外に出てしまう
	履物に対する理解ができない
	靴の紐を結べない，結ばないまま動こうとする
	帽子をかぶることを嫌がる
	雨が降っても傘をさすのを嫌がる，びしょぬれになっても気にならない

5．整容場面

整容場面を5つの段階に分けて，困難さを分類すると表4－1－5のようになる。

表4－1－5　整容のチェック表に基づく整容場面の困難

領域	整容場面の困難
1．歯磨きの一連の行為	歯磨きを拒否する
	自分で歯磨きを行おうとしない
	口を開こうとしない
	順序よく歯磨きができない
	歯磨き粉を食べてしまう
	うがい，歯磨きの後の口すすぎの水などを飲み込んでしまう
	自分の歯ブラシやコップを使用しようとしない
2．義歯の取扱い	義歯の取り外し，装着を拒否・抵抗する
	義歯の手入れができない
	義歯を水につけることができない
	義歯を紛失する，しまい込み過ぎやしまった場所が不明確である
3．髪を整える行為	髪を整える意味や状況が理解できない
	髪をとくことを嫌がり拒絶する
	整髪する方法がわからず，櫛やブラシの使い方を間違える
	櫛やブラシで遊び，離そうとしない
4．洗面の行為	洗面を拒否する

		顔を洗うことを理解せず，洗おうとしない
		顔を洗うことを嫌がり拒絶する
		顔の洗い方がわからない
		タオルの使い方がわからない，また，タオルなどで遊ぶ
5．手や足の整容		手や足の汚れが気にならない
		汚れている手や足の洗い方がわからない
		手や足を拭くことが理解できない

6．入浴場面

入浴場面を4つの段階に分けて，困難さを分類すると表4-1-6のようになる。

表4-1-6　入浴のチェック表に基づく入浴場面の困難

領域	入浴場面の困難
1．入浴の楽しみと環境を作る	入浴の拒否，必要性が理解できない
	浴槽に入りたがらない
	浴槽に入り，湯に浸かったかと思うとすぐ出ようとする
	浴室に入るのを嫌がる，すぐ出ようとする
	入浴の時間や順番を待つことができない
	浴室を注意せずに早足で歩くため，転倒しそうになる
	手すりの位置や形があわないため座位保持ができない
	他の人の体に触れたがる
2．洗身の行為がわからない	身体を洗うことができない
	同じ個所を何度も洗うなど適切に洗えない
	石鹸の適量がわからない
	石鹸で遊んだり，一度手にすると離そうとしない
	タオルや石鹸など他人のものと区別ができず，全て自分のものだと思う
	お湯や水で遊び，やめようとしない
3．洗髪の行為がわからない	洗髪の意味が理解できず自分から行うことができない
	洗髪をすること自体を嫌がり拒絶する
	頭に湯をかけられることを嫌がる
	シャンプーをつけるのを嫌がる
	シャンプーの適量がわからない
4．入浴後どうするのかがわからない	体を拭くことができない
	ぬれたままで衣服を着る
	いつまでも服を着ようとしないで裸のままでいようとする
	軟膏などの処置を嫌がる
	水分補給を嫌がる

第2節　BPSDに起因する困難さ

認知症評価尺度は単に認知症を判断するためだけでなく，認知症の状態を定量化するだけでなく，症状の段階や程度を明確にするために用いられる。

認知症の人のケアを困難にしている要因と改善可能な状態像の検討として，領域別留意点を記したものとして，領域別検討指針 RAPs（Residents Assessment Protocols）が参考になる（表4－2－1）。RAPs は，MDS 情報と利用ガイドラインが組み合わさった入所者アセスメントツール（Resident Assessment Instrument：RAI）である。

表4－2－1　領域別検討指針（RAPs）

領域1	せん妄の兆候
領域2	認知症状態・認知障害の検討
領域3	視覚機能（障害）の検討
領域4	コミュニケーションの障害の検討
領域5	日常生活動作（ADL）とリハビリテーションの可能性
領域6	尿失禁および留置カテーテルの検討
領域7	望ましい人間関係（心理社会的充足）の検討
領域8	気分と落ち込みの検討
領域9	問題行動の兆候
領域10	アクティビティ（日常生活の活性化）の必要性
領域11	転倒の危険性
領域12	栄養状態の検討
領域13	経管栄養の検討
領域14	脱水状態・水分補給の検討
領域15	口腔内ケアの検討
領域16	褥瘡の兆候
領域17	向精神薬の使用上の注意
領域18	身体抑制の検討

出所）小林敏子ら『認知症の人の心理と対応』ワールドプランニング，2009年，p.161より引用

RAPs は，MDS をまとめるための問題指向型の枠組みである。ケアプラン立案のための基礎を形成するために，社会的，医学的，心理学的問題を，MDS におけるほかの項目から識別することを目的としている。

これらの要因の中では，比較的短期間で改善が期待される感染症や脱水，痛みなどの身体的不調，視覚障害などで出現する，せん妄や不穏などは基礎疾患を治療することでかなり改善できる。低栄養状態や望ましくない人間関係の改善で，徐々に良い方向に変化しうる。褥瘡や皮膚疾患，失禁なども手厚いケアで改善が期待でき，その結果，日常生活に平穏を取り戻すことができる。認知症の長期間にわたる経過の中で，ケアを困難にする BPSD は，認知症の人が日々の生活の中に不安や混乱を抱えず，生きがいをもって生活できる環境にあるときは生じな

い（小林，2009）。

1．妄　想

　妄想は現実にありえないことを真実と強く確信する思考過程の異常であり，その考えを否定しようとしても，それが不可能な誤った判断をいう。認知症の人に最もよく見られるのは，「被害妄想」といわれている。妄想は心理症状の中でも対応が難しい。

○被害妄想・物盗られ妄想

　高齢者の妄想は脳の障害に伴い出現する妄想や，環境因子による妄想が多く，その内容は統合失調症にみられるような，対象が漠然とした不安に満ちたものとは異なり，現実的で断片的な内容のものが多い。「自分はまだしっかりしている」という思いがあるときから始まることもある。物盗られ妄想は個人によって訴え方が異なり，妄想に基づく行動もさまざまである。本人のもともとの性格傾向や若い頃からの家族や世間との人間関係の違いにより，妄想のありさまはそれぞれ異なった形で現れる。共通点は，「自分にとって，とても大切なものがみつからない，誰かが盗ったのであろう」ということである。妄想は喪失感と攻撃性の2軸によって生まれると分析した精神科医もいる。

　物盗られ妄想の症状の例として，しまっておいたお金を嫁が盗んだと言うことが多い。高齢者にとって特に大切なものは，お金，財布，預金通帳，年金通帳，着物などである。物盗られ妄想は女性に比較的多い。もともと，高齢者にとって大切なものをしまう場所は決められているのが普通ではあるが，記憶障害のために，大切なものをどこに収納したかわからなくなり，盗まれたと妄想的に解釈するという場合もある。さらに，自己の存在が脅かされていると感じる高齢者は，その場所をあえて変更する。そして変更したことを忘れて，盗られたと思い込んでしまう。また，大切なものや財産を管理できなくなることを自覚し，不安を持つことで妄想を形成する。

○嫉妬妄想

　男性に比較的多い。認知症が進行し中期になると消失する。たとえば，配偶者が自分を無視する言動を見せると「浮気をしている」と嫉妬に発展してしまう。家族が「そんなことはない」と説得すると，初めは疑いをぬぐい去らないまでも意見を聞き入れようとするが，そのうち確固たる妄想に変化していく。事実でないことでも本人は確信しており，訂正しようとしてもうまくいかないことが多い。時に暴力を振るう，悪口を言うなどの行動となる。

○見捨てられ妄想

　帰宅願望が起こっている人の中に見られる。施設で生活する場合「迎えに来るはずの息子が迎えに来てくれない」「誰からも連絡が来ない」という訴えを頻繁に繰り返す。在宅では家族が出かけようとすると妄想的になることがある。知らない人ばかりで，自分の居場所でないと

感じたり，自分だけが取り残されたという不安が募ることから，落ち着かなくなる。
○罪業妄想
　自分なんかいない方がいい，最低の人間だと思う，うつ状態（罪業妄想）。みんなが私の悪口を言っている（被害妄想）。（自分に関連した）噂話をしている（関係妄想）。自分は大変な病気にかかっている（心気妄想）などの妄想の一つである。
○コタール症候群
　初老期や老年期のうつ病における「自分の内臓が溶けてなくなってしまった」「自分は死んでしまって，もはや感覚をもった身体がなくなった」「本当に死んで楽になりたいけれどそれもできない」といった虚無妄想である。コタール（Cotard）の症候群あるいは否定妄想といわれる。症状の特徴は，①うつ病性不安，②神に呪われている，③自殺・自傷傾向，④痛覚脱失，⑤種々の身体器官，全身，魂，神などの不在あるいは破滅を内容とする心気観念，⑥不死観念・巨大妄想などが存在することである。老年期におけるうつ病は心気妄想，貧困妄想，虚無妄想などである。

1）妄想の原因

　妄想は脳の障害がある場合，慢性身体疾患からくるストレス，孤独感や不安感，疎外感などの心理的な問題から発生するなど原因はさまざまである。
　認知症の初期には身近な人に対して疑い深くなることがあり，妄想の中で，悪者はたいてい，最も身近でよく世話をしてくれる人である。これは，認知症特有の「物事を正しく判断する能力の欠如」により本人の欲求が満たされないことから，短絡的に身近な人を攻撃することで解決しようとする。猜疑心や妄想は認知症の人の衰退していくさまざまな能力に対する自己防衛的感情である。物忘れや判断力の障害により，さまざまな失敗が日常で展開され，周囲に注意されたり非難されたりすることに対する防衛であり，また嫉妬妄想は，本人の孤独感や疎外感，自分が取り残されるのではないかという不安が背景にある。

2）妄想への対応

　物盗られ妄想の場合，「なくなった」と訴えてきた場合，まず，否定しない対応が重要である。疑い深い人なら特別な対応は必要ないが，以前よりも猜疑心が強くなり，根拠のない理解に苦しむ訴えが続いて訂正不可能な場合は，訂正や説得は無駄である。脳に何らかの障害があることを忘れてはならない。
　ケアスタッフとしては，
①まずは十分に傾聴し，本人の訴えを理解する。
②妄想の多くは被害的な内容でそれがケアスタッフに向けられたものであるとつい否定し，訂正しようとむきになってしまう。本人は叱られたか，邪険にされたことだけはしっかりわかっており，自分の訴えが否定されれば，ますます，物盗られ妄想は強化される。まずは本

人に共感し，粘り強く相手にすることである。興奮が見えたら話題を変える。「ちょっとトイレに行ってきますね」と一時的に席をはずすと落ち着くこともある。
③専門医に健康診断の名目で受診させ，アドバイスを仰ぐことも重要である。妄想のきっかけとなる周囲の言動や態度にも注意を払い，家族との関係を調整することによって症状が改善することもある。認知症であることを親戚や兄弟，近所の人にわかってもらうことによって，本人に対して統一した関わりができる。
④妄想においてはその原因に脳に何らかの障害があることが多いので，まずは専門医に相談する。その場合，本人を受診させる前に本人の状況を専門医に相談し，アドバイスを受けるとよい。薬物療法に比較的反応し，よい効果が得られる場合もある。物盗られ妄想には，統合失調症に使われる薬を医師により処方されることで，介護負担が軽減することもある。
⑤大切なものがいつも傍らにあるように，大事なものは身につけてもらうことも一つの方法である。また，施設では，大切なものは事務所預かりにする。部屋や金庫などに鍵をかけるなどして，本人に安心してもらう工夫をする。
⑥嫉妬妄想や見捨てられ妄想の場合，認知症の人を一人にしないようなるべく一緒に行動する。行動できないときはどんな用事で出かけるかを紙に書いておくような対応をとる。聞こえるほうの耳元で話すなど，その場限りの対応ではなく，認知症の人が納得し，安心してくれるような対応をこころがける。

2．幻　覚

　幻覚には，実際にはないものが見える「幻視」（visual hallucination），実際にはない声が聞こえる「幻聴」（auditory hallucination），実際にはない臭いを感じる「幻臭」（olfactory hallucination），ある味を感じる味覚「幻味」（gustatory hallucination），実際に触られていないのになにかに触られたと感じる「幻触」（touched hallucination）などがある。最も多いのは「幻視」である。レビー小体型認知症（Dementia with Lewy Bodies：DLB）は，幻覚が時々見られる。
　幻視の症状としては，実際には誰もいないが「部屋のカーテンのところに誰かいる」「子どもがたくさんいる」などの"幻の同居人"，「壁に虫がたくさんいる」というように，実際にいないのにおびえることがある。外部からの刺激なしに生じ，本人には実際に見えているものをいうが，中等度の認知症の人に多くみられる。一般に認知症の場合の誤認は時間がたつと忘れることが多いが，DLBの幻視の場合は，時間がたってもその特徴をしっかり覚えているのが特徴といわれている。

1）幻覚の原因

　心理・環境・状況的ストレス要因などの心因性，気質性，身体疾患からくる症状性，精神病性，薬物と関係する薬理性などがあげられる。

2）幻覚への対応

　幻視は実際に見えていないものであるが，それを否定しても認知症の人は納得できない。認知症の人がおびえている場合，ケアスタッフは「なにもいない」などと否定せずに，認知症の人をさりげなくその場から移動してもらうことで本人は安心できる。さらに，ケアスタッフはそばにいて一緒に時を過ごす，本人の注意をそらすようなことをする。さらに，居心地のよいなじみのある環境への改善や，日常生活のメリハリをつけ生活の中にリズムを確保するような工夫をする。

3．夕暮れ症候群・昼夜逆転・睡眠障害

　高齢になると1時間から2時間おきに目覚めるような睡眠パターンになって，眠りが浅い状態になることが多い。睡眠覚醒のリズムの乱れにより，睡眠障害が起こり認知症の人の約30％に睡眠障害が起こるといわれている（本間，1998）。それが，さらにせん妄や昼夜逆転へと発展し行動障害を伴うこととなる。睡眠障害の特徴は夜間の睡眠持続障害を主とする夜間睡眠の分断と，レム睡眠の低下である（山寺，1999）。また，睡眠時無呼吸症候群の出現頻度も高い（古田ら，1994）。

○夕暮れ症候群

　夕暮れ症候群（「夕方症候群」）（sundowning syndrome, sundowning）は，老年期の認知症である。夕方，日没頃の時間帯になると，そわそわし始め，「家に帰ります」といって外に出て行く。本人は家族団らんの場やお迎えの時間，両親の待つ生まれ故郷を目指していると考えられる（夕暮症候群では徘徊が活発になると行方不明などになるので，行動に注意する必要がある）。

　徘徊のほかに，興奮，攻撃，叫び声，介護抵抗など不穏な行動，とんとん叩く，シーツをつかむ，体をひっかくなど精神症状が悪化することを繰り返すなど奇妙な行動となる。昼間は比較的落ち着いて穏やかであるが，夕方から夜間にかけて感情が不安定になり，多動となる場合がある。時間に関する見当職障害のため，夕方から夜間にかけて昼間と同じように活動的となる，夕暮れ症候群は大体夕食が終わる頃に落ち着いてくることが多いが，なかには，夜間の生活パターンとならず，夜間の不眠，夜間せん妄につながるケースもある。

○昼夜逆転

　脳梗塞や脳出血などの脳循環障害においてはその20-50％の高い頻度で睡眠障害を合併する。認知症の進行に伴い睡眠覚醒リズムが狂い，日中の居眠り，夜間の覚醒が頻繁に見られるようになる。寝つけなかったり，途中で何度も起きる。また，夜中に目が覚めてその後眠れない。一方，朝早くに目が覚めてしまい「もっと寝なくちゃ」と焦り，余計に眠れなくなる。

1）睡眠障害の原因

　加齢に伴って，生理的に睡眠パターンが変化する。睡眠覚醒のリズムは自立神経系，内分泌

系，循環器系などの生体リズムの障害と併存している。また脳内の特定部分（視交叉上核）で，一日24時間の生体の活動量と同調しているが，この調節機能が障害されると昼夜逆転が生じる。

　生活リズムを乱す原因として一番多いのは日常生活の心理問題である。例えば配偶者や友人との死別，定年退職に伴う社会的地位の喪失などの喪失体験，体力の低下や病気に対する不安などがリズムを乱す。これらが原因でうつ病や神経症に発展すると，睡眠障害や日常の活動性低下が著明となり，日中と夜間の活動性が逆転する身体的な病気も生活のリズムを乱すことがある。呼吸器疾患，心疾患，胃腸疾患などの症状で見られる呼吸困難，咳，痰，胸痛，胸やけ，腹痛，前立腺肥大や尿路感染症のような排尿障害，皮膚の掻痒感，などが睡眠を妨げ生活リズムを狂わせることがある。

　薬剤としては向精神薬，抗パーキンソン薬，気管支拡張剤，降圧剤，抗不整脈薬などの心血管系剤，ステロイド剤，抗生剤，インターフェロンなどが生体のリズムを乱す薬剤としてあげられる。

2）**睡眠障害への対応**

　睡眠や覚醒リズムの障害が生活の乱れを招き，その結果として夕暮れ症候群や昼夜逆転が出現する。夕暮れ症候群の場合，原因の解明や夕方から夜間にかけての行動に対する適切な対応が特に要求される。規則正しい生活，適度な運動，ストレスをためない生活環境，社会活動や趣味などで日常の活動性を高める。生活リズムの乱れに対して，日中の覚醒度を高めるために散歩や軽い運動，日光浴などは効果がある。日中活発に活動して，夕方以降は落ち着いて過ごすようにし，就寝前の歯磨きやトイレに行くなど生活のリズムを整えるなどして入眠しやすい工夫をする。また，生活リズムの障害がせん妄によるものであれば，その原因を特定するために身体疾患や脳の機能障害を確認し，治療をする。また，激しいBPSDに対しては，精神安定薬や睡眠導入剤などの向精神薬が効果を得ることが多い。しかし，たとえば向精神薬の増量から日中の傾眠，夜間の不穏，不眠などの昼夜逆転が助長されては意味がない。精神科医との話し合いにより，日常のケアプランを立てることが必要である。

4．**せん妄**

　せん妄は，幻覚などの狭義の精神症状を伴う意識変容状態とされ，意識障害の存在が重要な鍵である。ICD-10によると，この意識障害は意識混濁（意識の曇り）である。脳が半分眠っていて，半分目覚めている時に出現するが，他人には眠っているように見えない。一言で言えば，夢遊病すなわち朦朧状態の際に現れる。軽度の意識障害である。意識の清明度の低下だけでなく，興奮や幻覚などの多彩な症状を伴う。症状が進むと脳の中の神経回路では混乱が生じており，現在の自分のおかれている状況を正確に把握できなくなる。すなわち，過去の経験や記憶に関する神経回路が，脳の中で勝手に作動してしまい，現実に見えたり聞こえたりする。

せん妄の特徴として，
① 注意の障害（注意の集中，持続ができない，移行できないなど）
② 認知障害（記憶・見当識・思考・知覚〈幻視・言語〉の障害）
③ 精神運動性障害（多動・多弁，驚愕反応など）
④ 睡眠・覚醒周期の障害（昼夜逆転，覚醒後に幻視など）
⑤ 感情の障害

があげられる。発症は急激で数時間から数日の経過。症状は日によって大きく異なり一日のうちでも興奮とぼんやりを繰り返す等変動する。

せん妄の症状としては，興奮の起こる数時間前から徐々に落ち着きをなくし，焦燥感や不安感が生じ，注意散漫となり，同じ話を繰り返し，話のまとまりがなくなっている。夜中に起き出して，ゴミ箱に向かって話し出す（夜間せん妄）等のおかしな行動が見られる。夜間に興奮したことは翌朝忘れている，一部を思い出しても，記憶はぼんやりしていて断片的である。特に，即時記憶や短期記憶の障害が目立つが，長期記憶やせん妄以前の記憶は保たれている。見当識障害のため時間，場所，人の名前などはわからなくなる，さらに，思考散乱，会話が成り立たないことがある。知覚障害として錯視，幻視などから，虫がいるなどと追い払うなどの行動をとる。精神運動障害のため，興奮した状態と減退した状態を繰り返す。睡眠に関しては夜間の不眠，日中は傾眠傾向がみられる。感情の障害として，恐怖感，不安感，焦燥感などがみられる。

1）せん妄の原因

比較的多い原因は薬物の副作用があげられるので，服薬のチェックが必要である。疾患の治療薬（総合感冒薬やうつ病の治療薬，抗パーキンソン薬，睡眠導入剤）も原因になるときがある。脳器質性疾患では脳循環障害である。アルツハイマー型認知症より脳血管性認知症や混合型認知症を併発しやすい。脳血管性認知症では，病気の始まり頃からせん妄状態が出やすいことがある。身体疾患では肺炎などの感染症，糖尿病などの代謝疾患，内分泌疾患（ホルモン異常）がある。また，血液疾患，ビタミン欠乏症，手術，アルコールなどが原因となる。脱水も原因の一つであるので，脱水の原因として発汗，嘔吐，下痢，食欲不振などの観察をする必要がある。

2）せん妄への対応

不安や心的ストレスなどの身体的サインを見逃さず身体疾患の有無，あるいは治療中であれば服用している薬の副作用も考慮する。対応上，最も大切なことは，不穏を鎮め，安心感を与える環境を整えることや，ケアスタッフや周囲の人の温かい言葉がけやスキンシップなどが，不安を除去することである。意識障害の為に記憶の時間的なつながりが失われて断片的であるため，同じ説明を繰り返す必要がある。そして，助言は単純で同一の表現がよい。夜間の不眠

の場合，室内が暗いと不安となるために少し明るくする。幻覚や妄想を否定すると，否定されたという感情のみが残り気分が不安定になることから，別の事柄に関心を向けるなど配慮する。特に身体不調の時に起こりやすいので，感染症や脱水の時は治療が必要である。せん妄を引き起こした誘引の除去に努め，全身状態の改善や脳循環の改善に努める。必要に応じて，抗精神病薬や抗不安薬，睡眠薬を適量に使用すると良いが，ふらつきや転倒などの副作用に十分留意する必要がある。これらの薬の一部はせん妄を起こしやすい場合もあり，介護・看護職の観察や注意が大切である。

5．徘徊・多動・落ち着きのなさ

　認知症の人に見られる行動異常や精神症状の中で，徘徊はもっともケアの場面で困難を伴う。徘徊はアルツハイマー型認知症に多い。認知症のステージによってその理由は異なるともいわれているが，徘徊行動は，多動型，目的指向型，定位不能型の3つに類別される。多動型は，とにかく休まずに歩き続ける。目的指向型とは，本人はある目的をもっているようであるが，周囲の人々や環境との相互関係がうまく操作できないため，徘徊とみなされる。定位不能型とは，失見当識，失所在識といわれ，認知機能の低下による空間的，時間的な方向感覚に障害が生じ，徘徊する。つまり，実際は何らかの目的や理由が存在する。しかし，本人がその目的を説明できない，或いは，歩き回っているうちに当初の目的を忘れてしまうために，周囲には歩き回る目的が理解されず，不適切に見える。徘徊は男女ともに生じるが，男性に多く出現する。

○記憶障害から徘徊

　記憶障害：近時見当識障害（場所・時間）による記憶障害により徘徊する。自分の住んでいる場所がわからなくなると，自分の家であるにもかかわらず自分の家を探したり，自分の家でもトイレがわからなくなり徘徊をしてしまうなどの症状がみられる。

1）徘徊の原因

　徘徊の原因は，脳の中のナビゲーション機能がうまく働かなくなった状態で，自分のいる場所，道を立体的に理解する能力の障害による。脳のナビゲーターは行動の目的もその中に設定しているが，これらの働きがうまくいかなくなった結果として，徘徊が始まる。また，記憶を失うので，置いたものをよく忘れるようになり，探しているうちに何を探していたか忘れてしまい徘徊する。

2）徘徊への対応

　介護している家族は，いつ，家を出ていくかわからないので家族は鍵をかけておかないと安心できない。行動を制限された本人もストレスをため込むことになる。家族・本人のストレスを解消するには，デイサービスやショートステイ等サービスを上手に利用し，本人の居場所の確保に努めることも必要である。また，認知症老人徘徊感知器などの貸し出しのサービスもあ

る。見当識障害，記憶障害から現在の住まいを自分の住まいと認識することができず徘徊している場合，「昔の家はもうない」などと説明しても納得しない。頭ごなしに否定すると，感情的になり，徘徊を助長したり，別の行動症状を呈することもある。

　「帰る家に今日はご飯がないからまずこっちで食事を済ませよう」「電車がもうないから明日一緒に行こう」などと，「帰りたい気持ち」を汲み取ることである。一旦家の外に出てぐるりと一回りすると気がすむこともある。徘徊で行方不明になったときのことを考えて，名札に氏名，住所や電話番号など身元を確認できるようにしておくことも大切である。個別ケアの推進と共に，徘徊SOSネットワークのように認知症の人の命を守る地域全体でも見守るサポート体制づくりが不可欠となる。

○認知障害からの徘徊

　ものを置いた場所を忘れ探して歩き回るなどの症状がある。

1）徘徊の原因

　近時記憶を失うので置いた物をよく忘れる。さらに，探しているうちに何を探していたか忘れてしまい徘徊する。

2）徘徊への対応

　記憶障害から自分の持ち物を探して徘徊が生じている場合には，探し物をしている本人の気持ちを否定しないことである。この場合，本人と一緒に探してみるのもよい。財布をよく失くすのなら財布は預かっておいて，本人の見つけやすい場所にさりげなく置いておき，一緒に見つける。また探している時に「もう長く探したからちょっと一休みしましょう」「後で探すのを手伝うから」と一時中断するのもよい。

○認知障害からの徘徊

　周囲の状況が理解できず，どのように行動してよいか判断がつかず，不安そうに歩きを続けるなどの症状がある。目的があって行動を起こしたのにかかわらず，手順がわからず混乱し徘徊する。

1）徘徊の原因

　思考・判断力の障害の認知障害，実行機能の障害による。

2）徘徊への対応

　思考・判断力の障害，或いは実行機能障害などが徘徊の原因となっている場合，焦らなくて良いことを説明し，周囲が「一緒に協力して」行う態度が大切である。混乱が収まると，再び自分から行動するのを再開することも多い。失敗することがわかっても無理やり止めないでさりげなく手助けするとよい。

○感情障害からの徘徊

　気分・情動の感情障害（気分・情動の障害）の症状は，不安や高揚感から理由もなく徘徊す

1）徘徊の原因

　感情障害は気分の高揚が原因となって徘徊となることもある。出来事や周囲の状況の変化が刺激となり気分が高揚し徘徊する。また，自分のしていることが失敗につながるとその理由が分からないと不安になる，自分自身の状況について理解できないことも不安を強める。身体疾患が生じていて身体的不快感が持続すると不安になる。さらに，一人だと不安が強まるので一緒にいてくれる人を求めて徘徊することもある。

2）徘徊への対応

　何らかの刺激によって気分が高揚している場合，それ以上の環境の変化を避けることが重要である。本人が安心を得られるような環境で，穏やかに接する必要がある。言葉によって説明するよりも，本人を取り巻く状況を穏やかにして，時間をかけてゆっくり関わることが大切である。不安に対しても同様の対応を心がける。ここで，拘束や施錠は不安感を煽り，徘徊を強めるので，認知症高齢者徘徊感知器などを使用する。ケアスタッフが一緒に歩いて不安を軽減することが望ましい。認知症の人にとってはなじみの環境と，なじみの人が大切だといわれる。ケアスタッフが環境を整え，なじみの人になれるように努力し人間関係を深めていくことである。ケアスタッフは，認知症の人に，「ここは私の家」「ここにいるのが一番居心地がよいので，一番安心しておれる」という落ち着く場所が確保できる住環境と人的環境を整え，徘徊の予防に繋げていきたいものである。

6．食行動の異常（過食・異食）

　食行動は日常行動の一つであり生活の基本となる。認知症の人の食行動の異常には，次のような症状の場面がある。

- 多食：一度に大量の食べ物を食べる。
- 頻食：絶えず食べている，食べようとする。
- 過食：多食と頻食を一括して行う。食べ物の好みが変わることから始まる。
- 盗食：他人の食べ物を盗んで食べる。
- 異食：食品でないものを口にする。食欲に基づく行動ではないので，身近にある興味を引く物を何でも口にいれる。異食は必ずしも過食と関連してはいるわけではない。
- 偏食：好きなものしか食べようとしない（血液検査では低蛋白血症，低カリウム血症になることがある）。
- 少食：少量しか口にしない。あるいは食べたり食べなかったりする。
- 拒食：食べまいとする。

1）食行動異常の原因

　認知症の人の食行動の異常に関しては，認知症の中度から重度に見られることが多い。アルツハイマー型認知症の初期には，記憶力や判断力の低下に伴う炊事行為の異常，味覚や嗅覚の変化による好みの変化，食べたことを忘れ何度も食事しようとする行動や逆に拒食がみられる。中期には，満腹中枢の機能障害から，食欲が亢進し過食や盗食がみられる。摂食行動もマナーが悪くなり，周囲を汚し，また手掴みで食べることもある。徘徊で体力を使い本当に空腹の時もあるので，行動を観察することが大切となる。アルツハイマー型認知症の重度の場合には，異食，前頭側頭型認知症（ピック病含む）は側頭葉の障害から口唇傾向（何でも口に入れる）がみられる。さらに進むと，側頭葉を中心としたその周辺の障害から，食べ物の認知が障害され，食物でないものを口にしたりする異食がみられたり，食事をまったく拒否することもある。食欲低下の場合，前頭葉の萎縮が意欲障害に関係する。前頭側頭型認知症では，比較的初期から意欲障害が始まるが，それは前頭葉の障害が始まっているためである。認知症の末期には食事をするという本能行動も衰える。

2）食行動異常への対応

　家庭での対応として，おかずは大皿で盛ると，他人のおかずに手をつけないことが多い。

　会話を増やし，食事を楽しむことが重要である。食事が終わった後の対応としては，食事が終わったのにまた食事を要求した場合，「はいわかりました」と返事をし，様子を見る。たまにお茶とお菓子を，少量，皿に盛り「食事までこれを食べていて下さい」と差し出す。デイサービスや施設で，盗食がある場合には，食事中はケアスタッフが傍にいて話しかけ，一緒に食事をとるようにする。空腹感を防止するには食事量を増やすか，代替になるもので，精神的安定を図る。

　頻食には，要求があればできるだけ話をそらし，要求が始まれば少しそばを離れ遠くから様子を観察するようにする。

　異食には，異食は空腹感には関係がなく，食物とそうでないものの区別ができないためであり，特に危険なものでない場合にはそれほど大きな問題ではない。ケアスタッフが慌てて興奮して対応すると，認知症の人が驚いて慌てて飲み込んでしまう場合もある。他のものと交換するようなケアが有効である。叱責や説得，指示などは無駄といわれている。異食を抑制するのではなく，一時的に注意をそらせる。また，口にすると危険なものは，手の届かないところや，見えないように予防的処置をする。適切な管理と環境を整備することが重要となる。特にタバコの葉や薬品などは体内に入ると危険な場合があるので，専門医に相談する。消毒薬などは胃洗浄などの処置も必要になるときもあることから，専門医を受診するとよい。

　食欲低下や拒食の場合，まず，身体疾患の有無を確かめなければならない。一方，うつなどの心理環境的要因も考えられるので，家族やケアスタッフが本人に共感することの大切さをま

ずもって認識する。時には抗うつ剤の活用も考えられる。ケアスタッフは，本人の食事のバランスに十分配慮すること。また，一人暮らしの場合は，デイサービスや配食サービスの利用も考えられる。

7．不潔行為
○弄便：便を弄(もてあそ)ぶ行為

便失禁の後始末に困って便を持ち歩いたり，認知力の低下により水洗トイレの使い方がわからず，水で流せないので処理に困り便を持ち歩いたりする。また，便をポケットにしまい込んだり，引き出しやタンスの中にしまい込んだりする。さらに，手に持っていた便を手からぬぐい取るために，部屋の壁やカーテンに塗ったり，畳に塗ったりして便の臭いを部屋中に充満させ，しばらく部屋が使えない状態となることもある。

1）弄便(ろうべん)の原因

不潔行為はどう始末していいかわからず，パニック状態に陥ることから起こる。便秘状態や下剤を使用している場合に起こりやすい。さらに，認知機能の障害から，トイレの場所がわからないことや見つけられないことなどが考えられる。

2）弄便への対応

便失禁をなくすには，本人の排便習慣を把握することや，便意を感じたときの本人特有の行動特性を見つけ，トイレに誘導するタイミングをみつける，トイレでの後始末に配慮し，清潔を保つことで弄便を防ぐことができるので，適切な声がけやケアをする。さらに，トイレの使い方をわかりやすくするために，水洗レバーを目立たせる，廊下やトイレに常夜灯を付ける等を工夫する。本人も恥ずかしさで途方にくれていることから，失敗した時は，本人のプライドを傷つけないようにコミュニケーションをとり，さりげなく更衣や手洗い，後始末をするよう気配りする。

○放尿

トイレの場所がわからずウロウロ探している間に，間に合わずトイレでない場所で放尿してしまう。また，他の場所と勘違いをしてトイレと思い込み，部屋の片隅や廊下，庭などに放尿してしまう行為である。

1）放尿の原因

膀胱炎や利尿薬を服用していると尿意が生じて排尿行為を行うときに衣類をうまく扱えないなど，身体の状況などの影響も考えられるが，トイレ以外の場所や廊下，ゴミ箱などに排尿してしまう行為のことをいう。トイレの場所をしっかり覚えていないなど，場所についての見当識障害や夜間せん妄に伴う見当識障害も考えられる。

2）放尿への対応

在宅から施設に移り住んできた高齢者などは，なかなかトイレの場所を覚えられないため，失禁や放尿につながる。排尿パターンをアセスメントし，行動特性を把握し，尿意を把握した上でさりげなくトイレ誘導をし，排泄チェックをこまめにする必要がある。また，トイレの目印を明確にするなどの対応が必要である。目印は「便所」など本人にとってなじみのものとし，トイレだという認識ができるようにする。また，夜間，寝室にポータブルトイレを置くことも考えられる。日中は趣味活動をする，他者との交流を図るなど，有意義な時間を過ごし夜間よく眠れるようにし，適切にトイレ誘導をする。一方，本人のストレスの軽減を図り，精神的安定を促していくことが大切である。

8．抑うつ・意欲障害

高齢者の精神症状でもっとも多い訴えがうつ気分である。軽度のアルツハイマー型認知症にうつ症状の頻度が多い。うつ気分の大きな原因に脳の機能障害がある。例えば，高血圧や脳血管障害などの脳循環障害においては，抑うつ気分の併発する頻度が60％以上との報告もある。うつ気分や活動性の低下がアルツハイマー認知症の初期症状として出現することも多く，本人がそれを自覚し不安や焦りから余計にうつ気分や気力低下が強まる傾向がある。

うつの4大症状は ① 抑うつ気分，② 意欲の低下（抑制状態），③ 不安・焦燥，④ 自律神経症状（不眠）といわれる。さらに，判断力の低下や抑うつ状態により，無気力，無関心，意欲低下につながっていく。たとえば，趣味の手芸や庭の手入れを日課のように行っていたにもかかわらず，それらに興味を示さない。部屋に閉じこもる。あるいは食事の支度や家事などに手をつけない。特別な理由がなく，なすべきことをしない。あるいは，できなくなった状態で，活動性の低下がみられる。また，うつ気分は「体調が悪い」と訴え，いつも考え込み，浮かない表情をして気分も晴れず，悲哀感や自責感を訴え，なにもせず気分が沈んでしまう状態がみられる。

認知症の初期には，抑うつ感情を伴う意欲障害がみられることがある。この場合は，末期の抑うつ状態とは異なり，心理的な現象といわれている。認知症の初期症状が進んだ場合の意欲障害は，抑うつ感を伴わず，感情の平板化（感情の起伏が少ない）という感情障害を伴う。症状が進行して中期になると，物忘れやそのほかの症状が強くなり，抑うつ症状は目立たなくなる。

1）うつの原因

意欲の障害は認知症の末期にみられるが，原因は前頭葉を中心とした神経細胞の脱落（死）による脳全体の萎縮によるとされている。加齢に伴う身体的，心理的，或いは社会的側面のさまざまな能力の衰えがストレスとなり，それが長期化し，また繰り返されると考えられる。例

えば持病が長引き，日常の生活機能が低下するとあらゆる精神機能も弱くなり，気分が落ち込み，何をするにも自信が持てず，「死んだ方がまし」と厭世的になり閉じこもる。また，心理・社会的要因として，配偶者や友人との死別，生きがいや社会的役割の喪失，社会的孤立感の増大などの，さまざまな喪失感がうつ気分の発症に繋がる。

2）うつへの対応

エピソード記憶の障害のために自分が述べたことを忘れてしまい，周囲から非難されたり，自責の念にかられ自信を失くしたりすることがきっかけで，閉じこもり，活動性が低下し，憂鬱な気分のきっかけとなることがある。ケアスタッフの激励や叱責は逆効果で，かえってうつ病を悪化させ，最悪の場合は自殺に追いやることもある。それゆえ，ケアスタッフは本人の状況を病気として理解し，共感することが重要である。失敗を責めない。できるだけ本人ができそうなことを見つけて導き，失敗を経験させないようにさりげなく助ける。簡単な家事などをケアスタッフが一緒に取り組むようにするのもよい。本人が，自分は皆から支えられているという安心感を実感できるように，心配りすることである。また，気分の落ち込みが改善することなく数週間続くようなら，精神科や心療内科など専門医を受診することが望ましい。抗うつ薬や精神安定剤の薬物療法も考えられる。

9．仮性作業（常同性・強迫性）

仮性作業は，一見，まとまりのない意味のない悪戯にも見える動作で，認知症が重度化するほど繰り返す動作（繰り返し行動）は単純になる。せわしなく何かをしているが，まとまりがなく，作業にならないが本人は家族のためにと思ってやっている。時に周囲の迷惑になることもある。前頭側頭葉変性症（FTLD）にみられ，比較的女性にみられる症状である。たとえば，タンスを開け閉めしたり，物を入れたり出したり，一見すると意味のないような動作を繰り返しては止まない状態である。「自分の手が汚い」と言って洗い続けないと気がすまない（洗浄脅迫），自分の家のドアに鍵をかけたか気になり，確認を繰り返さないと落ち着かない（確認脅迫）にみられるこだわりを繰り返す。

1）仮性作業の原因

前頭葉症状によって動作の繰り返しが起こることがあり，比較的重症化してから出現することが多い。自発性を維持し行動を起こすのが前頭葉の働きであるが，一度起こした行動を止めるのも前頭葉の働きである。この機能が低下した場合，いったん開始した行動は止めることができなくなる。

2）仮性作業への対応

無意味なことを繰り返しているという認識が本人にない為，注意しても効果がないばかりか，不当に非難されていると感じる。無意味だからと，何もかも取り上げてしまうと不安になるた

め，危険がなければ見守りして自由にして続けられるよう援助する。危険な場合は，他のことに注意を向けるように働きかけ，繰り返し動作を止める方法もある。強迫性など不安感や焦燥感，興奮等を伴っている場合は，薬物療法（抗精神薬）という選択肢もあるので，専門医に相談するとよい。

10. 攻撃的行動（介護への抵抗）・コミュニケーション障害

ケアスタッフから失敗を指摘される，行動を注意される，制止される，またはケアスタッフが型にはめようとすると不満が爆発し，攻撃的行動として本人の辛い気持ちが表出することが多い。しかし，攻撃的行為はケアスタッフだけでなく，他の人に対して向けられることがある。この攻撃的行動は「言語的攻撃性のある行動」と「身体的攻撃性のある行動」に分類される。たとえば，ケアスタッフへの暴言，暴力・他害などがあげられる。言語的攻撃性とは，大声で叫ぶことやののしること，かんしゃくを起こすこと，奇声を発することなどをさす。身体的攻撃性とは叩く，ひっかく，かむ，殴る，蹴るなどの行為である。

1）攻撃的行動の原因

一般に，攻撃的行動は重度の認知機能障害のある人に見かけられる。言語的・身体的攻撃性は，社会との関わりが乏しい人に多いといわれている。

原因としては次の3点が考えられる。

① 環境的原因として，やりたいことをケアスタッフが邪魔してしまう。着衣や入浴介助など型にはめられるのが不満である。自分が嫌だと思っていることを，ケアスタッフにわかってもらえない。介護してもらう動作内容が予測できず，怖いと思っているなどである。

② 身体的原因として，痛いのだけれど訴えられない，便秘で不快感がある，感染症で具合が悪い，不眠である，眠くて機嫌が悪いなどがあげられる。

③ 精神症状として，幻覚や妄想，うつ状態がある。

2）攻撃的行動への対応

できないことや不得意なことに取り組ませて，不快感・劣等感を感じさせることがないようにする。衝動的，行動的になる場合は，状況に共通点がないか考える。ささいなことがきっかけになっていることもあるが，きっかけもない状態で，衝動的，攻撃的になる場合は，性格の変化も考えられる。また，本人が特定の人物に対して攻撃するのなら，その人との接点を減らすなど，人間関係に配慮することも必要である。一般に認知症の人にみられる攻撃的行動は，不適切なケアの結果として出現しやすいといわれている。攻撃的行為はケアスタッフ側の責任があることが考えられるので，ケアの方法を再検討する必要がある。特に嫌がることに対する無理な勧めは禁止である。他の利用者に対して攻撃的な行為に出る場合は，その人との関係性に問題がある場合もある。また，過去の誰かと人物誤認していることも考えられる。いずれに

しても，この場合，認知症の人のケアだけでなく，攻撃される人の保護も検討しなければならない。

　さらに，環境の変化がきっかけとなって改善する場合もあるので，施設やデイサービスを利用するのも一つの方法である。拒否や抵抗する場合は，「何をされるかわからない」という恐怖感を持っている場合が多いので，簡単な言葉でゆっくりと納得できるように説明をするように心がける。それでも不安な様子であったら段階的に試みる，或いはタイミングをずらすなどの工夫をする。ケアスタッフの負担が大きい場合は，抗精神薬，抗うつ薬などの薬物療法も選択肢となる場合がある。

第3節　生活の中の困難さをアセスメント

1．生活全体をアセスメントする必要性

　欧米諸国で作成された新しい時代の認知症尺度は，単に認知症を判断するだけでなく，認知症の状態の質や量を定量化することができる。さらに，認知症の症状の段階や程度を明確にすることができる。家族の介護負担度の把握や日常の介護プランに役立て，効果的なケアを実践していくためには，BPSDの種類や程度を明らかにしていくことは，きわめて重要である。そのBPSDをアセスメントするスケールは，さまざまなものが作成されている。しかし，いま，課題となっているのは，どの行動をBPSDととらえるのか，頻度の分類や経時的にアセスメントできるスケールの開発が必要だといわれている。しかし，出現頻度の数値化や重症度を客観的に評価するのは難しいとされている。以下にいくつかのスケールを紹介する。

1）Blessed認知症評価尺度

　Blessed認知症評価尺度は，認知症の状態を定量化するためにも利用されており，症状の段階や程度を明確にすることで，認知症の重症度が評価できる。また，Blessed認知症評価尺度は，認知症高齢者の脳の病理的変化と相関関係があることが明らかとなっている。

表4－3－1　Blessed認知症評価尺度

得点は0～28点で，得点が高いほど認知症の度合いが高い。点数の記載がある項目以外は，1項目で1点である。2番めの項目（情報スコア）は，見等識や記憶をテストする項目を含む。

1　家事を行うことができない
2　小銭でも金銭を取り扱うことができない
3　簡単な物品リストを思い出すことができない
4　屋外で道を探せない
5　慣れた通りでも道を探せない
6　周囲の状況を見極められない
7　最近の出来事を思い出せない
8　過去にふけりがちである
9　食事：
　　ちらかして，スプーンのみで食べる
　　ビスケットのような単純な固形物なら食べられる（2点）
　　食べるのに介助が必要（3点）
10　着替え：
　　ときどき，ボタンを掛け違えたりする
　　順番を間違える。品物を忘れる（2点）
　　着替えができない（3点）
11　括約筋のコントロール：
　　ときどき，夜尿がある
　　頻回に夜尿がある（2点）
　　尿便失禁がある（3点）

第3節　生活の中の困難さをアセスメント

12　次第に柔軟性がなくなる
13　次第に自己中心的になっている
14　他人を思いやる気持ちを持てなくなっている
15　感情が粗雑になる
16　感情のコントロールが障害されている
17　場違いな状況ではしゃぐ
18　感情的反応が減退している
19　性的不品行が見られる（高齢になって新たに）
20　趣味を放棄する
21　自発性の減退あるいは無関心の増大が見られる
22　目的のない高揚感が見られる
総得点　　　　点

出所）ジョセフ・J・ガロ，テリー・フルマーら，井上正規監訳『医療・看護・福祉の現場で役立つ高齢者アセスメントマニュアル』メディカ出版，2006年，p.92より引用

2）Moore機能的認知症尺度

Moore機能的評価尺度は認知症の重症度が評価できる。この質問紙には介助者が筆記または口頭で答えるが，一定の得点以上の患者はナーシングホーム適応となる確率が高く，対処困難な問題がある場合が多い。

表4－3－2　Moore機能的認知症尺度

各項目を次のように評価する
1点　まったくあるいはほとんど見られない
2点　時に見られる
3点　かなり見られる
4点　ほとんどあるいは常に見られる

1　着替え，入浴，計算など簡単な課題遂行をするのが困難である
2　座ったままか，明らかに無意味な動作をしながら時間を過ごす
3　夜間徘徊するか，徘徊を防ぐために抑制が必要である
4　現実に存在しない物音が聞こえる
5　食事に見守り，または介助が必要である
6　物を失くす
7　好きなようにさせておくと，外見がだらしなくなる
8　うめく
9　排便をコントロールできない
10　他人に危害を加えると脅す
11　排尿をコントロールできない
12　不注意な喫煙，火の不始末，転倒などでけがをしないよう見守りが必要である
13　手の届く範囲にあるものを壊す，たとえば，家具を壊したり，食器を放り投げたり，雑誌を破ったりする
14　叫んだり，わめいたりする
15　その非難が真実でないことが明らかな場合でも，身体的危害を加えた・所有物を盗んだと言って他人を責める
16　病気による限界に気がつかない
17　錯乱をきたし，自分がどこにいるかわからない
18　物事の想起が困難である
19　気分が突然変化する，たとえば気分を損ねたり，怒ったり，すぐに泣いたりする

20	一人にしておくと,日中目的もなく徘徊するか,徘徊防止のための抑制が必要になる	
総合点		

出所)ジョセフ・J・ガロ,テリー・フルマーら,井上正規監訳『医療・看護・福祉の現場で役立つ高齢者アセスメントマニュアル』メディカ出版,2006年,p.93より引用

3)記憶と問題行動のチェックリスト

記憶と問題行動のチェックリスト(Revised Memory and Behavior Problems Checklist)改訂版(表4−3−3)は,観察可能なBPSDへの頻度を測定し,ケアスタッフの反応を評価する。

表4−3−3　記憶と問題行動のチェックリスト(改訂版)

過去1週間に見られる利用者の状態の頻度を,測定法に従って頻度と反応の両方に,該当する数字に〇をつけてください。

```
頻度の測定                      反応の測定
0 = 1回も見られない              0 = まったくなし
1 = 過去1週間にはなし            1 = 少し
2 = 過去1週間に1ないし2回       2 = やや
3 = 過去1週間に3〜6回           3 = 非常に
4 = 1日1回以上                  4 = 極端に
9 = わからないまたは当てはまらない  9 = わからないまたはあてはまらない
```

		頻度	反応
1	同じ質問を何度も繰り返す	0 1 2 3 4 9	0 1 2 3 4 9
2	最近の出来事を思い出すのが困難である(たとえば新聞やテレビで見たことなど)	0 1 2 3 4 9	0 1 2 3 4 9
3	過去の重要な出来事を思い出すのが困難である	0 1 2 3 4 9	0 1 2 3 4 9
4	物を失くしたり,置き場所を間違えたりする	0 1 2 3 4 9	0 1 2 3 4 9
5	今日は何曜日か忘れる	0 1 2 3 4 9	0 1 2 3 4 9
6	物事を始めるが,やり遂げない	0 1 2 3 4 9	0 1 2 3 4 9
7	課題に集中するのが困難である	0 1 2 3 4 9	0 1 2 3 4 9
8	物を壊す	0 1 2 3 4 9	0 1 2 3 4 9
9	あなたを困らせるようなことをする	0 1 2 3 4 9	0 1 2 3 4 9
10	夜中にスタッフに声をかける	0 1 2 3 4 9	0 1 2 3 4 9
11	大声で,早口に話す	0 1 2 3 4 9	0 1 2 3 4 9
12	不安そう,あるいは悩んでいるように見える	0 1 2 3 4 9	0 1 2 3 4 9
13	自分や他人に危害のある行動をする	0 1 2 3 4 9	0 1 2 3 4 9
14	自分を傷つけると脅かす	0 1 2 3 4 9	0 1 2 3 4 9
15	他人を傷つけると脅かす	0 1 2 3 4 9	0 1 2 3 4 9
16	他人に対して言葉で攻撃する	0 1 2 3 4 9	0 1 2 3 4 9
17	悲しそうに,あるいは憂うつそうに見える	0 1 2 3 4 9	0 1 2 3 4 9
18	将来について絶望または悲哀の感情を表出する(たとえば「やりがいのあることが何もない」「私は何事もきちんとで	0 1 2 3 4 9	0 1 2 3 4 9

	きない」）		
19	泣いたり，涙もろい	0 1 2 3 4 9	0 1 2 3 4 9
20	自分や他人の死について口にする（たとえば「人生を生きるに値しない」「死んだほうがましだ」）	0 1 2 3 4 9	0 1 2 3 4 9
21	寂しいと言う	0 1 2 3 4 9	0 1 2 3 4 9
22	自分には価値がないとか，他人の重荷になっていると言う	0 1 2 3 4 9	0 1 2 3 4 9
23	挫折感について，または人生でなし遂げる価値のあるものは何もないなどと口にする	0 1 2 3 4 9	0 1 2 3 4 9
24	口論をしかけたり，いらいらしたりまたは不平を言ったりする	0 1 2 3 4 9	0 1 2 3 4 9

出所）ジョセフ・J・ガロ，テリー・フルマーら，井上正規監訳『医療・看護・福祉の現場で役立つ高齢者アセスメントマニュアル』メディカ出版，2006年，pp.93-94より引用一部改変

　患者の心配な行動が認知症による可能性があると考えれば，ケアスタッフの苦しみの緩和のためにもアセスメントは利点がある。ケアスタッフがうつ病になる可能性は，高齢者の機能に関する客観的測定により，むしろ，状況についてのケアスタッフの主観的評価から予測ができる。チェックリストを利用することで認知症高齢者に対するBPSDの把握ができ，予測をもってケアを実践することが可能となる。

4）認知症の症状に関する機能評価尺度

　認知症高齢者の生活に密着した「認知症の症状に関する機能評価尺度」(Texas Tech Functional Rating Scale for the Symptom of Dementia) がある。Huttonらは，ナーシングホーム利用の指標として，30点以上としている。さらに，在宅療養者が「排泄のコントロール」「言語的コミュニケーション」「清潔と身だしなみ」が困難になると，生活機能全体が低下し，ナーシングホームの必要性が高まることを示している。内科医が障害のレベルに達していると説明ができたら，家族の「本人を入所させてしまう」という罪悪感を多少なりとも緩和できるかもしれない。その際，機能評価尺度と合わせて，他の医学的・社会的・心理的・経済的側面の考慮も，当然必要であることを忘れてはならない。

表4－3－4　認知症の症状に関する機能評価尺度

利用者の行動を最もよく表している項目の数字に○をつけてください。
【A】食事
0　適切な食器を使ってきちんと食べる
1　食器の使用に多少困難があり，散らかして食べる
2　手を使えば固形食品（たとえば，果物，クラッカー，クッキー）を食べることができる
3　食事に介助が必要
【B】着替え
0　介助なしに適切に着替えることができる
1　自分で着替えできるが，ときどき組み合わせの違う靴下を履いたり，ボタンをかけ違えたり，紐を結び違えたりする
2　着方を間違えたり，何かを忘れたり，外出着として寝間着を着たりするための見守りが必要

3　自分で着替えができず，また不適切な場に裸で現れたりする
【C】排泄のコントロール
0　完全に括約筋をコントロールできる
1　ときどき，ベッドをぬらす
2　頻回にベッドをぬらす，または日中に尿失禁がある
3　尿と便の両方，失禁がある
【D】言語的コミュニケーション
0　正常に話す
1　会話，もしくは言葉を見つけるのに若干の困難がある
2　簡単な会話のみできる
3　つじつまの合った会話ができない
【E】名前の記憶
0　かかわりのある知人の名前は想起できる
1　単なる知人や遠い親戚の名前は想起できない
2　親しい友人や近親者の名前を想起できない
3　配偶者やその他，同居している人の名前を想起できない
【F】出来事の記憶
0　最近体験した出来事を詳しく順序立てて想起することができる
1　最近体験した出来事を詳しく順序立てて想起することができない
2　すべての出来事（たとえば，最近の外出，親戚や友人の訪問）を周りから示唆されなければ想起することができない
3　すべての出来事を周りから示唆されても想起することができない
【G】精神的注意力
0　通常意識は清明で，環境に注意を払う
1　すぐに気が散り，放心状態になる
2　しばしば同じ質問を繰り返す
3　テレビを見ていても，注意が維持できない
【H】全錯乱
0　環境に適切に反応する
1　夜間覚醒時の錯乱が見られる
2　日中でも反復的に錯乱が見られる
3　ほとんど常時，完全な錯乱状態にある
【I】空間見当識
0　見当識があり，自分の位置感覚を保持できる
1　居住地区で自動車を運転したり，乗り物に乗っている時，位置が混乱する
2　近所を歩いていて迷う
3　自分の家や病棟で迷う
【J】顔の認知
0　最近知り合った人の顔を認知できる
1　最近知り合った人の顔を認知できない
2　親戚や親しい友人の顔を認知できない
3　配偶者やその他，同居している人の顔を認知できない
【K】清潔と身だしなみ
0　だいたい，きちんとしていて清潔である
1　身だしなみに関心を示さない（たとえば，歯みがきをしない，髪をとかさない，髭をそらない）
2　定期的に入浴しない
3　入浴と身だしなみに介助が必要
【L】感情
0　通常と変わらない
1　感情反応に軽度の変化が見られる——多少，苛立ちやすくなったまたは，受動的になりユーモアが乏しくなった。ややふさぎ込むようになった

第3節 生活の中の困難さをアセスメント

2 感情反応に中等度の変化が見られる——無感動になった，頑固になった，ふさぎ込むようになった，怒りを爆発させる，すぐに泣き出す
3 感情抑制困難——不安定になった，急激に気分が変わる，不適切な状況で笑ったり泣いたりする，暴力を爆発させる
【M】社会的反応
0 これまでの「正常」と変わらない
1 過去にこだわり，現在の状況に適切に関わることができない
2 他人の感情への配慮に欠け，喧嘩っぱやく，苛立ちやすい
3 不適切な性的行動や反社会的行動が見られる
【N】睡眠パターン
0 これまでの「正常」と変わらない
1 正常時に比べ，明らかに睡眠時間が多い，または，少ない
2 不穏状態，悪夢，睡眠障害，頻回の覚醒が見られる
3 夜間は一晩中またはほとんどの時間，徘徊し眠れない

出所）ジョセフ・J・ガロ，テリー・フルマーら，井上正規監訳『医療・看護・福祉の現場で役立つ高齢者アセスメントマニュアル』メディカ出版，2006年，pp.95-96より引用

5）Dementia Behavior Disturbance Scale（DBDS）

認知症に伴うさまざまな行動障害は，ケアスタッフにとって大きな負担になっている。溝口ら（1993）のDBDスケール（Dementia Behavior Disturbance Scale）は，BaumgartenのDBDスケールを用いて，アルツハイマー型認知症の行動異常の評価を試みている。本スケールは，客観的評価や経過観察の方法として，ケアスタッフに対して質問を行うアセスメントスケールである。信頼性が高く介護負担も反映しうる有用な評価法である。認知症高齢者にみられる出現頻度を，5段階の点数で評価する方法で，0点以外は異常，合計得点は0点から112点まで，より高得点であれば，多くの行動障害の頻度が高いことを示す（表4-3-5）。

表4-3-5 Dementia Behavior Disturbance Scale（DBDS）

次の1から28の項目について，次の0から4までの評価に従って記入してください。

0：全くない　1：ほとんどない　2：ときどきある　3：よくある　4：常にある

項目	点数記入欄	
	入院時	退院時
1 同じことを何度も何度も聞く		
2 よく物をなくしたり，置場所を間違えたり，隠したりしている		
3 日常的な物事に関心を示さない		
4 特別な理由がないのに夜中起き出す		
5 特別な根拠もないのに人に言いがかりをつける		
6 昼間，寝てばかりいる		
7 やたらに歩き回る		
8 同じ動作をいつまでも繰り返す		
9 口汚くののしる		

10	場違いあるいは季節に合わない不適切な服装をする		
11	不適切に泣いたり笑ったりする		
12	世話をされるのを拒否する		
13	明らかな理由なしに物を貯め込む		
14	落ちつきなくあるいは興奮してやたら手足を動かす		
15	引き出しやタンスの中身を全部だしてしまう		
16	夜中に家の中を歩き回る		
17	家の外に出てってしまう		
18	食事を拒否する		
19	食べ過ぎる		
20	尿失禁する		
21	日中,目的なく屋外や屋内をうろつきまわる		
22	暴力を振るう(殴る,かみつく,引っかく,蹴る,唾をはきかける)		
23	理由もなく金切り声をあげる		
24	不適当な性的関係を持とうとする		
25	陰部を露出する		
26	衣服や器物を破ったり壊したりする		
27	大便を失禁する		
28	食物を投げる		

出所)日本認知症ケア学会編『認知症ケア標準テキスト改訂・認知症ケアの実際Ⅰ:総論』ワールドプランニング,2011年,p.101を一部改変

6)日本語版 Behave-AD

BPSD の症状評価尺度により,症状の有無や重症度を客観的に把握できる。1987年,Reisberg らが Behavioral Pathology in Alzheimer's Disease Rating Scale(BEHAVE-AD)を発表した。これはケアスタッフから半構造化された聴取に基づき,25項目と総合的な全体像を調査するものである。AD の精神症状を対象とした薬物療法の薬効判定のために開発した症状評価尺度である。

日本語版 Behave-AD(Behavioral Pathology in Alzheimer's Disease)(表4-3-6)は,アルツハイマー型認知症にみられる精神症状を対象にした薬物療法の薬効を判定する目的のために,開発されたアセスメントスケールである。このスケールは,行動評価尺度においては最も古い行動尺度のひとつである。ケアスタッフなどの面接から得られた情報に基づいて7つの下位尺度25項目と全体評価の26項目について4段階で重症度を評価する。同一の精神症状や行動については複数の下位尺度にまたがって評価しないなどの留意点がある。また,最後の全般評価は,25項目に関してのケアスタッフの介護負担度と患者の危険性を尋ねるもので,25項目をまとめた BPSD の総合評価ではないので,25項目で評価された重症度と全般評価は必ずしも一致し

ない（本間ほか，1999）。1999年，朝田らがBEHAVE-ADの日本語版で信頼性の検討をした。その特徴は，BPSDを行動療法（C，D，E）と心理症状（A，B，F，D）の2つのドメインに分けて，評価可能なことである（中村，2010）。実際の臨床場面では使いやすいのが特徴である。

表4－3－6　日本語版Behavioral Pathology in Alzheimer's Disease（BEHAVE-AD）

最近2週間の患者の精神症状について，ケアスタッフとの面談に基づき，その症状の程度について評価し，該当する程度の数字に○をつける。

A．妄想観念
1．だれかが物を盗んでいるという妄想
「だれかが物を盗んでいると信じておられるようなところがありますか」
　0：なし
　1：だれかが物を隠しているという妄想
　2：だれかが家に侵入して物を隠したり盗んでいるという妄想
　3：家に侵入しただれかと話したり，その声に聞き耳を立てる
2．ここは自分の家ではないという妄想
「自分の家にいるのに，ここは自分の家ではないと信じておられるようなところがありますか」
　0：なし
　1：そう確信している（家に帰ると荷物をまとめる，「家に連れて帰って」と訴える）
　2：家に帰ると言って，出ていこうとする
　3：外出を止められると暴力を振るう
3．配偶者（ケアスタッフ）はにせものだという妄想
「配偶者（ケアスタッフ）のことをにせものだと信じておられるようなところがありますか」
　0：なし
　1：にせものだと確信している
　2：にせものだと言って怒る
　3：にせものだと言って暴力を振るう
4．見捨てられ妄想
「家族から自分は見捨てられていると信じておられるようなところがありますか」
　0：なし
　1：ケアスタッフが電話などをしていると，じぶんを見捨てたり，施設に入れようとしていると疑う
　2：ケアスタッフが自分を見捨てたり，施設に入れようとしていると疑う
　3：ケアスタッフが今すぐにでも自分を見捨てたり，施設に入れようとしていると言って攻撃する
5．不義妄想
「配偶者をはじめとする家族が自分を裏切っていると信じておられるところがありますか」
　0：なし
　1：配偶者や子どもなどケアスタッフが不実を働いていると確信している
　2：配偶者や子どもなどケアスタッフが不実を働いていると怒る
　3：配偶者や子どもなどケアスタッフが不実を働いていると暴力を振るう
6．猜疑心，妄想
「なにかに対してどうも疑いや不信感を抱いているなと感じられるようなことがありますか」
　0：なし
　1：猜疑心（自分で物を隠しておいて，どこに置いたかわからないときなど）
　2：妄想的（訂正困難な猜疑心や，猜疑心に基づいて怒りがみられる状態）
　3：猜疑心に基づいて暴力を振るう
7．妄想（上記以外）
「以上の他に，ありもしない物や事があると信じておられる様子が見受けられますか」

0：なし
　　1：ありそう
　　2：発言や感情状態から妄想の存在が明らか
　　3：妄想に基づく行動や暴力がみられる

　B．幻覚
8．幻視
「実際にはないものが見えるかのようにおっしゃったり，そのような素振りをされることがありますか」
　　0：なし
　　1：対象は不明確（あいまい）だがありそう
　　2：見える対象が明らかである
　　3：見える対象に向かって言動や感情の表出がみられる
9．幻聴
「実際には聞こえていないのに聞こえるとおっしゃったり，そのような素振りをされることがありますか」
　　0：なし
　　1：対象は不明瞭（あいまい）だがありそう
　　2：聞こえてくる音や声が明らかである
　　3：聞こえてくる音や声に向かって言動や感情の表出がみられる
10．幻嗅
「火のにおいがする，なにかが燃えるようなにおいがするとおっしゃることがありますか」
　　0：なし
　　1：対象は不明瞭（あいまい）だがありそう
　　2：何のにおいかはっきりしている
　　3：匂ってくるものに向かって言動や感情の表出がみられる
11．幻触
「体の上をなにかがはっているとおっしゃったり，それをもぎ取るような動作をされることがありますか」
　　0：なし
　　1：対象は不明瞭（あいまい）だがありそう
　　2：何が触っているかはっきりしている
　　3：触っているものに向かって言動や感情の表出がみられる
12．その他の幻覚
「以上のほかに，実際にはないものがあるかのようにおっしゃったり，振る舞ったりされることがありますか」
　　0：なし
　　1：対象は不明瞭（あいまい）だがありそう
　　2：対象がはっきりしている
　　3：対象に向かって言動や感情の表出がみられる

　C．行動障害
13．徘徊
「用もないのにやたらと歩き回られることがありますか」
　　0：なし
　　1：その傾向はあるが，やめさせるほどではない
　　2：やめさせる必要がある
　　3：やめさせようとすると，それに逆らう言動や感情の表出がみられる
14．無目的な行動
「以下に示すような，本人には意味があるかもしれないけれど，傍目には無意味でしかない行動や行為がみられますか」
　例：財布の開閉，衣類を整頓したり取り出したり，服を着たり脱いだり，タンスの開閉，要求や質問の繰り返し
　　1：無目的な行動を繰り返す
　　2：行ったり来たりするような無目的な行動があり，やめさせる必要がある

3：無目的な行動の結果，擦過傷などのけがをする
15．不適切な行動「以下に示すような，非常識もしくは適切でない行動がみられますか」
例：物を不適切な場所にしまったり隠したりする行動（例えば，衣類をくずかごに捨てる，オーブンに空の皿を置く），体のみだらな露出などの性的行動
0：なし
1：あり
2：あり：やめさせる必要がある
3：あり：やめさせる必要があるが，そうすることで怒りや暴力がみられる

D．攻撃性
16．暴言
「口汚い言葉を使ったり，人をののしられるようなことがありますか」
0：なし
1：あり（いつもは使わないような口汚い言葉遣いやののしり）
2：あり：怒りを伴う
3：あり：怒りが明らかに他人に向けられる

17．威嚇や暴力
「人を脅したり，暴力を振るわれることがありますか」
0：なし
1：威嚇する身振りがある
2：暴力がある
3：激しく暴力を振るう

18．「怒った表情や態度，あるいは抵抗などがみられますか」
0：なし
1：あり
2：あり：感情的になっている
3：あり：感情と動作の両面に現れている

E．日内リズム障害
19．睡眠・覚醒の障害
「夜間は熟睡されているようですか」
0：問題なし
1：夜間何度も覚醒する
2：夜間の睡眠が本来の50％〜75％に短縮
3：夜間の睡眠が本来の50％未満に短縮（日内リズムの完全な障害）

F．感情障害
20．悲哀
「悲しそうな様子が見受けられますか」
0：なし
1：あり
2：あり：あきらかな感情的表出がみられる
3：あり：感情・身振りの両面に現れている（手を握りしめる動作など）

21．抑うつ
「憂うつそうで，生きていても仕方ないなどとおっしゃることがありますか」
0：なし
1：あり：病的な深みはないが，時に死にたいなどと言う
2：あり：希死念慮など明らかな症状レベルである
3：あり：自殺の素振りを見せるなど感情・身振りの両面から明らかである

G．不安および恐怖
22．間近な約束や予定に関する不安
「間近になった約束や予定について何度も尋ねられますか」

0：なし
　　　1：あり
　　　2：あり：ケアスタッフを困らせる
　　　3：あり：ケアスタッフは耐え難い
23．その他の不安
「その他に，不安を抱いておられる様子がありますか」
　　　0：なし
　　　1：あり
　　　2：あり：ケアスタッフを困らせる
　　　3：あり：ケアスタッフは耐え難い
24．独りぼっちにされる恐怖
「独りぼっちにされることを異常に怖がられますか」
　　　0：なし
　　　1：あり：その恐怖を訴える
　　　2：あり：ケアスタッフの対応が必要
　　　3：あり：ケアスタッフは常に付き添う必要がある
25．その他の恐怖
「その他に，なにか特定のものを異常に怖がられますか」
　　　0：なし
　　　1：あり
　　　2：あり：ケアスタッフの対応が必要
　　　3：あり：恐怖のあまり生じる行為をやめさせる必要がある

全般評価
「以上の症状は下記のどれに該当しますか」
　　　0：ケアスタッフにまったく負担はなく，患者自身にも危険性はない
　　　1：ケアスタッフへの負担と患者自身の危険性は軽度である
　　　2：ケアスタッフへの負担と患者自身の危険性は中等度である
　　　3：ケアスタッフへの負担は耐え難く，患者自身も非常に危険性が高い

注1）最近2週間程度の患者の精神状態について，ケアスタッフとの面接に基づいて評価する。
　　　重症度については「0：なし」から「3：重度」の4段階評価である。
注2）BEHAVE-AD-FWでの頻度評価は，「1：一度のみ」「2：数日ごと」「3：毎日」「4：1日複数回」の4段階
　　　である。
出所）日本認知症ケア学会編『認知症ケア標準テキスト改訂・認知症ケアの実際Ⅰ：総論』ワールドプランニング，
　　　2011年，pp.95-99より引用
　　　　注）は，中村馨他『BPSDとは　Cognition and Dementia』Vol.9, No.2, メディカルレビュー社，2010年，p.8
　　　　より引用

7）Neuropsychiatric Inventory（NPI）

　NPI（Neuropsychiatric Inventory）は，1994年，Cummingsらが家族に聴取をし，10のドメインに分けて重症度と頻度を評価する評価尺度で，国際的に用いられている。日本語版は1997年，博野信次らによって標準化された。著作権のために実際の評価表を掲載することはできないが，妄想，幻覚，抑うつ症状，不安，多幸，無為，脱抑制，易刺激性，異常行動の10項目について主設問と下位の質問が設けられている。主質問により，当該精神症状の存在が疑われる際に，下位の質問を行い，重症度を0〜3の4段階で，頻度を0〜4の5段階で，一定の基準にしたがって判定し，点数が大きいほど障害の程度が大きいと判断でき，その後，睡眠と食行動に関する評価が加わり，12項目版NPI，各ドメインのケアスタッフ負担の程度を評価する

第3節　生活の中の困難さをアセスメント

項目を付け加えた NPI-Caregiver Distress Scale（NPI-D）（松本ら，2006），質問紙法である NPI-Brief Questionnaire Form（NPI-Q）（松本ら，2006），施設内の看護・介護職員を対象とした NPI in Nursing Home Version（NPI-NH）が繁信ら（2008）によって発表されている。「11. 睡眠異常」の2科目が追加され，「12. 食行動異常」の2項が追加される。NPI-NH では，「11. 夜間行動」と「12. 食欲と食行動の変化」の2項目が追加され，松本や繁信らによって，日本語版の信頼性と妥当性も検討されている。（中村ら，2010）。

　北村らは，BPSD-AS（BPSD-assessment scale）の試案を作成した。さまざまな職種が利用者の行動を直接観察して BPSD を適切に評価できる手段を確立することを目的として，8つの主項目とその下位項目からなる。通所・入所施設の対象者の初期評価やケアプラン会議での評価様式の開発と，介護職者が BPSD を観察・評価する視点の教育に有用とし，活用していくためのスケールである（北村ら，2010）。

8）せん妄評価尺度（DRS）

　せん妄評価尺度（DRS）は発症方式，知覚障害，幻覚，妄想，行動の変化，認知力，身体的原因，睡眠覚醒周期の障害，気分の不安定性，症状の変動の10項目から構成されている。症状が重症になるにつれて評価点が高くなる。総得点は32点であるが，20点以上であればせん妄を疑う。

　これらの評価スケールは臨床に携わる者の共通言語として有用であり，また薬効の観察に際しての客観的なデータとして欠かせない。しかし，評価スケールは，診断や経過を把握する上での道具であり，これらのスケールのみで状態像を決定するのではないことから，臨床場面ではあらゆる角度からの十分な観察が欠かせないことも念頭に置くべきである（今井ほか，2006）とわれわれに警鐘を鳴らした。また，BPSD への対応は1）BPSD を適切に評価し治療対象となる症候を明確にする，2）非薬物的介入を試みる，3）十分な説明を前提とした根拠に基づく薬物療法を選択する。さらに，BPSD の評価に当たっては，構造化された評価尺度を用いることが推奨される（橋本，2010）としている。その上で，BPSD の対応において，原因疾患に目を向けること，ケアスタッフにも目を向けること，ケアスタッフにも目を向けるとともに患者本人に目を向けること，すなわち BPSD はその人の心の表現であり，その意味をその人の立場で理解して対応する視点（person centered care）を持つことを常に心がけなければならない（橋本，2010）としている。

表4－3－7　せん妄評価尺度（Delirium Rating Scale：DRS）

項目1：発症方式	
0．変化なし	1．6か月以内の緩徐な発症
2．1か月程度の急性な変化	3．1～3日程度の急激な発症
項目2：知覚障害	
0．兆候なし	1．疎隔体験などの知覚の減弱

2．錯視などの視知覚障害　　　　　　　　3．複合した知覚障害
項目3：幻覚の種類
　　0．幻覚なし　　　　　　　　　　　　　　1．幻聴のみ
　　2．幻視　　　　　　　　　　　　　　　　3．幻触，幻臭，幻味
項目4：妄想
　　0．妄想なし　　　　　　　　　　　　　　1．体系化・固定化された妄想
　　2．新規の妄想　　　　　　　　　　　　　3．知覚障害に基づく妄想反応
項目5：行動の変化
　　0．変化なし　　　　　　　　　　　　　　1．いつも違う
　　2．明らかな運動興奮　　　　　　　　　　3．激しい運動や攻撃，または強い制止
項目6：認知力（注意，記憶，見当識など）
　　0．認知障害がない　　　　　　　　　　　1．不安や痛みなどに基づく軽度の注意障害
　　2．一領域のみの障害　　　　　　　　　　3．複数領域の障害
　　4．検査不能
項目7：身体的原因
　　0．認めない　　　　　　　　　　　　　　1．疑わしい要因がある
　　2．明らかな要因がある
項目8：睡眠覚醒周期の障害
　　0．障害なし　　　　　　　　　　　　　　1．日中傾眠と夜間睡眠の分断
　　2．明らかな傾眠と夜間不眠　　　　　　　3．覚醒刺激に抵抗する傾眠
項目9：気分の不安定性
　　0．認めない　　　　　　　　　　　　　　1．軽度の気分変調
　　2．明らかで急速な情動変化　　　　　　　3．激しい爆発的な情動変化
項目10：症状の変動
　　0．日中にみられる症状は安定　　　　　　1．夜間に悪化する
　　2．症状の変動は一定せず動揺

　　　　　　　　　　　　　　　　　　　　　　　　　　　　合計　　　／32点

出所）日本認知症ケア学会編『認知症ケア標準テキスト改訂・認知症ケアの実際Ⅰ：総論』ワールドプランニング，2011年，p.103より引用

<引用・参考文献>
朝田隆・本間昭・木村通宏ら「日本語版BEHAVE-ADの信頼性について」『老年医学雑誌』10(7)，1999年，pp.825-834
安藤邑恵・小木曽加奈子編『ICFの視点に基づく高齢者ケアプロセス』学文社，2009年，p.80
伊藤正敏『認知症対策—認知症という病気を知る』ワールドプランニング，2007年，pp.53-80
今井幸充・長田久雄『認知症のADLとBPSD評価測度』ワールドプランニング，2012年，pp.37-40
今井幸充・城戸裕子「認知症の行動と［心理症状］BPSDの評価測度」『月間精神科』Vol.9，No.1，2006年，pp.16-24
小木曽加奈子『医療職と福祉職のためのリスクマネジメント』学文社，2010年，pp.125-127
北村葉子・今村徹他「認知症における行動心理学的症状（Behavioral and psychological symptoms of dementia: BPSD）の直接行動観察式評価用紙の開発：信頼性と妥当性の検討」『高次脳研究』第30巻第4号，2010年，pp.510-522
小林敏子ら『認知症の人の心理と対応』ワールドプランニング，2009年，p.161
繁信和恵・博野信次ら『日本語版NPI-NHの妥当性と信頼性の検討』ワールドプランニング，2008年，pp.1463-1469
ジョセフ・J・ガロ，テリー・フルマーほか，井上正規監訳『医療・看護・福祉の現場に役立つ高齢者アセスメントマニュアル』メディカ出版，2006年，pp.92-96

高橋三郎「老年期痴呆の周辺症状：せん妄」『老年期認知症』7，1994年，pp.185-194
中村馨・葛西真理他「BPSDとは」『Cognition and Dementia』メディカルレビュー社，2010年，p.8
中村馨ら「BPSDとは」『Cognition and Dementia』Vol.1，No.2，2010年，pp.94-99
中村祐子編『最新介護福祉全書第10巻 認知症の理解と介護』メジカルフレンド社，2000年，p.36，pp.79-97
日本介護福祉士会『「生活の質」の向上に向けた認知症介護―認知症高齢者の生活の質を高め介護方法に関する調査研究―』平成20年度厚生労働賞老人保健増進事業による研究報告書，2009年，pp.188-196
日本認知症学会編『認知症テキストブック』中外医学社，2009年，pp.133-134
日本認知症ケア学会『認知症ケア基本テキスト BPSDの理解と対応』ワールドプランニング，2011年，pp.33-66，64-74
日本認知症ケア学会『認知症ケア標準テキスト改訂・認知症ケアの実際1：総論』ワールドプランニング，2011年，pp.91-130
日本認知症ケア学会『認知症ケア標準テキスト改訂・認知症ケアの実際2：各論』ワールドプランニング，2011年，pp.99-164
日本老年精神医学会編『改訂・老年精神医学講座：各論』ワールドプランニング，2009年，pp.282-283，287-288
日本老年精神医学会編『改訂・老年精神医学講座：総論』ワールドプランニング，2009年，pp.60-69
橋本衛「BPSDの治療」『日本老年医学会雑誌』Vol.37，No.4，2010年，pp.294-297
長谷川和夫「認知症の人の行動・心理症状」介護福祉士養成講座編集委員会『新・介護福祉士養成講座12 認知症の理解』中央法規出版，2009年，pp.82-98
博野信次・森悦郎他「日本語版 Neuropsychiatric Inuentory －痴呆精神症状評価法の有用性の検討」『脳と神経』49，1997年，pp.266-271
古田寿一・森川一恵ら「痴呆老人の睡眠・覚醒障害」『老年精神医学雑誌』5(9)，1994年，pp.1050-1057
本間昭「痴呆における精神症状と行動障害の特徴」『老年精神医学雑誌』5(9)，1998年，pp.1019-1024
本間昭・朝田隆・新井平伊ほか「老年期痴呆の全般臨床評価法―変化に関する全体評価とサイコメトリックテスト―」『老年精神医学雑誌』10，1999年，pp.193-229
松本直美・池田学ら「日本語版NPI-DとNPI-Qの妥当性と信頼の検討」『脳と神経』58，2006年，pp.785-790
溝口環・飯島節ら「DBDスケール（Dementia Behavior Disturbance Scale）による老年期痴呆患者らの行動異常評価に関する研究」『日本老年医学会雑誌』30(10)，1993年，pp.835-840
山寺亘「老年期痴呆性疾患に見る睡眠障害の特徴」『老年精神医学雑誌』10(4)，1994年，pp.425-430

第5章

認知症ケア

第1節　認知症ケアの実践

1．認知症ケアの捉え方
1）認知症ケアの理念

　1980年代，日本における認知症研究のリーダーである精神科医の室伏君士（2008）により，「理にかなったケア」が提唱された。「理にかなったケア」とは，「個別的な心（精神世界）を知り（narrative），その思い（感情），考え（思考）に沿った対応（働きかけや癒し）」である。つまり，高齢者の心の向きを知り，その老人の生き方を援助することがケアであり，そのことにより認知症高齢者が生き生きと人間らしく生きられる。また，「理にかなったケア」といっても，理が勝った（理知的にすぎて，温かみや潤いに欠ける）対応ではなく，情（心で感じる動き）でもわかる，理由—結果の筋が通り，それをわきまえた対処ということである。狭い科学的根拠に基づくというより，きわめて「人間的な理解に根ざしたかかわりあい方」である。

　一方，認知症ケアの理念として，イギリスのブラッドフォード大学の心理学者，トム・キッドウッド（Tom Kitwood　1937-1998）は「パーソン・センタード・ケア（person-centred care）」を提唱した。詳細は2項で述べるが，「認知症のケアを実践する際に，疾病や症状を対象にするのではなく，生活する主体である対象者個々人を中心に考えていかなくてはならない」としている。つまり，認知症と共に生きる対象者一人ひとりの「その人らしさ」をどのように支えていくのかという，全人的ケアの観点が要求される。

　認知症になっても「その人らしさ」を維持するには，性格，生活史，身体条件（健康状態），脳の損傷，社会意識の5つの要素が絡み合ってくる。従来，認知症のケアは「衰えた人は気の毒である」「高齢者は社会のために貢献してきた人なので，大切に扱うべきである」という「心情的なケア」であった。さらに認知症高齢者の徘徊や暴力行為などは「問題行動」としてその行動への対処が先決になり，その場しのぎの「対応型のケア」をしてきた。そのため，高齢者の尊厳を無視し，身体拘束や虐待等の不適切なケアも行われていた。つまり，認知症ケアでは，BPSD（認知症の行動・心理症状）にどのように対応していったらいいのかを考えがちであった。BPSDが認知障害のある利用者の不安や不快，苦痛から自分自身を守り，そのような状況から脱出するための言動だとすれば，できる限り困惑しないように，環境を整え，心理状態をしっかり受け止め支えることが大切である。認知症ケアを一言で言えば，本人と向き合っ

て，認知症の人の心を理解することをいう。つまり，認知症ケアの理念はその人の尊厳と利用者本位の暮らしの継続を支援することである。

クリスティーン・ボーデン（2003）は，『私は誰になっていくの』の中で，アルツハイマー病と勧告された時のショックやまわりの人が急速に離れていくための孤立感，どんなに頑張って努めても物事や言葉は意識から消えていく，ざるのような頭からどんどん漏らしていくなどの空白感などを書いている。NHKのテレビに出演した時，自らのケアについて「ゆっくりとスピードを落として，目を見つめて話してください。私たちの思っていることを理解してケアの環境を変えてください」と希望していた。夫のポールが，ケア・ギバーではなくケア・パートナーとして，与えるのではなく共に生活して介護すると述べていたのが印象的である。長谷川（2011）は共に暮らしていくパートナーに身を置いたときに，そして気心の知れた友人になったときにこそ，彼らの声を聴くことができるという。まさに，認知症ケアはその人らしさ（person），その人のもつ中核的なものに触れながら，状態の変化に対応し，真のメッセージを読み取りながら，その人の暮らしと生きることを支えていくことを示している。

図5-1-1　これまでの認知症ケアからこれからの認知症ケア

適切な支援

これまでの認知症ケア〔問題対処・あきらめのケア〕	これからの認知症ケア〔可能性・人間性指向のケア〕
1. 家族や一部のケア職員が抱え込んでバラバラ→成果があがらない・ダメージの増幅 2. 問題に対処するのがケア　周りがしてあげるという介護 3. 問題は認知症のせい，しかたない 4. 認知症になると本人は何もわからない，できない 5. 本人はわからないから環境は最低でいい 6. 危険だから外には出さない 7. とりあえずその場しのぎを	1. 家族や地域の人々，多様な専門職がチームで，一つになって（方針・方法） 2. 認知症の人でも当然利用者本位　本人が自分らしく生きる支援 3. 問題の多くは「作られた障害」緩和や増悪防止策あり 4. 認知症の人でも感情や心身の力は残っている 5. 環境の力で安心と力の発揮を。なじみの環境づくりが鍵 6. 慣れ親しんだ地域や自然のなかで 7. 初期から最期まで関係者で継続ケアを
●本人は不安・ストレス・無為の日々 ●状態の増悪・要介護度の悪化	○本人は安心・楽しい・生き生き ○状態の緩和，要介護度の改善・維持
介護負担，コストの増大	介護負担，コストの最小化

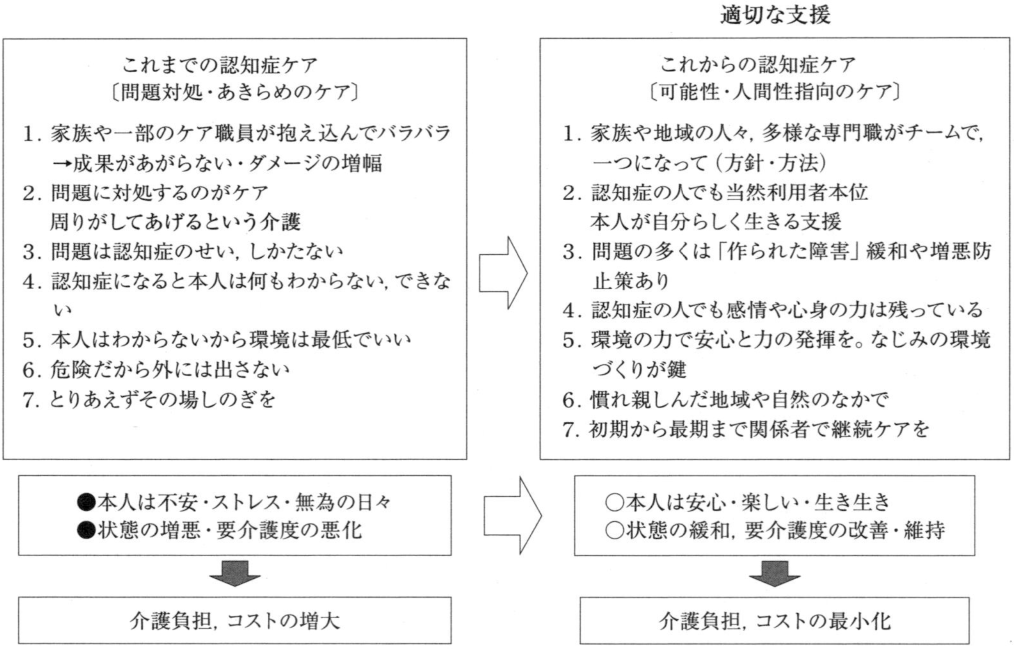

出所）認知症介護研究・研修東京センターほか『三訂　認知症の人のためのケアマネジメント　センター方式の使い方・活かし方』2011年，p.17を一部改変

ケアの現場では「寄り添う介護」といわれている。認知症の人の想いに寄り添い，一人ひとりの心に想いを寄せながらケアを進めていくことである。そこでは，利用者に対して介護職の

想いを押しつけず,相手の想いに寄り添うエンパシー(感情移入)をもった心で,相手の心と通い合う相互関係が成り立つのである。図5-1-1にてその構造を示す。

2) ケアの原則

小林 (2001) は,認知症の人ができる限り自らの意思に基づき,自立した質の高い生活が送れるよう支援していくことが望まれるとして,その人らしい生活の支援とその人にみられる不自由を埋めるような支援を心がけることが大切だとして,以下のケアの原則を示している。

① 高齢者の主体性の尊重,自己決定の尊重
② 高齢者の生活の継続性の保持
③ 自由と安全の保障
④ 権利侵害の排除
⑤ 社会的交流とプライバシーの尊重
⑥ 個別的対応
⑦ 環境の急激な変化の忌避
⑧ その人のもっている能力に注目し,生きる意欲,希望の再発見を可能にするような自立支援
⑨ 人としての尊厳性の保持
⑩ 身体的に良好な状態の維持と合併症の防止

以上の原則を踏まえ,認知症の人のケアにあたって,状態を多面的に評価することやおかれている状況を的確に把握すること,ニーズを見極めること,介護者負担を軽減することなどが,ケアの質を向上させるために重要だとしている。そのためには,ケアの在り方に関してはその人を中心として,チームケアに取り組むことである。家族,他の支援者とともに,コミュニケーションを深め,医療・福祉の社会資源を有効に活用しながらより豊かなケアを展開していくことが望まれる。

2. パーソン・センタード・ケア

1) パーソン・センタード・ケアの考え方

パーソン・センタード・ケアは,認知症ケアに関してこれまでの「医学モデル」に基づいた認知症の見方を再検討し,認知症の人の立場に立った「その人らしさ:personhood」とそこにおける「関係性:relationship」を尊重するケアの実践を理論的に明らかにしたものである。イギリスのトム・キッドウッドによって提唱された。

パーソン・センタード・ケアの理念・理論が生まれた背景は,1980年代に入り,認知症高齢者にも周囲の状況に反応する能力があることが指摘され,周囲の環境を豊かにすることが重要であると認識されるようになった。パーソン・センタード・ケアの基本的な考え方(概念)は

「その人らしさ」と「よりよく生きる：Well-being」である。「その人らしさ」とは，トム・キッドウッドによれば，認知能力（記憶力・理解力・見当識・判断力）に重きを置きすぎている現代社会であるが，それ以外の情動・行動様式・周囲とのつながり・愛着・個別性などが含まれていると考えられている。「その人らしさ」が尊重され，保たれている状態を「よりよく生きる：Well-being」と呼び，その反対を ill-being と呼ぶ。

　パーソン・センタード・ケアの基本的な目的は，人間に焦点をあて，「その人の立場に立ったケア」で「その人らしさ」の追求である。ことに認知症の「人」を完全な人間として理解し，「認知症」の人から認知症の「人」へ意識を変換させ，重度の認知障害があっても我―汝タイプの出会いや関係を作ることが可能であるとする。すなわち認知症という脳の病気にのみ焦点を当てるのではなく，認知症という病気のため知的能力の低下に直面している人との関係性に注目し，病気の部分に目をうばわれないで，その人の人間性を考えるということである。

２）パーソン・センタード・ケアを実践するためのDCM（Dementia care mapping）法
　(1) 認知症の人の考え方
　　認知症は５つの要素が影響しあって，その人の認知症の状態を構成している。
　　５つの要素とは，① 脳の変化，② その人の性格傾向，行動パターン，③ 今までの生活歴，最近経験した人生の転機となる出来事，④ 健康状態と感覚機能（視力低下・難聴），⑤ その人を取り囲む社会心理（人間関係のパターン，人との関わり）である。また，認知症をもつ人の心理的ニーズとしては，以下の図に示したように，愛を中心として，「くつろぎ」「自分らしさ」「結びつき」「たずさわること」「共にあること」の５つから成る。

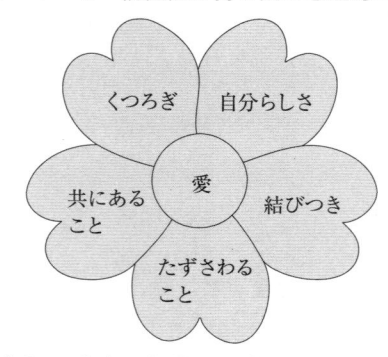

図５－１－２　認知症を持つ人の心理的ニーズ

出所）NPO法人 Japan Society for Person-Centred Dementia care より引用
http://square.umin.ac.jp/pcc/html/whtpcc.html

　これまでの認知症ケアにおける医学モデルや業務中心ケアの考え方から，その人らしさや個性を尊重するパーソン・センタード・ケアを実践するためのツールとしてトム・キッドウッドは，DCM（Dementia care mapping）法を開発した。このツールの目的・意義は，単なるアセ

スメント表ではなく、観察された情報を基に現場のスタッフと話し合い、いかにケアを改善するかに関心があり、ケアの悪いところばかりを指摘するためのものではなく、良い点、改善点を示すことにある。この他に介護職員の研修、ケアプランの作成、監査、研究ツールなどに応用され、認知症ケアの質の向上を目指す目的で開発されている。

(2) DCM（ディメンティア・ケア・マッピング）法

DCMの観察は、通常、6時間以上連続して、5分間ごとに認知症の人を観察し、良い状態（Well-being）から良くない状態（ill-being）までのどの段階にあたるかを6段階（WIB値）で評価、アセスメントする。その行動が24の行動カテゴリー・コード（BCC）のどれに分類されるか、これを表にしたものをマップ（地図）と呼ぶ。このマップを見ることによりその人がどのようなケアを受けていてどのような状態にあるかを概観することができる。

DCM法の記録で用いられるコード

WIB値（Value of Well-being ill-being）

表5−1−1　良い状態（Well-being）と良くない状態（ill-being）の評価基準

+5　例外的に良い状態：これよりも良い状態は存在しない。積極的なかかわり、社会性がとくに高いレベルである。
+3　良い状態を示す兆候が相当存在する。例えば、積極的なかかわりや社交性があり、周囲に対して自分からかかわりを持つ。
+1　現在の状態に適応している。他者との何らかの交流がある。良くない状態を示す徴候は認められない。
−1　軽度の良くない状態が観察される。例えば落ち着きのなさ、欲求不満が認められる。
−3　かなり良くない状態。例えば悲嘆、恐怖／持続性の怒り、状態が悪化して引きこもる。
−5　無関心、引きこもり、怒り、悲嘆／絶望感等が最も悪化した状態に至る。

表5−1−2　行動カテゴリー・コード（BCC）／A〜Zまでの24カテゴリー

A　Articulation　言語的、非言語的な周囲との交流
B　Borderline　周囲への関心はあるが、受身であること
C　Cool　周囲に関心を持たず、自分の世界に閉じこもっていること
D　Distress　苦痛が放置されている状態
E　Expression　表現活動あるいは創造的活動に参加すること
F　Food　飲食
G　Games　ゲームに参加すること
H　Handcraft　手芸または手工芸を行うこと
I　Intellectual　知的能力をともなう活動
J　Joints　エクササイズ、身体運動に参加すること
K　Kum and go　介助なしで歩行、立位、車椅子で動くこと
L　Labour　仕事あるいは仕事に類似した活動
M　Media　メディアとの関わりあい
N　Nod, land of　睡眠、居眠り

O	Own care	自分の身の回りのことをすること
P	Physical care	身体的なケアを受けること
R	Religion	信仰・信心
S	Sex	性的表現と関係する行動
T	Timalation	感覚を用いた関わり
U	Unresponded to	一方的なコミュニケーションであり，相手からの反応がない場合
W	Withstanding	自己刺激の反応
X	EX-cretion	排せつと関係する事柄
Y	Yourself	独語または想像上の相手と会話
Z	Zero option	上記のカテゴリーに分類されない行動

表5－1－3　PD（Personal Detraction Coding）　個人の価値を低める行為のコード

1. 騙したり，欺くこと
2. 能力を使わせないこと
3. 子ども扱いをすること
4. 怖がらせること
5. 区別すること
6. 差別すること
7. 急がせること
8. わかろうとしないこと
9. のけ者にすること
10. 人扱いしないこと
11. 無視すること
12. 強制すること
13. 後回しにすること
14. 非難すること
15. 中断すること
16. あざけること
17. 侮辱すること

各項目においてその程度を4段階（a～d）で評価する。

表5－1－4　PE（Positive Event Recording）　よい出来事の記録

よいケアが行われていたことを示す出来事に関する記録
例：あきらかにその日，はじめて参加者のニーズが満たされた。
　　参加者が持っているスキルが引き出されている。
　　ケアワーカーが非常にすぐれたスキルあるいは能力を示している。

(3) DCMの理念を生かした実践的手法

　DCMは学際的であり，Mapper（認知症ケアマッピングの研修を受けて，認知症ケアマッピング法の使用を許可された記録者）は一定の教育・訓練を必要とし，実践を理論化している点は評価できる。しかし，認知症ケアを実施している看護・介護の現場には，訓練を受けたMapperは少ない。

　ケアに携わる人々は，認知症を持った人々の立場に立って「その人らしさ」を活かそうと

第1節 認知症ケアの実践

日々試行錯誤している。忙しい日々の業務の中では，DCMを日々の業務の中で実施するのは現実的に困難である。そこでパーソン・センタード・ケアの理念・精神を尊重し，臨床的に無理なくできる方法についての試案を提示したい。名づけて「その人らしさ発見カード」とする。

カード記入に当たっては，ポジティブシンキングの姿勢が望ましい。カード記入のタイミングは「おや？」と気づいたとき，場面，場所に出会ったら気軽に記述できるとよい。

記入する文具は，貼ったり剥がしたりが自由な付せんのような文具が便利である。

＜具体的な検討に当たって＞

- ケア提供者から，一人の対象者について，期間をきめてこのカードを記入してもらう。
- 複数枚，集まったところでスタッフ間の検討会を開く。ケースカンファレンスの資料としてカードを活用する。
- カンファレンスのテーマは「その人らしさ」を見つけ共有するところにある。
- この複数枚のカードを類似的なもの，同質的なものを集め，認知症を持った対象者のその人らしさは何かを日頃の行動や過去の経歴，生活歴からディスカッションしながら分析し，DCMの行動カテゴリー・コードと照らし合わせて検討する。
- これらの活動の積み重ねによって，これまでのケアの見直しばかりでなく，新しい気づきや発見がある。それを日々のケアプランに反映することによって認知症を持つ対象者のケアは，改善の方向にベクトルが動く。
- 検討した内容は記録に残し，対象者の変化をケアの評価・実績とし，ケースレポートとして貴重な記録となる。

```
           その人らしさ発見カード

   日時       年    月    日    時間

   対象者イニシャル

   その人らしさ発見の場面・状況


   「その人らしさ」と気づいた内容・表情・反応



                    記述者名
```

この「その人らしさ発見カード」は訓練を重ねなくても，認知症のケアに精通していなくてもケア提供者が日々のケアの中から気づいたことを記述することにあり，さほど困難なことで

はないと考える。日々の看護・介護記録の一部とすれば可能と考える。カードにすることで，同類，類似の内容のカードを集め，検討しやすいことが利点となる。カードに書く内容は，多少面倒でも1枚に一つの内容にすると検討のときに扱いやすい。

　可能であれば認知症ケアに精通したスーパーバイザーからアドバイスがあるのが望ましいが，このカードを分類し，その意味・内容をその人の背景なども考えながら総合的に検討することは，認知症をもつ人の「その人らしさ」が明確になり，ケアの質の向上とともにケア提供者間の成長に寄与できると考える。

3．認知症のセンター方式
1）認知症のセンター方式の視点

　認知症のセンター方式は，正式には「認知症の人のためのケアマネジメントセンター方式」という。2000（平成12）年厚生労働省は「認知症介護研究・研修センター」を全国3カ所（東京都杉並区・愛知県大府市・宮城県仙台市）に設置し，そこを中心にして研究者や現場のプロたちと共同で認知症のセンター方式が開発され，ケアマネジメントシートパック（以下センター方式シートという）が作成された。センター方式シートは，認知症の人の尊厳と利用者本位の暮らしの継続を支援するために，ケア現場で活かしていくための共通シートである。

　認知症の人を理解し，生活支援を行うためのアセスメント手法として，ケアの現場で最近使用されることが多くなってきており，認知症ケアの実績をあげている報告書が増えてきた（鈴木，2009）。その半面，認知症ケアの現場では，「そもそもセンター方式とはなに？」「シートの活用で混乱のある人への対応が見えてくる？」「書くことが多くて大変」「活かし方がわからない」などの声がある。

　このセンター方式シートは，以下の「共通の5つの視点」を掲げている。これらの視点の積み重ねが，高齢者ケア全体の目標である。

表5－1－5　共通の5つの視点

1．「その人らしいあり方」
2．「その人の安心・快」
3．「暮らしのなかでの心身の力の発揮」
4．「その人にとっての安全・健やかさ」
5．「なじみの暮らしの継続（環境・関係・生活）」

　[「2015年の高齢者介護」（高齢者介護検討会）]の，1．「尊厳」，2．「安心」，3．「リハビリテーション・自立」，4．「予防・健康づくり」，5．「継続・地域包括」に繋がり，「いつでもどこでも尊厳ある生の実現」が可能としている。ケア関係者は常にこれらの視点を認識しケアを行うことにより，認知症がある人の生活の質の向上を図ることが望まれる。

2）センター方式シートの構成

　その人らしさを大切にするケアを導くために、センター方式シートの構成は全体でAからEの5つの領域からなり、Aシートは基本情報として4枚のシート、Bシートは暮らしの情報として4枚のシート、Cシートは心身の情報として2枚のシート、Dシートは焦点情報として5枚のシートである。AからDの各シートの内容は、Eシートの「24時間まとめシート」に集約され、Eシートに記入された内容がケアプランに導入される。Eシートでは、対象者本人を"私"としての目線で記述することとしている。それは私の願いや支援して欲しいこと（よりよく暮らす課題）、私の注目して欲しい行動・状態、原因・背景、私がよりよく暮らせるためのケアとアイデアの工夫など、本人にとっての優先課題とケアの具体的内容が明らかになる。全シートのコアを見ると、

　A-4シート「**私の支援マップシート**」のねらい：私らしく暮らせるように支えてくれているなじみの人や物、動物、なじみの場所などを把握して、よりよく暮らせるよう支援してください。

　B-2シート「**私の生活史シート**」のねらい：私はこんな暮らしをしてきました。暮らしの歴史の中から、私が安心して生き生きと暮らす手がかりを見つけてください。

　B-3シート「**私の暮らし方シート**」のねらい：私なりに築いてきたなじみの暮らし方があります。なじみの暮らしを継続できるように支援してください。

　C-1-2シート「**私の姿と気持ちシート**」のねらい：私の今の気持ちを書いてください。

　D-1シート「**私ができること・私ができないことシート**」のねらい：私ができそうなことを見つけて、機会を作って力を引き出してください。できる可能性があることは、私ができるように支援してください。もうできなくなったことは、無理をさせたり放置せずに、代行したり、安全・健康のための管理をしっかり行ってください。

　D-2シート「**私がわかること・私がわからないことシート**」のねらい：私がわかる可能性があることを見つけて機会を作り、力を引き出してください。私がわかる可能性があることを見つけて支援してください。もうわからなくなったことは放置しないで、代行したり、安全や健康のために管理をしっかり行ってください。

　D-4シート「**24時間生活変化シート**」のねらい：私の今日の気分の変化です。24時間の変化に何が影響を与えていたのかを把握して、予防的に関わるタイミングや内容を見つけてください。

　Eシート「**24時間アセスメントまとめシート**」のねらい：今の私の暮らしの中で課題になっていることを整理して、私らしく暮らしていけるための工夫を考えてください。

　このシートパックでは、どこに焦点となる課題があるかの工夫がなされている。

　図5-1-3は、本間ら（2004）のセンター方式認知症高齢者用ケアマネジメントシート

パック（センター方式シート）の構成である。今ある情報を大切にし，認知症の人としっかり向き合い，その話を傾聴し，家族や・友人や関係者から情報を参考にしてアセスメントをすることで，専門職として本人の視点に立った利用者本位のケアプランを作ることができる。さらに，チームで実践しモニタリングしながら，いつでも，どこでも，その人らしく暮らし続けるための支援ができるように活用していくことができる。

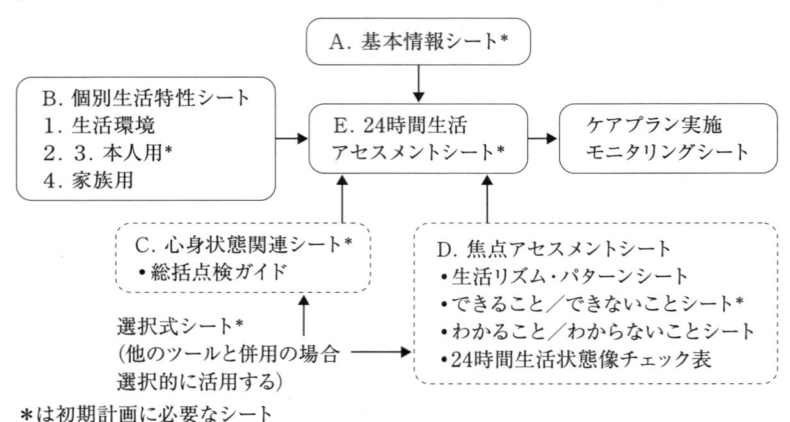

図5－1－3　ケアマネジメントシートパック（センター方式シート）の構成

```
                    ┌─────────────┐
                    │ A. 基本情報シート* │
                    └──────┬──────┘
                           ↓
┌──────────────┐    ┌──────────────┐    ┌──────────┐
│ B. 個別生活特性シート │    │ E. 24時間生活    │    │ ケアプラン実施 │
│ 1. 生活環境      │──→│ アセスメントシート* │──→│ モニタリングシート│
│ 2. 3. 本人用*    │    │              │    │          │
│ 4. 家族用       │    └──────┬───────┘    └──────────┘
└──────────────┘           ↑  ↑
                           │  │
┌──────────────┐           │  │  ┌──────────────────┐
│ C. 心身状態関連シート*│────────┘  │  │ D. 焦点アセスメントシート │
│・総括点検ガイド  │              │  │・生活リズム・パターンシート│
└──────┬───────┘              │  │・できること／できないことシート*│
       │                       │  │・わかること／わからないことシート│
   選択式シート*                  │  │・24時間生活状態像チェック表│
  （他のツールと併用の場合         │  └──────────────────┘
   選択的に活用する）─────────────┘
```

＊は初期計画に必要なシート

出所）本間昭ら「センター方式03版痴呆性高齢者用ケアマネジメントシートパック：1人ひとりの尊厳を支える継続的ケアに向けて」『老年精神医学雑誌』15⑴：2004年，pp.76-100

センター方式シートの具体的な利用方法としては，
① アセスメントとケアプランの展開ツールとして活用
認知症のごく初期の段階からターミナルまで，すべてのステージで活用できる。
② 日常の情報集約ツールとして活用
ケア関係者がシートを手元において，新たに把握した情報を追記できる。
③ 他事務所への情報配信として活用
新たに把握した重要情報について，他の事業所チームメンバーへ配信できる。
④ 事業者と家族との情報交換のためのツールとして活用
⑤ 事業者と本人・家族とのコミュニケーションおよび見落とされやすい力や希望を引き出すためのツールとして活用
⑥ 新しい認知症ケアの視点と具体を学ぶ教育ツールとして活用

センター方式のシートは，複数で関わることやコアになるシートを選択することができる。つまり，現在知っていること・把握している情報など使えるシートを1枚からはじめることができる。さらに，利用者が在宅から施設へ，反対に施設から在宅，施設から施設へ移動する時も，本人・家族・職員間で効率的に用いられ，モニタリングや再アセスメントなど，利用者の状態への対応がすぐに多面的にできるというメリットがある。

第2節　ICFの視点に基づく認知症ケア

1．ICFの概念と構成要素

1）ICFが導入された背景

現在は，急性期の治療が終了すれば，回復期リハビリテーション病院をはじめ，他病院，あるいは施設や在宅などで継続した治療を続けながら生活を送る認知症高齢者が増加している。このような治療・療養形態の中で，さまざまな職種が認知症高齢者・家族に関わり，高齢者ケアにおける「尊厳の保持」や「自立支援」などの基本理念の実現のために包括的な支援・援助を実施している。「2001年，世界保健機構（WHO）は，すべての人を捉えるさまざまな職種の共通用語として，国際生活機能分類（International Classification of Functioning, Disability and Health）（以下 ICF）」を提唱した。ICFの目的は「健康状況と健康関連状況を記述するための，統一的で標準的な言語と概念的枠組みを提供することである」（障害者福祉研究会編，2003）。ICFによる生活機能とは「心身機能，構造，活動，参加の全てを含む包括用語である」。ICFは更に環境因子を含んでおり，さまざまな構成概念と相互作用するという考え方である。ICFは多様な領域における個人の生活機能，障害，及び健康について記録するのに役立つものである。ICFが取り扱う範囲は，広い範囲での健康に関連する範囲であり，社会経済的要因に関わる人種や性別（ジェンダーなど）は，範囲ではない。ICFはあらゆる健康状態に関連した健康状況や健康関連状況がその範疇となるため，ICFの対象は普遍的である（障害者福祉研究会編，2003）。

2）ICF構成要素

ICFは，第1部として，生活機能と障害があり，第2部として背景因子がある。それぞれの定義は表5－2－1の通りである。

表5－2－1　ICFの構成要素に関連した定義

定義
健康との関連において 　心身機能（body functions）とは，身体系の生理的機能（心理的機能を含む）である。 　身体構造（body structures）とは，器官・肢体とその構成部分などの，身体の解剖学的部分である。 　機能障害（構造障害を含む）（impairments）とは，著しい変異や喪失などといった，心身機能または身体構造上の問題である。 　活動（activity）とは，課題や行為の個人による遂行のことである。 　活動制限（activity limitations）とは，個人が活動を行うときに生じる難しさのことである。 　参加制約（participation restrictions）とは，個人が何らかの生活・人生場面に関わるときに経験する難しさのことである。 　環境因子（environmental factors）とは，人々が生活し，人生を送っている物的な環境や社会環境，人々の社会的な態度による環境を構成する因子のことである。

出所）障害者福祉研究会編『ICF国際生活機能分類―国際障害分類改訂版―』中央法規出版，2003年，p.9より引用

また，それぞれの構成要素はさまざまな領域とカテゴリーから成立する。表5－2－2に ICF の概観を示す。

表5－2－2　ICFの概観

	第1部：生活機能と障害		第2部：背景因子	
構成要素	心身機能 身体構造	活動・参加	環境因子	個人因子
領域	心身機能 身体構造	生活・人生領域（課題，行為）	生活機能と障害への外的影響	生活機能と障害への内的影響
構成概念	心身機能の変化（生理的） 身体構造の変化（解剖学的）	能力 標準的環境における課題遂行 実行状況 現在の環境における課題の遂行	物的環境や社会的環境，人々の社会的な態度による環境の特徴がもつ促進的あるいは阻害的な影響力	個人的な特徴の影響力
肯定的側面	機能的 構造的 統合性	活動 参加	促進因子	非該当
	生活機能			
否定的側面	機能障害（構造障害を含む）	活動制限 参加制約	阻害因子	非該当
	障害			

出所）障害者福祉研究会編『ICF 国際生活機能分類―国際障害分類改訂版―』中央法規出版，2003年，p.10より引用

心身機能（body functions）及び身体構造（body structures）
① 精神機能と神経系の構造
- 意識レベルに関しては，Ⅲ－3－9度方式（JCS）やグラスゴー・コーマ・スケールなどのアセスメントツールを用いて判断ができる
- 見当識障害の種類と程度が把握できる（場所・時間・人など）
- 長谷川式簡易知能評価スケールなどのアセスメントツールを用いて認知力の判断ができる
- 活力と欲動としては，どれぐらいの自発的な活動性があるのか，うつ状態に関しては，高齢者うつ評価尺度，ベックのうつ自己評価スケールなどのアセスメントツールを用いて判断ができる
- 脳の構造の機能障害の病状と必要な治療法及びケアが理解できる（脳出血，脳梗塞，くも膜下出血，TIA，パーキンソン病，ラクナ梗塞，脳血管性認知症など）
- パーキンソン病は，Hoehn & Yahr の重症度分類を参考に現在の状況をアセスメントできる

② 感覚機能と痛みと目・耳および関連部位の構造
- 視覚機能と眼球の構造の機能障害の病状と必要な治療法及びケアが理解できる（老人性白

内障，糖尿病性白内障，緑内障，網膜剥離，ぶどう膜炎など）
- 味覚鈍麻の程度と舌苔などの状態の把握
- 全身的な痛みとして（癌性疼痛，膝関節痛，労作時の胸痛），痛みに対しては，フェイススケールなどのアセスメントツールを用いて，継続的に痛みの程度を判断できる
- 外耳・中耳・内耳の構造の機能障害の病状と必要な治療法及びケアが理解できる（外耳道閉鎖，中耳炎，内耳炎，メニエール病，突発性難聴）

③ 音声と発話の機能と音声と発話に関わる構造
- 発声機能の機能障害の病状と必要な治療法及びケアが理解できる（ブローカー失語症，ウエルニッケ失語症，全失語など）
- 構音障害の機能障害の病状と必要な治療法及びケアが理解できる（痙攣性構音障害，失調性構音障害，弛緩性構音障害，運動障害性構音障害，障害等の構音障害の種類：たとえば単語の音節を不自然に切る症状が出現する失調性構音障害など）
- 歯や歯肉等の構造の機能障害の病状と必要な治療法及びケアが理解できる（う蝕，歯芽欠損など）

④ 心血管系・血液系・免疫系・呼吸器系の機能と心血管系・免疫系・呼吸器系の構造
- 心血管系の機能の機能障害の病状と必要な治療法及びケアが理解できる（心機能の指標としては，ニューヨーク心臓協〈NYHA〉心機能分類を用いてアセスメントができる）
- 血圧の機能障害の病状と必要な治療法及びケアが理解できる（正常高血圧，軽症高血圧，起立性低血圧など）。具体的な血圧値を継続的に観察できる
- 血液系の機能障害の病状と必要な治療法及びケアが理解できる
- 呼吸器系の機能障害の病状と必要な治療法及びケアが理解できる（回数の異常，周期性の異常，各種喘鳴，呼吸困難の指標としては，ヒュー・ジョーンズの分類を用いてアセスメントができる）

⑤ 消化器系・代謝系・内分泌系の機能と消化器系・代謝系・内分泌系に関連した構造
- 消化器系の機能障害の病状と必要な治療法及びケアが理解できる（嚥下の状態に関しては，摂食・嚥下障害の症状と看護計画などのアセスメントツールを用いて判断ができる）
- 栄養吸収の機能障害の病状と必要な治療法及びケアが理解できる（栄養状態としては，検査データ及び身体計測など用いてアセスメントができる）
- 排便の機能障害の病状と必要な治療法及びケアが理解できる（ブリストル便性状スケールなどのアセスメントツールを用いて判断ができる）
- 水分・ミネラルのバランスの機能障害の病状と必要な治療法及びケアが理解できる（脱水：低張性脱水，高張性脱水の判別ができる）
- 体温調節の機能障害の病状と必要な治療法及びケアが理解できる（1℃以上の日内変動，

具体的な体温の数値，発熱の型：稽留熱，弛張熱，間欠熱，解熱の型：分利，渙散）
- 内分泌腺の構造の機能障害の病状と必要な治療法及びケアが理解できる（Ⅰ型糖尿病，Ⅱ型糖尿病など）

⑥ 尿路・性・生殖の機能と尿路性器系および生殖系に関連した構造
- 尿路系の構造の機能障害の病状と必要な治療法及びケアが理解できる（慢性腎不全はSeldinの病期分類を用いてアセスメントができる）
- 尿の濾過の機能障害の病状と必要な治療法及びケアが理解できる（無尿，乏尿，血尿，蛋白尿，尿糖，多尿）
- 排尿の抑制に関する機能の機能障害の病状と必要な治療法及びケアが理解できる（尿意や失禁の種別を的確にアセスメントできる）
- 女性生殖器の構造の機能障害の病状と必要な治療法及びケアが理解できる
- 男性生殖器の構造の機能障害の病状と必要な治療法及びケアが理解できる

⑦ 神経筋骨格と運動に関する機能と運動に関連した構造
- 関節の安定性の機能障害の病状と必要な治療法及びケアが理解できる
- 筋の機能障害の病状と必要な治療法及びケアが理解できる
- 筋緊張の機能障害の病状と必要な治療法及びケアが理解できる
- 筋の持続性の機能障害の病状と必要な治療法及びケアが理解できる
- 下肢の構造の機能障害の病状と必要な治療法及びケアが理解できる（運動機能評価として，バランス評価シートなどのアセスメントツールを用いて判断ができる）

⑧ 皮膚および関連する構造の機能と皮膚および関連部位の構造
- 皮膚の各部の構造の機能障害の病状と必要な治療法及びケアが理解できる（褥瘡のリスクに対しては，ブレーデンスケールを用いてアセスメントができる）
- 爪の性状と機能障害と必要な治療法ケアが理解できる（巻き爪，白斑爪，爪剥離症など）

活動と参加（activities and participation）
① 学習と知識の応用
- 意思決定の状態を把握できる
- 学習と知識の応用として施設での療法の効果を考えることができる（学習療法，音楽療法，動物介在療法など）
- 個人のアクティビティケアによる学習や知識を考えることができる

② 一般的な課題と要求
- 日課の遂行や管理が認知症高齢者自身でできるかどうか把握できる
- 施設内外におけるストレスを把握し，その発散方法が理解できる

- 対人トラブルなどの危機への対応を把握し，その回避方法が理解できる

③ コミュニケーション
- 言語的メッセージの理解度を把握できる
- 非言語的メッセージの理解度を把握できる
- コミュニケーション用具および技法の利用ができる（バイスティックの7原則，目線を合わせる，目線の高さを工夫する，アイコンタクトなど）

④ 運動・移動
- 適切なポジショニングを選択し実施できる
- 日常生活自立度判定基準を用いて，現在の運動・移乗の状態をアセスメントできる
- 転倒のリスクに対しては，転倒・転落アセスメント・スコアシートなどを用いてアセスメントできる
- ボディメカニクスを理解し安全に移乗できる（自力で立位の保持ができる，移乗の具体的な介助方法。自力で立位保持ができない認知症高齢者の場合は施設職員あるいは，家族介護者などとともに行う）

⑤ セルフケア
- 英国版バーセルインデックスやADL-20の評価項目と判定基準などを用いてアセスメントができる
- 健康の維持向上に関するセルフケアを理解し，適切な援助ができる

⑥ 家庭生活
- 居室の観察ができ，馴染みのある空間を意識して居心地の良い居住環境への整備ができる
- 福祉用具の管理ができる（車いすの車輪の空気の確認など）
- 生活を支えるさまざまな物品を適切に準備できる

⑦ 対人関係
- 敬意と思いやり，感謝，寛容さ，優しさを意識し，受け持ち認知症高齢者と対人関係を築くことができる
- 敬意と思いやり，感謝，寛容さ，優しさを意識し，さまざまな認知症高齢者と対人関係を築くことができる

⑧ 主要な生活領域
- 施設内外での無報酬の仕事（ボランティア活動や奉仕労働など）の可能性を考えることができる
- 認知症高齢者が社会とかかわり，自己実現の可能性を考えることができる

⑨ コミュニティライフ・社会生活・市民生活
- 個人の生活歴を大切にしたレクリエーションとレジャーの可能性を考えることができる

- 認知症高齢者の宗教とスピリチュアリティを把握できる

環境因子（environmental factors）
① 生産品と用具
- 現在の食事の内容を理解でき，必要な食事形態を理解できる（ソフト食，ミキサー食，治療食など，PEG：経皮内視鏡的胃瘻造設術利用時の配慮）
- 利用している薬剤の効果と副作用を理解できる
- 利用している福祉用具の特性と効果を理解できる（車椅子，歩行器，回転盤など）

② 自然環境と人間がもたらした環境変化
- 病院・施設・在宅の居住空間や生活空間における適切な温度，湿度を理解し，必要な援助ができる
- 四季の変化を感じるような援助ができる
- 自然災害や人的災害における適切な支援ができる

③ 支援と関係
- 家族との支援関係を把握できる
- 施設スタッフとの支援関係を把握できる
- 他の認知症高齢者との支援関係を把握できる

④ 態度（認知症高齢者自身の態度ではない）
- 家族の態度を把握できる（社会的な態度，介護に対する態度）
- 施設スタッフの態度を把握できる（介護福祉士などの介護職の態度，関わり方）
- 他の認知症高齢者の態度を把握できる

⑤ サービス・制度・政策
- 利用している社会保障サービス・制度・政策などが把握できる
- 感染症法や予防接種法に基づく感染予防対策が理解でき，必要な対応が実施できる
- 各種委員会にて認知症高齢者のケアの質の向上を目指す（リスクマネジメント委員会，摂食・嚥下委員会，レクリエーション委員会，虐待防止委員会など）

個人因子（personal factors）
- 性別：男性または女性
- 年齢：具体的な年齢
- 体力：疲れやすさなど（具体的な数値，労作との関係，疲労感の訴えなど）
- ライフスタイル：人生観，価値観，アイデンティティを反映したその方らしい生き方
- 生育歴：その方の誕生から現在に至るまでの経過

- 社会的背景：過去および現在における社会とのつながりや社会的役割
- 職業：その方が現役であった頃の職業
- 過去および現在の人生の大きな出来事：配偶者をはじめ大切な人々との出会いや別れ
- 入院または入所までの経過：どのようなことがきっかけとなり入院または入所となったか
- その他

2．認知症ケア尺度

1）「看護職版認知症ケア尺度」と「介護職版認知症ケア尺度」

　認知症ケアにおいては，一人ひとりの高齢者に深くかかわり，個別的なケアが必要ではあるが，初学者や新任者にとっては，認知症ケアの質の向上を継続・向上させるための指針が必要となる。2005年の介護保険制度の改正により，高齢者ケアにおいては国際生活機能分類（International Classification of Functioning, Disability and Health：以下 ICF）を用いることが明示され，多職種間の意思統一のためにも共通用語である ICF を用い，認知症という疾患や症状に留まらず生活全体をケアの対象として捉えることが重要としている。筆者らは，認知症ケア尺度を財団法人日本生命財団助成金にて，幾つかのフィールド調査及び予備調査にて信頼性の確保を行い，本調査では東海4県の悉皆調査として80床以上の介護老人保健施設における量的調査を経て開発を行った。開発過程で，看護職と介護職の職種の役割の相違から生じる認識の違いから，「看護職版認知症ケア尺度」と「介護職版認知症ケア尺度」との尺度の分割に至った（名称変更を行った）。

　なお，本尺度の内的整合性は，標準化されたクロンバックの α は，＜心身機能・身体構造＞は，「看護職版認知症ケア尺度」においては0.896～0.964であり，「介護職版認知症ケア尺度」においては0.801～0.893であり高い内的整合性が認められた。＜活動と参加＞は，「看護職版認知症ケア尺度」においては0.927～0.970であり，「介護職版認知症ケア尺度」においては0.831～0.928であり高い内的整合性が認められた。＜環境因子＞では，「看護職版認知症ケア尺度」においては0.869～0.947であり，「介護職版認知症ケア尺度」においては0.817～0.904であり高い内的整合性が認められた。

表5-2-3　看護職版認知症ケア尺度

あなたが行っている認知症ケアの実践についてお尋ねします。実践されている程度にあてはまる番号に1つだけ○をつけてください（5が最も実践している）	全く実践していない	それほど実践していない	普通	まあ実践している	非常に実践している
≪心身機能・身体構造≫ ＜精神機能と神経系の構造＞					
1　感情失禁がある場合は，落ち着けるようにゆっくり関わる。	1	2	3	4	5
2　怒ったり殴ったりする利用者の興奮した気分を緩和させる。	1	2	3	4	5

第5章　認知症ケア

		1	2	3	4	5
3	夜の睡眠を確保することで昼間の気分の安定を図る。	1	2	3	4	5

＜感覚機能と痛みと目・耳および関連部位の構造＞

4	視力が測定できないため観察によりアセスメントする。	1	2	3	4	5
5	難聴の可能性を考えながら対応する。	1	2	3	4	5
6	表情などで痛みの程度や場所を察知する。	1	2	3	4	5

＜音声と発話の機能と音声と発話に関わる構造＞

7	何を言っているか分からない方に対しても聞く努力をする。	1	2	3	4	5
8	一つ一つの言葉から利用者が伝えたいことを把握する。	1	2	3	4	5
9	理解できる言葉を集める。	1	2	3	4	5

＜心血管系・血液系・免疫系・呼吸器系の機能と心血管系・免疫系・呼吸器系の構造＞

10	息が弾むなどの観察により心疾患などの増悪を早期に察知する。	1	2	3	4	5
11	口唇色などのチアノーゼの状態から症状を把握する。	1	2	3	4	5
12	感染が広がらないよう体調不良者を早めに把握する。	1	2	3	4	5

＜消化器系・代謝系・内分泌系の機能と消化器系・代謝系・内分泌系に関連した構造＞

13	食べられない場合は原因をアセスメントする。	1	2	3	4	5
14	早く口に入れすぎてしまう方の誤嚥に気をつける。	1	2	3	4	5
15	食べない場合は補食を検討する。	1	2	3	4	5

＜尿路・性・生殖の機能と尿路性器系および生殖系に関連した構造＞

16	個人の排尿パターンを把握する。	1	2	3	4	5
17	前立腺肥大の場合は急性尿閉に気をつける。	1	2	3	4	5
18	尿意の訴えがあればなるべく活かす。	1	2	3	4	5

＜神経筋骨格と運動に関連する機能と運動に関連した構造＞

19	歩行状態を観察して転倒のリスクを把握する。	1	2	3	4	5
20	拘縮がある場合は進行しないようにする。	1	2	3	4	5
21	現在ある機能が維持できるように介助する。	1	2	3	4	5

＜皮膚および関連する構造の機能と皮膚および関連部位の構造＞

22	なるべく皮膚が傷つかないよう配慮する。	1	2	3	4	5
23	褥瘡スクリーニングでリスクをあらかじめ把握する。	1	2	3	4	5
24	意識して利用者の皮膚の観察を実施する。	1	2	3	4	5

≪活動と参加≫
＜学習と知識の応用＞

25	回想法は知識・経験がある専門スタッフが中心となって行う。	1	2	3	4	5
26	介護拒否がある場合でも利用者の意思を大切にする。	1	2	3	4	5
27	利用者の隠れたニーズを引き出す。	1	2	3	4	5

＜一般的な課題と要求＞

28	食事など行動ごとに声をかける。	1	2	3	4	5
29	生活の中の楽しみを日課にする。	1	2	3	4	5
30	他の利用者とのトラブルを回避できるよう援助する。	1	2	3	4	5

＜コミュニケーション＞

31	ゆっくりと声をかけるように心がける。	1	2	3	4	5
32	意思疎通が難しい場合でもさまざまな工夫を試みる。	1	2	3	4	5
33	できるだけ目を見て寄り添いながら話しかける。	1	2	3	4	5

＜運動・移動＞

34	夜の徘徊時はゆっくりとお話を聞き落ち着くよう援助する。	1	2	3	4	5
35	車いすの自走では突進してしまわないよう安全に留意する。	1	2	3	4	5
36	歩ける方は転倒に十分注意する。	1	2	3	4	5

＜セルフケア・身体を洗うこと＞

37	入浴時間は楽しい時間になるよう工夫をする。	1	2	3	4	5
38	長湯にならないように声をかける。	1	2	3	4	5
39	自力で入浴できる方でも目を離さないように心がける。	1	2	3	4	5

第2節 ICFの視点に基づく認知症ケア

＜セルフケア・身体各部の手入れ＞
40	自力でスキンケアができないところを補う。	1	2	3	4	5
41	定期的に口腔衛生状態を把握する。	1	2	3	4	5
42	義歯の手入れは利用者任せにしない。	1	2	3	4	5

＜セルフケア・排泄＞
43	トイレで排尿が直ぐにない場合でもしばらく待つ。	1	2	3	4	5
44	トイレ誘導の時間は失禁の状況に応じてこまめに調節する。	1	2	3	4	5
45	下剤を使用した場合は薬の作用時間を考えトイレ誘導を行う。	1	2	3	4	5

＜セルフケア・更衣＞
46	布パンツの場合は，1日1回は交換する。	1	2	3	4	5
47	更衣の拒否がある場合は気をそらしながら着脱を行う。	1	2	3	4	5
48	転倒が予防できる履物を選択する。	1	2	3	4	5

＜セルフケア・食べることと飲むこと＞
49	スプーンを小さくして早食いを予防する。	1	2	3	4	5
50	食べない場合は少し間をおいて再度声をかける。	1	2	3	4	5
51	お茶を飲まない場合は飲みやすいジュースにするなど工夫する。	1	2	3	4	5

＜セルフケア・健康に留意すること＞
52	体調不調を訴えることができない方には観察を密に行う。	1	2	3	4	5
53	普段どおりに動く場合でも体調不良には留意する。	1	2	3	4	5
54	いつもより少しおかしいと思った場合は早めに対応する。	1	2	3	4	5

＜家庭生活＞
55	個々の利用者にとって居心地のよい空間を探す。	1	2	3	4	5
56	その方にあったベッドの選択をする（畳の上など）。	1	2	3	4	5
57	衣類の持ち主が分かるように名前はきちんと書く。	1	2	3	4	5

＜対人関係＞
58	利用者との信頼関係を，時間をかけて築くよう心がける。	1	2	3	4	5
59	利用者の対応について職員間で話し合う。	1	2	3	4	5
60	職員が利用者同士のトラブルを早めに見つける。	1	2	3	4	5

＜主要な生活領域＞
61	今までの生活歴を考慮して施設における役割を探す。	1	2	3	4	5
62	利用者が少し手伝ってみようかなという気持ちになるよう支援する。	1	2	3	4	5
63	利用者が笑顔で過ごせるよう利用者中心のケアを考える。	1	2	3	4	5

＜コミュニティライフ・社会生活・市民生活＞
64	誰にでも分かりやすいレクリエーションを選択する。	1	2	3	4	5
65	利用者の趣味を活かすように配慮する。	1	2	3	4	5
66	生活の中で花見などの外出の機会を設ける。	1	2	3	4	5

≪環境因子≫

＜生産品と用具＞
67	食欲が低下している場合は利用者の望む食べ物を用意する。	1	2	3	4	5
68	利用者の私物に腐敗物がないか観察する。	1	2	3	4	5
69	利用者の嗜好を考慮して飲み物を選択できるようにする。	1	2	3	4	5

＜自然環境と人間がもたらした環境変化＞
70	援助する側が温度に気をつけて，着るものや掛け物で調整を行う。	1	2	3	4	5
71	臭気がないよう早めの対応を行う。	1	2	3	4	5
72	畑の野菜や季節の花で四季を感じることができるよう心がける。	1	2	3	4	5

＜支援と関係＞
73	利用者へのケアの方向性は必ず家族と話し合って決める。	1	2	3	4	5
74	今の家族の想いや悩みをできるだけ聴く。	1	2	3	4	5
75	多職種と協働して臨機応変に利用者に対応する。	1	2	3	4	5

＜態度＞
76	利用者にとって何が大切かを考えてケアを行う。	1	2	3	4	5

第5章　認知症ケア

77	利用者のペースに合わせてゆっくりと関わることを心がける。	1	2	3	4	5
78	ケアスタッフ自身が心の余裕をもってケアを行う。	1	2	3	4	5
≪サービス・制度・政策≫						
79	ケアスタッフが認知症ケアを学ぶ機会を設ける。	1	2	3	4	5
80	各委員会を設置して利用者の課題をアセスメントする。	1	2	3	4	5
81	認知症があっても在宅へ転帰できるよう社会資源を整える。	1	2	3	4	5

　本尺度は≪心身機能・身体構造≫≪活動と参加≫≪環境因子≫の3領域からなる。それぞれの領域に着目をする場合は，領域ごとに調査をすることもできる。また，前述したように「看護職版認知症ケア尺度」と「介護職版認知症ケア尺度」との違いがある箇所があり，≪心身機能・身体構造≫と≪活動と参加≫に存在する。なお，≪環境因子≫の領域には異なる質問項目はない。「介護職版認知症ケア尺度」において，「看護職版認知症ケア尺度」と異なる質問項目は網掛けで示す。「看護職版認知症ケア尺度」は医学的視点が強い尺度としての特性を持ち，「介護職版認知症ケア尺度」は日常生活をサポートするスキルに対する視点が強い尺度としての特性を持つ。なお，本尺度使用においては，筆者らの許可を得る必要はない。さまざまな形で活用されることを望む。

表5-2-4　介護職版認知症ケア尺度

あなたが行っている認知症ケアの実践についてお尋ねします。実践されている程度にあてはまる番号に1つだけ○をつけてください（5が最も実践している）						
		全くなく実践していない	践してほどなど実践しない	普通	てまあ実践している	非常に実践している
≪心身機能・身体構造≫						
＜精神機能と神経系の構造＞						
1	感情失禁がある場合は，落ち着けるようにゆっくり関わる。	1	2	3	4	5
2	怒ったり殴ったりする利用者の興奮した気分を緩和させる。	1	2	3	4	5
3	夜の睡眠を確保することで昼間の気分の安定を図る。	1	2	3	4	5
＜感覚機能と痛みと目・耳および関連部位の構造＞						
4	視力が測定できないため観察によりアセスメントする。	1	2	3	4	5
5	難聴の可能性を考えながら対応する。	1	2	3	4	5
6	表情などで痛みの程度や場所を察知する。	1	2	3	4	5
＜音声と発話の機能と音声と発話に関わる構造＞						
7	何を言っているか分からない方に対しても聞く努力をする。	1	2	3	4	5
8	一つ一つの言葉から利用者が伝えたいことを把握する。	1	2	3	4	5
9	理解できる言葉を集める。	1	2	3	4	5
＜心血管系・血液系・免疫系・呼吸器系の機能と心血管系・免疫系・呼吸器系の構造＞						
10	口唇色などのチアノーゼの状態から症状を把握する。	1	2	3	4	5
11	尿が出ているかどうかチェックする。	1	2	3	4	5
12	感染が広がらないよう体調不良者を早めに把握する。	1	2	3	4	5
＜消化器系・代謝系・内分泌系の機能と消化器系・代謝系・内分泌系に関連した構造＞						
13	食べられない場合は原因をアセスメントする。	1	2	3	4	5
14	早く口に入れすぎてしまう方の誤嚥に気をつける。	1	2	3	4	5
15	食べない場合は補食を検討する。	1	2	3	4	5
＜尿路・性・生殖の機能と尿路性器系および生殖系に関連した構造＞						
16	個人の排尿パターンを把握する。	1	2	3	4	5

17	トイレ誘導を行うことでできるだけ失禁を防ぐ。	1	2	3	4	5
18	尿意の訴えがあればなるべく活かす。	1	2	3	4	5

＜神経筋骨格と運動に関連する機能と運動に関連した構造＞

19	歩行状態を観察して転倒のリスクを把握する。	1	2	3	4	5
20	現在ある機能が維持できるように介助する。	1	2	3	4	5
21	日常的なリハビリの必要性を検討する。	1	2	3	4	5

＜皮膚および関連する構造の機能と皮膚および関連部位の構造＞

22	なるべく皮膚が傷つかないよう配慮する。	1	2	3	4	5
23	褥瘡スクリーニングでリスクをあらかじめ把握する。	1	2	3	4	5
24	意識して利用者の皮膚の観察を実施する。	1	2	3	4	5

≪活動と参加≫

＜学習と知識の応用＞

25	介護拒否がある場合でも利用者の意思を大切にする。	1	2	3	4	5
26	利用者の隠れたニーズを引き出す。	1	2	3	4	5
27	雑誌や新聞を見る機会を設ける。	1	2	3	4	5

＜一般的な課題と要求＞

28	食事など行動ごとに声をかける。	1	2	3	4	5
29	生活の中の楽しみを日課にする。	1	2	3	4	5
30	他の利用者とのトラブルを回避できるよう援助する。	1	2	3	4	5

＜コミュニケーション＞

31	ゆっくりと声をかけるように心がける。	1	2	3	4	5
32	意思疎通が難しい場合でもさまざまな工夫を試みる。	1	2	3	4	5
33	できるだけ目を見て寄り添いながら話しかける。	1	2	3	4	5

＜運動・移動＞

34	夜の徘徊時はゆっくりとお話を聞き落ち着くよう援助する。	1	2	3	4	5
35	車いすの自走では突進してしまわないよう安全に留意する。	1	2	3	4	5
36	歩ける方は転倒に十分注意する。	1	2	3	4	5

＜セルフケア・身体を洗うこと＞

37	入浴時間は楽しい時間になるよう工夫をする。	1	2	3	4	5
38	長湯にならないように声をかける。	1	2	3	4	5
39	自力で入浴できる方でも目を離さないように心がける。	1	2	3	4	5

＜セルフケア・身体各部の手入れ＞

40	自力でスキンケアができないところを補う。	1	2	3	4	5
41	排便後に陰部洗浄を行う。	1	2	3	4	5
42	定期的に口腔衛生状態を把握する。	1	2	3	4	5

＜セルフケア・排泄＞

43	トイレで排尿が直ぐにない場合でもしばらく待つ。	1	2	3	4	5
44	トイレ誘導の時間は失禁の状況に応じてこまめに調節する。	1	2	3	4	5
45	下剤を使用した場合は薬の作用時間を考えトイレ誘導を行う。	1	2	3	4	5

＜セルフケア・更衣＞

46	着衣失行がある場合は見本を見せながら着衣援助を行う。	1	2	3	4	5
47	転倒が予防できる履物を選択する。	1	2	3	4	5
48	下腿や上肢にレッグウォーマーを装着する。	1	2	3	4	5

＜セルフケア・食べることと飲むこと＞

49	スプーンを小さくして早食いを予防する。	1	2	3	4	5
50	食べない場合は少し間をおいて再度声をかける。	1	2	3	4	5
51	お茶を飲まない場合は飲みやすいジュースにするなど工夫する。	1	2	3	4	5

＜セルフケア・健康に留意すること＞

52	体調不調を訴えることができない方には観察を密に行う。	1	2	3	4	5
53	普段どおりに動く場合でも体調不良には留意する。	1	2	3	4	5
54	いつもより少しおかしいと思った場合は早めに対応する。	1	2	3	4	5

第5章　認知症ケア

＜家庭生活＞						
55	個々の利用者にとって居心地のよい空間を探す。	1	2	3	4	5
56	その方にあったベッドの選択をする（畳の上など）。	1	2	3	4	5
57	衣類の持ち主が分かるように名前はきちんと書く。	1	2	3	4	5
＜対人関係＞						
58	利用者との信頼関係を，時間をかけて築くよう心がける。	1	2	3	4	5
59	利用者の対応について職員間で話し合う。	1	2	3	4	5
60	職員が利用者同士のトラブルを早めに見つける。	1	2	3	4	5
＜主要な生活領域＞						
61	今までの生活歴を考慮して施設における役割を探す。	1	2	3	4	5
62	利用者が少し手伝ってみようかなという気持ちになるよう支援する。	1	2	3	4	5
63	利用者が笑顔で過ごせるよう利用者中心のケアを考える。	1	2	3	4	5
＜コミュニティライフ・社会生活・市民生活＞						
64	誰にでも分かりやすいレクリエーションを選択する。	1	2	3	4	5
65	利用者の趣味を活かすように配慮する。	1	2	3	4	5
66	生活の中で花見などの外出の機会を設ける。	1	2	3	4	5
≪環境因子≫						
＜生産品と用具＞						
67	食欲が低下している場合は利用者の望む食べ物を用意する。	1	2	3	4	5
68	利用者の私物に腐敗物がないか観察する。	1	2	3	4	5
69	利用者の嗜好を考慮して飲み物を選択できるようにする。	1	2	3	4	5
＜自然環境と人間がもたらした環境変化＞						
70	援助する側が温度に気をつけて，着るものや掛け物で調整を行う。	1	2	3	4	5
71	臭気がないよう早めの対応を行う。	1	2	3	4	5
72	畑の野菜や季節の花で四季を感じることができるよう心がける。	1	2	3	4	5
＜支援と関係＞						
73	利用者へのケアの方向性は必ず家族と話し合って決める。	1	2	3	4	5
74	今の家族の想いや悩みをできるだけ聴く。	1	2	3	4	5
75	多職種と協働して臨機応変に利用者に対応する。	1	2	3	4	5
＜態度＞						
76	利用者にとって何が大切かを考えてケアを行う。	1	2	3	4	5
77	利用者のペースに合わせてゆっくりと関わることを心がける。	1	2	3	4	5
78	ケアスタッフ自身が心の余裕をもってケアを行う。	1	2	3	4	5
＜サービス・制度・政策＞						
79	ケアスタッフが認知症ケアを学ぶ機会を設ける。	1	2	3	4	5
80	各委員会を設置して利用者の課題をアセスメントする。	1	2	3	4	5
81	認知症があっても在宅へ転帰できるよう社会資源を整える。	1	2	3	4	5

2）簡略版認知症ケア尺度

　「看護職版認知症ケア尺度」と「介護職版認知症ケア尺度」は，≪心身機能・身体構造≫≪活動と参加≫≪環境因子≫の3領域からなり，質問項目は81項目となる。質問項目が多く日常的に使用することが困難であるため，簡略版の開発を行った。その結果，「看護職簡略版認知症ケア尺度」は，≪心身機能・身体構造≫4サブカテゴリー，≪活動と参加≫は6カテゴリー，≪環境因子≫は2カテゴリーが抽出され，それぞれのサブカテゴリーを質問項目とした。表5－2－5に示す。また，「介護職簡略版認知症ケア尺度」は，≪心身機能・身体構造≫7サブカテゴリー，≪活動と参加≫は8カテゴリー，≪環境因子≫は3カテゴリーとなった。表

5-2-6に示す。なおこれらの尺度は，介護老人保健施設に焦点を当て，いくつかのフィールド調査と予備調査の結果より，開発したが，介護の場が介護老人保健施設であることや，施設でのケアであるためすべての事業所における有効性の検討はまだされていない。ケアのアウトカムの多くは，利用者サイドに立って，利用者の変化を測定することが多いが，職員が実施しているケアの評価を行うことも大切である。

表5-2-5　看護職簡略版認知症ケア尺度

あなたが行っている認知症ケアの実践についてお尋ねします。実践されている程度にあてはまる番号に1つだけ○をつけてください（5が最も実践している）	全く実践していない	それほど実践していない	普通	まあ実践している	非常に実践している
≪心身機能・身体構造≫					
1　心身機能の状況を把握し，アセスメントを実践する。	1	2	3	4	5
2　傾聴する姿勢をもち，心身機能の維持の状況の把握を行う。	1	2	3	4	5
3　観察を行い，心身機能の低下を早期発見する。	1	2	3	4	5
4　心の安定を図るための関わりを工夫する。	1	2	3	4	5
≪活動と参加≫					
5　利用者の状況に合わせた臨機応変なケアを実践する。	1	2	3	4	5
6　観察を十分に行い，リスクを軽減する。	1	2	3	4	5
7　日常生活の中での細やかなケアの工夫を行う。	1	2	3	4	5
8　本人の意向や気持ちを大切にし，利用者を中心としたケアを検討する。	1	2	3	4	5
9　利用者に寄り添い，安心できる生活について利用者とともに模索する。	1	2	3	4	5
10　利用者との信頼関係を築くために職員間で情報を共有する。	1	2	3	4	5
≪環境因子≫					
11　多職種が協働して利用者のケアを検討する。	1	2	3	4	5
12　安心できる生活を過ごすために生活環境を整える。	1	2	3	4	5

表5-2-6　介護職簡略版認知症ケア尺度

あなたが行っている認知症ケアの実践についてお尋ねします。実践されている程度にあてはまる番号に1つだけ○をつけてください（5が最も実践している）	全く実践していない	それほど実践していない	普通	まあ実践している	非常に実践している
≪心身機能・身体構造≫					
1　傾聴する努力を続け利用者の心の安定を図る。	1	2	3	4	5
2　アセスメントにより日常生活のケアを検討する。	1	2	3	4	5
3　現在ある心身機能が維持できるよう状況の把握を行う。	1	2	3	4	5
4　利用者の行動観察をアセスメントにつなげる。	1	2	3	4	5
5　心身機能の低下から生じる介護事故を未然に防ぐよう配慮する。	1	2	3	4	5
6　トイレでの排泄につながるように関わる。	1	2	3	4	5
7　表情を観察して現在の心身機能を把握する。	1	2	3	4	5
≪活動と参加≫					
8　羞恥心に配慮したプライバシーを大切にしたケアの工夫。	1	2	3	4	5
9　認知力の低下にあわせた予防的なケアを実践する。	1	2	3	4	5
10　観察を密にすることによって普段の暮らしを支える。	1	2	3	4	5

11	本人の意向を判断してケアに活かす。	1	2	3	4	5
12	本人の意向を大切に考え落ち着けるよう関わりを持つ。	1	2	3	4	5
13	隠れたニーズに気づくよう心がける。	1	2	3	4	5
14	現在の役割の維持継続を支援する。	1	2	3	4	5
15	暮らしの中のトラブルを回避するよう支援する。	1	2	3	4	5
＜環境因子＞						
16	利用者に必要な生活用品や環境を整える。	1	2	3	4	5
17	利用者との関係性を築くケアを心がける。	1	2	3	4	5
18	多様な人々と連携し社会資源を活用する。	1	2	3	4	5

出所）佐藤八千子ら「介護職員が認識する国際生活機能分類に基づく認知症高齢者のケア」『日本老年社会科学』第34巻第2号，2012年

第3節　人的・物的環境からのケア

1．コミュニケーション

　人は生まれてから今日まで，人とのかかわりの中で生きている。コミュニケーションを通して，他者に自分の考えや思いを伝え，相手の思いを受け止めながら生活している。笑ったり，喜んだり，怒ったり，悲しんだりしながら共に生きているのである。コミュニケーションのない世界で，人は生きていくことはできない。コミュニケーションに関する障害があっても，点字や手話や文字盤を使ったり，身体の一部をわずかに動かすだけで文字をパソコンに入力して自分の気持ちを言葉にできたりする支援機器を使用して，コミュニケーションを図ることができる。

　コミュニケーションの実際は，言語を使用して行う言語的（バーバル）コミュニケーションと言語以外のもので表現する非言語的（ノンバーバル）コミュニケーションがあるが，非言語的コミュニケーションはコミュニケーション全体の7～8割を占めるといわれている。

　非言語的コミュニケーションである声のトーンや話のスピード，抑揚，そして目の動き，表情，動作，位置，距離，髪，服装などあらゆるもののそれ自体が大きな表現力を持っている。それは，子どもであれ，大人であれ，たとえ認知度が低下した高齢者であったとしても，相手を理解しわかり合おうとする表現方法に変わりはない。

1）認知症高齢者のコミュニケーション能力

　認知症高齢者は，その原因疾患が異なるにせよ，また人によって程度の差はあるものの，記銘力，記憶力，見当識，思考力，判断力など，さまざまな能力が低下していく。記憶力や見当識が低下してくるにつれて，判断力も一般的な程度を下回り低下する。

　今までわかっていたこと，できていたことができなくなる。自分がしたことを忘れてしまう，自分がなぜここにいるのか，何をどうすれば良いのかわからなくなり，不安な日々を過ごすことになる。認知症高齢者は，その漠然とした不安感や気持ちの沈みを非言語的コミュニケーションで表現することが多い。徘徊もその一つの現象と言えよう。

　記銘力，記憶力などの低下による情報収集の困難さ，記憶や見当識の障害による語彙量の減少や流暢性の低下，語彙や語彙の意味の理解力の減少などによる思考力，判断力の低下などにより，他者とのコミュニケーションが困難になってくる。

　コミュニケーションは，送り手のメッセージを受け手がしっかり受け，受け手が解読し，新たなメッセージとして送り手に返して初めてその機能が成立するが，話す事だけ，聞く事だけの一方向なものとなると成立が難しくなってくる。

　そのため，認知症高齢者とのコミュニケーションには，認知症高齢者が発する言葉を否定す

ることなく，そのままを受け止めることが大切である。傾聴し，共感し，十分にあなたを受け止めていますという姿勢を表現することによって，認知症高齢者は安心感を得る。認知症高齢者と時間と空間を共有することこそコミュニケーションの大きな要素と言える。環境のわずかな変化や不穏な空気でさえも，コミュニケーションを行う上で障害になるなど密接に関係しているため，環境への配慮も大切である。

　認知症高齢者には，さまざまな人的環境，物的環境からの要素を敏感に察知し，お互いの感情を伝え合おうとする機能は残されている。したがって，効果的なコミュニケーションには，認知症の程度におけるコミュニケーション能力や進行状態を知ることが重要となる。

表5－3－1　認知症高齢者のコミュニケーション能力

程度	状　態
軽度	記憶や見当識の部分的な低下により，見たり聞いたりしたことの説明を間違え，起こったばかりのことを忘れてしまう。物や人物の名称の想起が困難になる。話の中に繰り返しが多くなる。比較的コミュニケーション能力は保持されているが，一貫性やまとまりがなくなり，対話をしていくうえで支持的な支援が必要になる。
中度	見たり聞いたりしたことの誤解が多くなり，受け止められなくなる。最近起きたことの記憶がますます減退する。語彙の減少により，使い慣れた言葉以外は使用が困難になる。長い文章は理解が困難になる。話し方の流暢性が失われる。言語的コミュニケーション能力が低下する。
重度	見たり聞いたりしたことを全く理解できなくなる。最近起こったことの記憶がほとんどなくなる。理解力が低下し，他の人が言っていることが理解できなくなる。視線を合わせることも困難になる。発語が難しくなり，言語的コミュニケーション能力は著しく低下する。

出所）野村豊子『認知症ケアの基礎知識』ワールドプランニング，2008年を参考に作成

表5－3－2　認知症高齢者のコミュニケーション留意点

程度	留意点
軽度	分かりやすくかつ直接的な言葉の使い回しをする。相手のペースに合わせて話す。思い出せないことがあるときには，別の言葉を使って話してみたり，他の情報を提供したりする。確認や説明が必要となる。時間や場所などについて知らせるときは，反復して言ってもらう。重要なことはもう一度繰り返す。
中度	長い文章は理解が困難になるため，短文や単語（4～6語）などで表現方法を工夫する。文章や単語が理解できない様子のときは，分かりやすい言葉で言い換える。言語的コミュニケーション能力が低下するため，非言語的コミュニケーション能力を活用する。
重度	話すときには必ず視線を合わせるようにする。表情や口の動きなど視覚的な刺激を受けることができるようにする。ゆっくり，時間をかけて，できるだけはっきり発音する。非言語的メッセージを見逃さないようにする。タクティールケアやタッチングなど非言語的コミュニケーションで対応する。

出所）野村豊子『認知症ケアの基礎知識』ワールドプランニング，2008年を参考に作成

2）コミュニケーションの基本

　コミュニケーションには，単に意思伝達や情報収集の手段としてではなく，話し手と聞き手が相互に理解し合い信頼関係を築く機能もある。コミュニケーション自体が，話し手と聞き手

双方のエンパワメントに繋がるのである。

　つまり，コミュニケーションにおいて，話し手も聞き手も同じように，さまざまな側面（身体的・精神的・社会的など）での潜在能力や意欲をもっている。話し手は，よき聴き手を得ることで，自由に自分の考えや思いを伝えることができる。自分の言葉で話し，発する言葉を自分の耳で聞き，脳に伝達され思考し，自分の可能性を確認することによって自己決定することができ，話し手のエンパワメントに繋がるのである。聞き手は，相手の話を単に聞くだけでなく，相手の話に十分に心を傾けて聴き，自分の価値観を押しつけず，ありのままを受容し，共感する。そして，聞き手もまた，話し手の話の中から，自分の価値観を知ることができる。さらに，話し手のエンパワメントを感じることで，充実感や満足感を得ることができ，聞き手自身のエンパワメントに繋がるのである。

【コミュニケーションの基本姿勢：バイスティックの7原則】

　バイスティックの7原則は，相談や面接の際の有効な技法であり，コミュニケーションにおける基本的な姿勢である。

① 個別化：相手を一人の個人として認識し理解する
② 意図的な感情表現：相手の否定的な感情も含めて自由に表現できるよう意図的にかかわる
③ 統制された情緒関与：自らの感情を自覚した上で，相手の表出した感情を受容的，共感的に受け止める
④ 受容：現実のありのままの相手の姿を受け止めて接する
⑤ 非審判的態度：相手を一方的に非難したり問い詰めたりして，審判的な態度で接してはならない
⑥ 自己決定：相手が自己決定することを尊重する
⑦ 秘密保持：相手の秘密を保持し，他者に漏らさない

【コミュニケーションの基本動作：SOLER】

　イーガンは，話し手が相手にごく自然に考えや思いを伝えることができる身体的動作を示し，英語の頭文字を取って「SOLER」と名づけた。これもコミュニケーションにおける基本な動作である。

表5－3－3　コミュニケーションの基本動作　SOLER

Squarely	相手とまっすぐ向かい合う	真正面に位置するのではなく，少し斜めの方が威圧的でない。お互いの手を前に出したときに両者の手が重なるくらいの距離が望ましい。相手の細やかな変化が把握できる。
Open	開いた姿勢	話をする時に腕を組んだり，何気なく足を組んでしまうことがあるが，意識して姿勢を正すことが必要である。開いた姿勢は相手に関心があることを伝えている。
Lean	相手に身体を	相手の話を聴く時に，ソファーの背にもたれかかったりせず，上半身をやや

	少し傾ける	前傾姿勢にして身体を乗り出して聴くことが大切である。相手の話を傾聴していることを現している。	
Eye Contact	適切に視線を合わせる	強者と弱者という関係を作らないためにも、相手と視線の高さを合わせることが必要である。適度に外して適度に合わせることが大切である。相手が快く感じる視線が適切な視線といえる。	
Relaxed	リラックスして話を聴く	世代によってリラックスの姿勢が異なる場合もあるため、状況を考える必要がある。あまりに強い聴く姿勢は却って緊張感を表出してしまう場合もある。部屋に花を飾ったりしてリラックスできる環境を作ることも効果的である。	

出所）野村豊子『新・介護福祉士養成講座　コミュニケーション技術』中央法規出版，2010年を参考に作成

3）困難事例での対応を考える

食欲不振

92歳，女性。障害高齢者の日常生活自立度Ｂ２，認知症高齢者の日常生活自立度Ⅲａ，心不全，多発性関節痛，認知症。発熱・食欲不振となり，尿路感染，心不全，多発性関節痛のため入院。退院後は粥・ペースト食となる。その後も徐々に自力摂取ができなくなり，食事量も減少する。

＜食事摂取量の低下の理由や背景を考える＞

「嚥下食」とは，水分や食べ物が飲み込みにくくなった方に，食べやすく，飲み込みやすく工夫した食事である。ゼリー食，ペースト食，ミキサー食等があり，摂食・咀嚼・嚥下機能に応じて，食事の軟らかさや形態が変わっている。ペースト食は，肉や野菜などをすりつぶしペースト状にしたもので，食べ物の形を連想できない形態となる。摂食・咀嚼・嚥下機能とは，食べ物を食べる機能で，①食事を認識し，②口まで運び，③噛み（咀嚼），飲み込みやすいようにまとめる（食塊形成），④舌の後方まで移動させ咽頭まで送り込む，⑤咽頭から食道へ送り込む，⑥食道を通過するの６項目である。ペースト食になる理由として，③の噛む機能が低下しているか，消化吸収をよくするためと考えられる。

今回のケースは，消化吸収に支障をきたすような既往歴はなく，③の噛む機能において，麻痺はないが口を開けると上義歯が落ちてくることから，義歯の不適合から噛む機能が低下していると考えられる。また，⑤の咽頭から食道へ送り込む過程において，水分でムセがみられるために飲み下しの機能が低下していると考えられる。②の介助が必要なことから，摂取量が低下したことに加え，低栄養傾向の大きな原因として，物忘れ，見当識障害の中核症状がみられるが，食事の認識ができ意思疎通が図れるため，他の利用者の食事をチラリと見て，「こんなもん食べれん」と言うことから，食事に対する不満が考えられる。

＜具体的な対応と関わりを考える＞

噛む機能を補うために歯科にかかり，義歯を修正したことにより，咀嚼回数が増加した。食事形態について多職種で検討した結果，常食を試すため，覚醒している時と一口目には一口大の食事とし誤嚥のリスクを最小限にすることとした。旬の食材をふんだんに取り入れた月１回のバイキングの時には，覚醒良く，特に刺身のバイキングは喜んでいたことから，始めるタイミングは，好きなマグロの刺身のあるバイキングからとした。当日，本人は大きく口を開け，ケアスタッフの声かけで一口大を口に入れると，もぐもぐと口を動かし，笑顔で「あー」と声を発した。その後は，おかずを普通食に変更し，それほど時間はかからずに自分で食べられるようになり，摂取量も増え，傾眠はなくなり発言も多くなり，便意がみられるようにもなった。

第5章 認知症ケア

食事量のムラ

84歳，女性。障害高齢者の日常生活自立度Ｂ２，認知症高齢者の日常生活自立度Ⅳ，アルツハイマー型認知症，慢性心不全，高血圧症。食事をかき混ぜたり，皿をひっくり返したり，食事介助を拒否する。摂取量にムラが出る。普段から不穏状態が多い。

＜自力摂取と食事量のムラの理由や背景を考える＞

　入院前は食事形態が主食・副食とも普通食だったが，退院後，副食はペースト食になり，やがて主食は粥になった。歯茎が痩せてしまい，義歯が外れやすく話している時でも外れてしまうため，義歯を外して食事を食べる習慣となり，外さないと違和感があるようになった。

　食事摂取量は，食事形態に対する不満からムラが大きく，そのため，生活の中での楽しみの一つが苦しみに変わっている。ケアスタッフは咀嚼・嚥下状態に不安を感じ，リスクのみに囚われるようになったが，持っている能力の維持・向上に目を向ける必要があったと考えられる。

　認知症の進行とともに，食事を認知できずに，目の前にある食事が何なのかわからず，突いたり，かき回したり，床に置こうとしたりすることもある。そこで食事介助を行ったとしても，訳がわからないものを口の中に入れられる不安と，自分のペースで食べられない不満が出てくる。不穏状態では，食事どころではなく，怒って食べない状態となり，精神的な不安定さから摂取量が低下してくることもある。

＜具体的な対応と関わりを考える＞

　歯科医による義歯の調整と，入れ歯安定剤を塗布して装着することで義歯が外れることを防ぎ，毎食ごとに装着状態を確認する。また，口腔内をこれまで以上に清潔に保つようにした。

　副食の食事形態をペースト食→普通食（一口大）に変更し，咀嚼・嚥下しやすくするために，目の前でキッチンバサミで小さく切ることで，「食事を食べやすくしている」と認識して食べられるようになった。また，食事に対して不満が減少したことで，日中の生活に対しても興奮することはあるが，食事の時間になると落ち着きが見られるようになってきた。

　認知症の進行に伴い，食事摂取量と共に水分摂取量にも気をつけ，脱水状態にならないように１日1500cc摂取を目安に水分量の増加を行っている。好みや嚥下機能に応じて，水分そのままの形状であったり寒天のように固めたりして，摂取しやすくする工夫が必要である。水分摂取量が増えることで，トイレの回数が増え移動に伴う運動量が増え，それが意識の低下を防ぎ，覚醒水準が高まってきた。そこから徐々に不穏状態が少なくなり，声かけに笑顔で応えることが多くなった。

放尿

78歳，女性。障害高齢者の日常生活自立度Ａ２，認知症高齢者の日常生活自立度Ⅳ，アルツハイマー型認知症。介護拒否，他の入居者の食事を食べる，収集癖，徘徊，帰宅願望，作話，被害妄想，大声を出す，放尿などのBPSDがみられる。入居してBPSDの症状が軽減するが，介護への抵抗と放尿については顕著である。

＜放尿の理由や背景を考える＞

認知症により，物忘れや被害妄想がひどく，公共施設で度々トラブルを起こし，昼夜に関係なく徘徊がみられ警察に保護されることもあった。入居してからは，施設の環境になれたのか軽減していったBPSDもあるが，介護抵抗と放尿に関してはなかなか改善されず，特に夜間の放尿が多くみられた。放尿は，いつも居室の中の決まった場所で発見された。時間をみてトイレ誘導を行うものの，トイレに行かないことや，トイレに行っても排尿がみられないことがしばしば見られた。夜間は部屋を暗くしないと眠れないため，部屋を暗くして対応しており，そのため居室内の行動がわからず，尿意のタイミングが把握できなかった。

放尿の原因として，①その場所をトイレと思い込んでいる，②トイレの場所がわからない，③トイレに行くまで我慢できなかった，ということが考えられる。そのため，排尿のパターンや排尿行動の特徴を知り，排尿間隔に合わせてトイレ誘導をしたり，排尿サインを見逃さず，トイレ誘導をすることが大切である。また，トイレの場所がわかるように，トイレに目印をつけておくことも必要である。放尿を発見した時や，トイレ誘導の時には，自尊心を傷つけないように配慮し，強い言葉や命令口調は避けるようにする。

＜具体的な対応と関わりを考える＞

竹内孝仁（2006）によれば，「夜間就寝時は，姿勢は横になっていて，血液は横方向に，重力の影響を受けることなく，つまり心臓も筋肉も楽に血液を循環させることができるとあり，重力の影響なしは腎血液量が増加し尿量の増加につながり，結果として排尿回数が増える」とある。この利用者は，日中は離床の生活が中心で，歩行はできるがあまり運動をしない。したがって就寝後からのトイレ誘導の間隔時間を短く設定すると，介護への抵抗はほとんどなくトイレでの排尿ができ，放尿は改善した。

便　秘

89歳，女性。障害高齢者の日常生活自立度Ｂ２，認知症高齢者の日常生活自立度Ⅲ。脳梗塞の後遺症により右麻痺，車いす使用，失語症により呂律が回らず，言語がはっきりしない。神経因性膀胱にて残尿が多く，バルーンカテーテルを挿入。便秘のため薬に対して依存心が強く，下剤を使用。極度の心配性。

＜便秘の理由や背景を考える＞

　精神的に情緒不安定で，他の入居者に対する不満を話したり，便が出ないという心配から，食事を食べられないこともあった。

　運動としては，手すりと杖を使用して一日１回10～20分程度歩行訓練をするだけで，自ら運動することはなかった。居室で横になっていたり，リビングでテレビを見て過ごしたり，洗濯物をたたんだりして，一日を過ごしている。トイレには自分で行き，便が出ていないという本人の訴えがあった時に，下剤を服用している。

　２日間排便がないと「便が出ないから薬を下さい」と涙ながらに訴え，ほぼ毎日下剤を服用していたため，下剤の服用回数を減らして様子をみることにした。

＜具体的な対応と関わりを考える＞

　下剤の使用量を減らして自然排便とすることを方針とし，本人に，下剤を服薬することで排便コントロールができず，便秘の原因の一つになっていることを説明した。下剤の使用量を減らすために，①水分摂取の増加，②歩行を中心とした運動量の増加について取り組んだ。最初はなかなか排便がみられず，服薬の訴えが頻繁にみられたが，本人が薬を欲しいと言われても薬を渡すのではなく，便秘の原因は下剤である事を説明し，水分を多く摂って運動量を増やすことで便は出るようになることを伝えた。

　一日２回の歩行訓練に取り組むようになってからは自然排便がみられるようになった。薬への依存心が強く，すぐには中止することはできなかったが，運動量と水分量が増加して，薬がなくても大丈夫だと伝え続ける取り組みを継続して行った。また，起床時には冷たい牛乳を提供し，食物繊維が多く含まれる大根をサラダにして毎日提供して対応したところ，今まで頻繁にあった「薬が欲しい」という訴えは消失して，定期的な自然排便がみられるようになった。ただ下剤をなくすのではなく，下剤をなくした際の不安を解消し，本人が安心できるように親身になって取り組むことが大切である。

第3節　人的・物的環境からのケア

> **寝浴時の移乗**
>
> 80歳，男性。脊髄損傷のため，寝たきりで座位保持が不可能。体重80kg。入浴時の移乗では，身体の下にバスタオルを敷き，2，3人で頭側，足側を持ち上げての移乗となる。その際，足の先が何かに当たる少しの衝撃でも「痛い。痛い」と叫ぶ。

＜寝浴の移乗の理由や背景を考える＞

施設には，身体の大きな方や，全身が拘縮している方など，移乗の時に2，3人のケアスタッフで行わなければならない重度の方が多い。寝たきりの方の入浴は，仰向けに横になった姿勢で入浴する「寝浴」という方法で行う。ベッド・リクライニング・洗い台の間を，何度も移乗する必要があり，女性ケアスタッフはもちろん，男性ケアスタッフでも身体的負担は大きいといえる。また，入浴には，転倒・転落・溺水等多くのリスクがあり，身体的・精神的な負担は大きい。

体重80kgと大柄で，女性ケアスタッフだけでは移乗することができず，必ず男性ケアスタッフが移乗を行っていたが，腰を痛めた男性スタッフもいた。持ち上げられる利用者にとっても，一時的にでも，身体をバスタオル1枚で持ち上げられる恐怖感・緊張感があると考えられる。

＜具体的な対応と関わりを考える＞

北欧式トランスファーテクニックとは，ケアスタッフに負担の少ない，利用者の現存機能を活用した移乗方法である。このトランスファーテクニックは，① 持ち上げない，② 利用者の現存機能の活用，③ 自然な動き，を場面ごとや，利用者の身体状況によって少しずつ介助方法が変わり，ケアスタッフ個々のスキルが必要になる。

全国老人福祉施設研究会議で特別講演された「北欧式トランスファーテクニック」の講習会に参加し，その後，全ケアスタッフが3カ月間の研修でトランスファーテクニックを取得し，施設全体で取り組んだ結果，入浴介助で必要な移乗も，どんなに身体が大きな方でも，持ち上げる事もなくスライドし移乗する方法に変わり，身体的負担・精神的負担も軽減した。利用者からも「痛い」「怖い」などの声はなくなり，入浴以外でも，アクティビティへの積極的な参加や，コミュニケーションの場面が増えてきたなど，多くの場面で良い結果が出ている。

また，"押さない，引かない，持ち上げない，運ばない，ねじらない"という5つのキーワードをもった「ノーリフティングポリシー（持ち上げない指針）」や，力学的原理を活用した介護技術である「ボディメカニクス」により，最小の労力で疲労が少なく，腰痛防止となる。一人で無理をせず，必要に応じ2人で介助を行うことも大事である。

第5章　認知症ケア

入浴拒否

84歳，女性。アルツハイマー型認知症。「体調が悪いから」「お腹がしぶるから，今日は入りたくない」など，総胆管結石の持病を理由に頑固に入浴を拒否する。

＜入浴拒否の理由や背景を考える＞

　嫁いで間もなく，夫が戦争に行き，家庭を守るのは妻の役割と心得，10年位前に夫を亡くしてからも，家の一切のことを切り盛りしてきたこともあり，今まで人に強制されることがなかった。ショートステイ利用当初より，入浴は拒否をされ，清拭で対応することもしばしばあった。施設の入浴はスタッフの人員配置の関係で，決まった曜日（月・木）と時間（9：00〜15：00）が基本となっている。午前と午後の融通は利かせることはできるが，家庭の延長線上で夜寝る前に希望されても対応ができない現状があった。

　畑仕事の後にはすぐ着替え，もともときれい好きな人であった。人との関わりはあまり好まない性格で，人に裸姿を見られるのが嫌だったのか，服を脱がされると無防備になるためか，入浴拒否は特別養護老人ホーム入所後もますますエスカレートしていった。認知症の進行に伴い，入浴の認識ができず，車いすで移動される際，どこに連れて行かれるか不安となり，「頭が痛い」「調子が悪い」など，体調不良の訴えが多くなったと考えられる。

＜具体的な対応と関わりを考える＞

　入浴をしつこく勧めないで，時間を変えて誘ったり，馴染みのケアスタッフが対応するようにした。また，感情的にならずゆっくりとした対応を心がけたが，時に感情的となり，声をあげることもあり，無理やり連れて行こうとするとかえって，不安をあおるような対応になってしまった。入浴をしつこく勧めないで，入る気持ちになるまで待つことも大切であり，なぜ入りたくないのか今までの本人の生活を充分把握できていなかったのではないかと考えられる。ケアスタッフは，お風呂に裸で入るのが当たり前で，利用者が恥ずかしいと思っているかもしれないことを忘れてしまっていた。

　入浴に誘う時は，馴染みの利用者と一緒にふろ場まで車いすを押してもらったり，手や足を洗い入浴へと誘導したり，言葉かけをしながらシャワー浴をする日もあった。

　入浴は，血液の循環を良くし新陳代謝を促したり，気持ちを落ち着けたりしてくれる。しかし，裸になることで，恥ずかしい気持ちとなったり，物を盗られるのではないかと不安を感じる場ともなる。スタッフの間で，本人の思いを受け止めながら無理強いをしないで気長に待つというケアを共有化することが，不安の軽減に繋がると考えられる。

第3節　人的・物的環境からのケア

転倒・転落

98歳，女性。アルツハイマー型認知症。1週間前，いすから立ち上がり歩き出そうとしたところ，転倒したが，幸い外傷はなかった。立位及び歩行が不安定であるため，立とうとする動作がみられると，スタッフは「座っていてね」と頻繁に声をかけることが多かった。

＜立ち上がる理由や背景を考える＞

　本人は認知機能と判断力の低下のために，立位・歩行が不安定なことを認識できず，立つことも歩くこともできると考えているかもしれない。また，何処かに行くという目的をもって，立ち上がり歩き出そうとしているのかもしれない。今座っている場所がどこであるかがわからず，不安な気持ちを抱いている可能性もある。

　一方，認知症という側面だけではなく，さまざまな角度から事象を捉える必要がある。長時間いすに座っていれば，臀部や腰が痛くなるのは自然のなりゆきである。背筋を伸ばしてリラックスしたい気持ちもあるだろう。また，座ってばかりであると血液循環も不良となり，深部静脈血栓症（エコノミークラス症候群）の発生リスクも高まるため，そのリスクを低減させるためには，立ち上がり歩くことが必要である。そして，歩くことは身体機能の維持の効果にも役立つ。このように，同じ事象を捉えるとき，見方を変えることも重要であり，ケアスタッフ側の意識の変換が求められる。

表5-3-4　ケアスタッフの意識の変化により利用者の持てる力を引き出すことができる！

すぐに立ち上がって困る利用者
↓
立ち上がることができる力を持っている。歩くことができる力を持っている
↓
せっかく立ち上がったのであれば，少し一緒に歩きましょう

＜具体的な対応と関わりを考える＞

　転倒・転落に関しては，さまざまなスケールがあり，事前にリスクを把握することが容易である。転倒・転落を恐れるあまり，庇護的なケアに終始してしまうと，その利用者の立つ力・歩く力を奪ってしまうことに繋がる。さまざまなコミュニケーション技法を用いて「何をしたいのか」ということをできるだけ把握し，本人の意思確認をしながらケアを行うことが重要である。大腿骨頸部骨折を防ぐ目的で開発されたピッププロテクターや低床ベッドなどを利用し物的環境を整えつつ，利用者の持てる力を大切にしたケアが必要である。

第5章 認知症ケア

歩きたい（徘徊）

> 88歳，女性。脳血管型認知症。要介護度3。障害老人日常生活自立度J2，認知症高齢者の日常生活自立度Ⅲa。「家に行きたい」と一日中訴え，ケアスタッフが説明しても，いつの間にか外に出てしまう。杖歩行だが，外では速く歩ける。

＜外出する理由や背景を考える＞

　街の中の自宅と，山に囲まれた施設との違いを認識できることもあり，家に帰りたいという思いが強い。短期記憶障害が進行しており，家族の判断で夫のお葬式に出ていないこともあって，夫の死について全く認識がなく，「父さんが居るから家に帰らないかん」と，夫に気を遣う気持ちも強い。小学校時代から勉強も運動もでき，仕事もし，結婚後も4人の子育てをし，身体を動かすことが大好きで，何に対しても積極的な生き方をしてきた。

　こうした本人のじっとしていられない活発な生活スタイルと夫への気遣い，自宅で暮らしたいという願いが，「歩いてでも家に行きたい」という行動の背景にあると推察できる。

＜具体的な対応と関わりを考える＞

　玄関口で外に行くのを止めようと説得するケアスタッフに，「あ～あ～あ～あ～」と小さく低い声でうなったり，スタッフに怒って荷物を投げつけたりした。家事やいろいろな作業をする時も，本人は嫌な表情をして仕方なく行い，すぐにやめてしまうことが多かった。本人の気持ちに寄り添うケアをするため，朝早くから夕方までずっとケアスタッフが一緒に歩くという支援を毎日繰り返したが，施設の玄関口と居室を何度も往復する行動は変わらなかった。

　施設で落ち着いて暮らすようになるには，他の利用者の存在を意識し，他の利用者にも本人の存在を受け入れてもらうことが必要であると考え，施設での役割として，おやつの注文取りをしてもらうことにした。利用者に飲み物を選択してもらい，ボードに書いてもらってスタッフに持ってくる役割で，はじめはスタッフと一緒に動いていたが，1カ月も過ぎたころから，本人だけでできるようになり，他の利用者が迷って考えている時間も待つことができるようになってきた。93歳の長老の部屋に行けるようになり，「よく来た」と言われたり，他の利用者も，彼女に対して「ありがとう」という場面が増え，居場所をみつけたのではないかと思われた。掃除機をかけたり，野菜を切って調理に参加したり，ごみを捨てに行ったり，トイレ掃除や洗濯物干しをしたり，毛糸の玉を作る人のために，両手で毛糸を持って待っていたりする場面も多くみられるようになった。

　そして，スタッフが話しかけるたびに「あ～あ～あ～」とうなっていた声も，いつの間にかなくなっていた。

第 3 節　人的・物的環境からのケア

盗食行為

87歳，女性。アルツハイマー型認知症。食事をしてしばらくすると「食事はまだかね」と聞く。食事をしたことを説明しても「食べてない」と言ったり，他の食事を食べたり，ケアスタッフの私物の食べ物まで食べてしまう。

＜盗食行為の理由や背景を考える＞

　食行動の異常は，主に認知症の中等度から高度にその頻度が高くなるが，初期は記憶や判断力に伴う炊事行為の混乱や味覚・臭覚の変化による好みの変化などが目立ち，やがて食べたことを忘れ何度も食事をしようとする行為や，逆に拒食がみられるようになる。中等度においては，食欲が亢進して過食がみられることが多く，マナーが悪くなり周囲を汚し，手で食べる行為がみられる。さらに進行すると，食べ物の認知が障害され，食べ物でないものを口にする異食がみられたり，食事を全く拒否することもある。

　認知症により，満腹中枢が刺激されず満腹感がなく，それが過食・盗食につながることもある。また，徘徊で体力を使い本当に空腹の時もあり，個々の身長と体重と活動量から適切な消費カロリーを確認し，摂取量が確保できる食事が必要となってくる。

　ただ単に認知症状と捉えるのではなく，精神的な何らかの欲求が食事を求める行為につながっているのではないかと考えることも必要で，生活全体において何らかの支援を必要としていないかどうか確認するケアスタッフの意識改革ができていなかったためではないだろうか。

＜具体的な対応と関わりを考える＞

　頻繁に，食べたことを忘れて「食事はまだかね」と言い，「さっき食べたでしょう」と話すと，居室に戻って行く。それが何度も続くと，介護者にイラつきが見え，「もう，さっき食べたばっかりでしょ」と，口調が荒くなっていくことがあった。

　「次はお昼ご飯の12時で，今用意しています。後○○時間待っていましょうね」と話す。それでも，「何かない？」と言われるので，お茶の時間を早めたり，湯呑みやお皿の片づけを手伝ってもらい気分変換を図るようにした。また，夜中に目が覚めて「何かない？」と言われたら，夕飯のご飯をおにぎりにしたものを提供するようにした。

　時には申し送りがうまくいかず，キッチン付近の戸棚にあったケアスタッフのお弁当や他の方の食事を食べることもあったが，統一した援助方針を決めたことで，ケアスタッフが精神的にゆとりを持って接することができるようになった。

第 5 章　認知症ケア

> **被害妄想**
>
> 91歳，女性。アルツハイマー型認知症。通帳・印鑑の片づけた所を忘れ，印鑑を紛失してしまうことが度々あり，息子が通帳・印鑑を預かるようになった。お金には執着心があり，身近な所に通帳・印鑑がないと不安になる。退屈になったり，家のことを思い出すと，口癖のように「通帳と印鑑は誰が持って行ったの？」「返して！」などの物盗られ妄想があった。

＜被害妄想の理由や背景を考える＞

　被害妄想（物盗られ妄想）などの言動は認知症の初期にもみられることがあるが，多くは中期の混乱期にみられる症状である。この方々の年代は戦争を経験し，物のない時代を生き抜き，家庭を支える女性として，お金は大切に扱ってきたと考えられる。しかし，認知症となり通帳や印鑑の片づけた所を忘れてしまい納得ができず，介護に直接かかわる身近な家族やワーカーなどに盗られたのではないかと考えるようになっている。4月頃より，庭の枝を切ってしまったり，洗濯機の使い方やご飯を食べたかどうかもわからなくなった。7月頃より通帳がなくなったと訴えるようになり，隣に住む長男宅へ頻回に尋ねるようになった。嫁が盗ったと言い続け，鎌や棒を護身用に持ち歩くようになった。翌年5月ショートステイを利用中も落ち着かず，ウロウロする不穏な状態が多くなり，9月特別養護老人ホームに入所することになった。

＜具体的な対応と関わりを考える＞

　日に何度も「通帳を返して」との訴えが多いため，通帳のカラーコピーを家族に用意してもらい渡すことにした。しかし，通帳と一緒に衣服を洗濯したり，タンスの中，ベッドの下などに片づけたりして，コピー通帳がなくなったことも何度もあった。そこで，通帳を必要な時に確認でき取り出せることを話し，事務所に預けることにした。通帳と印鑑を確認するために事務所を訪れ，お茶とお菓子をもらい通帳のことを忘れて帰ることが度々あった。次第に認知症の進行に伴い，「通帳を誰が持って行ったの」「じゃー，持って来て」と，日増しに訴えも多くなり，自らユニット以外の所へ行くことを嫌うようになった。同じユニットに入居している利用者に誰かれなく通帳のことを聞き，入居者同士のトラブルに至ることもあった。

　そのため，通帳を息子さんから預かったということがわかる証明書を作り，安心感に繋げた。

　また，通帳ばかりに捉われないよう，レクリエーションや散歩，数計算に誘い，気を紛らせるように心がけた。しかし，一時的には気持ちが治まっても後で再び繰り返し，納得のいく説明ができず技術的にも困難なケースである。

第3節　人的・物的環境からのケア

帰宅願望

89歳，女性。アルツハイマー型認知症。「誰が連れて来た！」「いつ迎えに来てくれるの？」と入居者，家族，介護者を問わず，顔を見ると誰にでも尋ねる。認知症の進行に伴い，強い口調で怒り出すことが多くなった。

＜帰宅願望の理由や背景を考える＞

人前に出たり，人と関わることが嫌いな性格で，家の中にいる時でも雨戸を閉めきり，鍵をかける生活をしていた。庭や畑の草取り，法事のことなど家庭の行事を一切取り仕切っており，長く家を空けることが気がかりで仕方なかったと考えられる。しかし，特別養護老人ホームへの入所目的で家族と本人が一緒に施設を見学し，そのままショートステイサービスの利用となった。施設入所の理解ができず，誰と一緒に来たかも忘れてしまい，利用当初から，「家に帰らないかん」「誰が迎えに来てくれるの」と訴えていた。認知症が軽度や中等度の場合，記憶障害や場所の見当識障害が原因となって不穏になったり，落ち着きをなくしたりすることがある。

＜具体的な対応と関わりを考える＞

日を増すごとに帰宅願望の訴えが増え，不安感・孤独感を軽減するために，本人の話をできるだけ聞き，訴えの内容を否定したりせず「いつでも見守っていますよ」という姿勢を心がけるようにした。認知症の人といえども行動には全て理由がある。そうしたことを踏まえた関わり方，コミュニケーションをとる必要がある。特に認知症高齢者は，環境の変化に適応することが難しくなっており，そのダメージは相当大きいと考えられる。顔の表情，視線，顔色，体温や汗，臭い，痛み，言動，気力，体力は，一瞬一瞬変化していくと理解しなければならない。その一瞬一瞬に人間としての五感を最大限働かせて，心と体の状態を理解し対応することが求められる。

施設での閉塞性を和らげ，快適で落ち着ける場所づくりのために，家で使っていたソファを持参してもらったり，家族の理解と協力を得て，家族とのかかわりを深めようと考えたが，認知症の症状は確実に進行し，入所して5年が過ぎても帰宅願望が薄れることはなかった。「誰が連れて来たの」という訴えには「息子さんと一緒に来たんだよ」「いつ迎えに来てくれるの？」に対し「明日ですよ」と，不安が少しでも軽減するように，ケアスタッフの答えを統一した。認知症の人が安心して過ごせるためには，どのような状態であっても，いつでも人としての尊厳が保たれ，自尊感情を保持できる環境は必要である。日常生活すべてに不安があり，自分がどのようにすればよいのかもわからず，パニックを起こしやすい状態にある時，話しやすい雰囲気のある人が側にいて聞いてくれ，気持ちを受け止めてくれる状態であること，馴染

みの環境の中で安心して暮らしていけることが必要である。

第3節　人的・物的環境からのケア

口腔ケア

74歳，男性。脳梗塞後遺症（右片麻痺，失語症）。高血圧。特別養護老人ホーム入所中。車椅子を使用。食事は常食を自力摂取する。むせ・こぼしがある。食事・歯磨きは，左手を使う。歯周病の症状があり，口臭も強い。

＜口腔ケアの理由や背景を考える＞

　口腔内がさっぱりと爽快感を呼び戻し，口臭の予防をすることは，日常生活での他者との交流を円滑にするために重要な役割を果たしているが，その効果は見落とされがちである。

　ある朝，歯肉の腫れと痛みを訴えられ，歯科医師より，口腔ケアが不十分なことが原因であると指摘を受ける。自分で電動歯ブラシを使っていたが，不慣れな左手でのブラッシングは限界があり，歯の裏側の部分や奥歯，ブリッジ部分の磨き残しがあると指摘を受ける。また，虫歯の治療と口腔内全体の歯石を除去する歯科治療の必要があった。常食を摂取しており，これからの食生活でいつまでもおいしく食事を摂るためにも，歯科治療と口腔ケアを継続的に行っていくことが，本人の生活の質の向上に繋がっていく上で重要であると考えられる。

表５－３－５　ケアプラン

食事をむせることなく美味しく食べたい
↓
口腔ケアを正しく行うことによって歯周病を防止する
↓
口腔内が清潔になり，美味しく食事することができる
嚥下機能の改善につながり，誤嚥性肺炎を防止する

＜具体的な対応と関わりを考える＞

　歯科治療では，歯石を取り除き，虫歯の治療を行った。また，介護ケアスタッフが口腔ケアを行う際の留意点について，歯科衛生士からの指導を受けた。①本磨きは，本人が電動歯ブラシを用いて行う。歯の汚れ，歯垢が残りやすい歯と歯の間・歯と歯肉の間は，口腔洗浄液を歯間ブラシに付けて，介護ケアスタッフが行う。歯石がつかないように仕上げ磨きする。前歯の裏側は，歯ブラシを縦にして使用する。②舌の表面についた舌苔も舌ブラシを使用し除去する。舌苔を取り除くことによって味覚に対する感受性を高める。③口腔ケアにより歯の粘膜の清掃や摂食嚥下機能を高めることで，誤嚥性肺炎の予防に繋がることをケアスタッフが認識をする。これらの留意点をケアスタッフが確実に把握し，歯科衛生士と連携して口腔ケアを実践することで，口臭の改善がみられ，食事中も笑顔が見られるようになった。

第 5 章　認知症ケア

パニック障害

75歳，女性。障害高齢者の日常生活自立度Ａ２，認知症高齢者の日常生活自立度Ⅲ。認知症，パニック障害。めまい・動悸の症状がある。突然，「帰ります」と外へ出て行こうと扉を開けようとしたり，別の出入口への往復を繰り返す。ケアスタッフが声をかけると「死にますからほっといてください」と言い，声をかける度に症状が激しくなる。

＜パニック障害の理由や背景を考える＞

　パニック障害は，何の前ぶれもなく突然，動悸や胸痛・発汗・めまい・吐き気といった「パニック発作」が起きる。原因はまだ十分には解明されていないが，かつては主な原因であるとされていた心理的要因以外に，脳の神経伝達物質が，異常な信号を送ってしまうために，極度の不安や動悸・息切れなどの異常症状を引き起こしてしまう，脳機能異常が考えられている。また，過労・睡眠不足・風邪なども，発作のきっかけともなる。

　このケースは，認知症からくるパニック障害であり，認知症のケアが十分に行われていないためにパニックが起きており，日常生活に問題があると考えた。現在行っている認知症ケアを見直すためにも，認知症ケアの基本と言われている日常生活をよく観察することから始めた。

＜具体的な対応と関わりを考える＞

　日常生活の観察から，パニック症状が起きるタイミングは，朝食を食べて居室に戻った後からと，トイレに行った後からが多いことがわかった。症状が起こった時の居室の様子は，服が棚から出され居室に散らかっていて，シーツはマットからはがされ，丸めて部屋の隅に置いてある状況であった。トイレの様子は，トイレットペーパーが湿った状態で置かれたり，失禁した衣類がおいてあった。おそらく，何かしようとしたがわからなくなり，混乱や不安から「帰ります」といったパニック症状につながったと思われた。そのため，居室やトイレに行った時には，必ず見守りをして声かけや介助を行い，パニック障害の症状が出現した場合は，危険と思われる行為以外は見守りのみで対応し，めまいや動悸があれば休んで頂くこととした。トイレの付き添いを断ることもあったが，毎日ケアスタッフが根気よく対応し，日ごとにパニック状態になることは減少した。また，「先生がいてくれて良かった。ありがとう」とのケアスタッフへの言葉が，ケアスタッフのモチベーションの持続につながった。パニック症状が起きるきっかけに気づき，それに対するケアプランの実践により，本人の生活を，混乱や不安から安心へとつなげられたと考える。

4）プロセスレコード

① プロセスレコードとは

　プロセスレコードとは，ヒルデガード・E・ペプロウ（Hildegard Elizabeth Peplau）が1952年に提案した，看護者と患者との間の相互作用に関する記録様式である。その後オーランド（Ida Jean Orland）やウィーデンバック（Ernestine Wiedenbach）などによって記録様式や手順などが明確化されていき，日本では「プロセスレコード」と呼ばれて，看護教育や臨床研修などで多く用いられている。また，近年では対人関係における場面の再構成法として広く有用性が認められ，他分野でも使用されることがある。

② プロセスレコードの目的

　認知症の症状のある高齢者とのコミュニケーション場面では，「なぜ？」「どうして？」「伝わっているのか？」など，何となくすっきりせず心に引っかかってしまう場面が多くみられる。実際のコミュニケーション場面では，互いに瞬間的に相手に反応を繰り返し伝えあい，その瞬間に生じた思考や感情が流れすぎていってしまうため，なぜ不快な感じが残ってしまったのか分からなくなってしまう。何となくすっきりしない不快感をそのまま積み重ねてしまい，時にはいらだちにつながってしまうこともある。

　プロセスレコードは，対人関係における相互作用場面を後から振り返り，対象者の言葉や行動の本当の意味を考えるとともに，記述者自身の思考，感情，行動を振り返ることで，今後の実践に活かしていくために用いる。

③ プロセスレコードの記述

　プロセスレコードの記録様式はいくつかあり，用いられる対象や目的などによって細部が異なっているが，基本的な項目としては「患者（対象者）の言動」「私（記述者）の感じたこと，考えたこと」「私（記述者）の言動」がある。

　場面を選択する上で特に条件などはないが，対象者との関わりの中で「何となく気になる場面」や「対応に困った場面」などは比較的印象に残りやすく，場面を再構成することでの気づきも得られやすい。ただ，どんな場面をプロセスレコードで再構成しても，学びとれることはあるので，看護や介護の場面に限らず，親子，教師と生徒，友達同士，職場の上司と部下など，あらゆるコミュニケーション場面においてプロセスレコードを用いて振り返ることで，新たな気づきがあり，より関係を深めるきっかけがつかめる。

　記述するときに気をつけるべきことは，互いの言動をその時使った言葉そのままで表現することである。どこから書き始めても構わないので，できるだけ実際にあったことを思い起こして，その時見たこと感じたことなどを，ありのままの表現で記述するようにする。

　記述していく中で，どうしても思い出せないことや，逆に，ほとんどの部分は思い出せないのにある言葉や行動だけは鮮明に記憶している，ということがあるかも知れない。プロセスレ

コードでは，なぜ思い出せないのか，なぜ強く記憶に残っているのかということも，振り返りの中で記述者の関心の方向を知る重要な手がかりになる。つまり，思い出せない部分を無理に書く必要はないし，思い出せないからとプロセスレコードを書くことをやめてしまう必要もない。

このことからも分かるように，プロセスレコードに記述された内容というのは，記述者の記憶に基づいて再構成された場面であり，「実際に起こった事そのもの」ではない，ということを念頭において活用しなければならない。

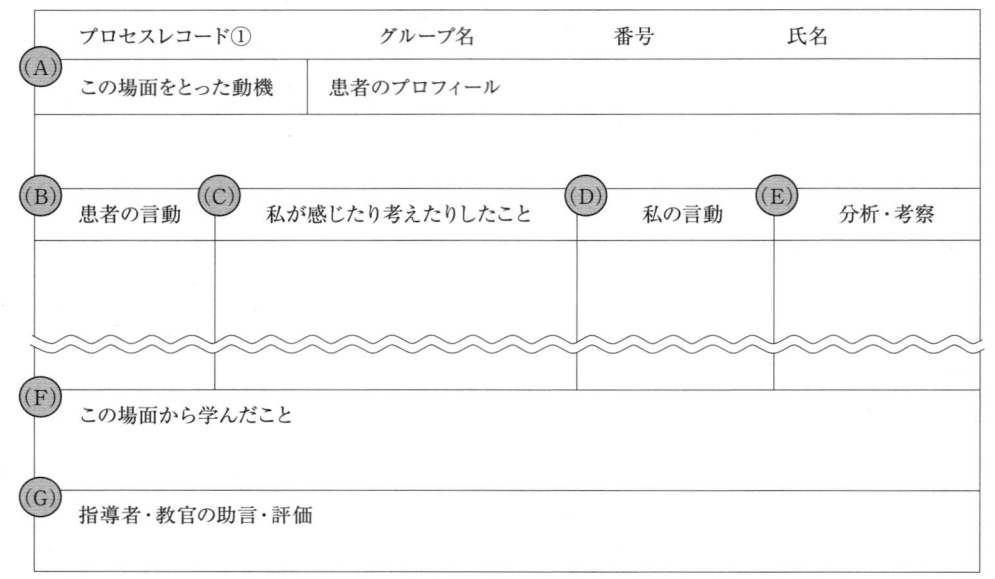

図5－3－1　プロセスレコード用紙

| プロセスレコード① | グループ名 | 番号 | 氏名 |

| (A) この場面をとった動機 | 患者のプロフィール | | |

| (B) 患者の言動 | (C) 私が感じたり考えたりしたこと | (D) 私の言動 | (E) 分析・考察 |

| (F) この場面から学んだこと |
| (G) 指導者・教官の助言・評価 |

出所）長谷川雅美『自己理解・対象理解を深めるプロセスレコード』より引用

④ プロセスレコードの評価と活用

プロセスレコードを今後に活用させるためには，記述者自身が関心を持って場面を振り返り，自己評価での気づきや考えたことを中心に置いて，他者の意見を参考にすることが大切である。作成したプロセスレコードは，自分で評価する方法とグループで評価する方法とがある。

自己評価を行うことで，自分の視点や物事の見え方，発言や考え方の傾向などの「自分の姿」，お互いの対人関係の特徴や，取り巻く周囲の状況や環境などの「お互いの姿」，言葉や行動のもつ影響力や，対応の違いによる反応の変化などの「相互作用」が明らかになってくる。

表5－3－6　ウィーデンバックによる自己評価項目

1. 再構成のために特にこの看護場面を選んだのはなぜか。
2. 患者にとって必要な援助を見極め，それを実施するために，自分の知覚，感情，思考をどのように活用したか。
3. 自分のしたことを通して，どのような成果を得ようと試みたのか。
4. 得られたような結果に至ったのは，どのような原因によるのか。
5. 再構成を行い振り返ってみることによって，どのような洞察を得たか。

出所）宮本真巳「援助技法としてのプロセスレコード」より引用

またグループで評価することにも意味がある。同じ内容の場面でも，人によって感じ方，考え方，相手への伝え方などは違ってくるからである。他者のプロセスレコードを読むと，自分だったらどうするだろう？　どう感じるだろう？　と思い，いろいろな考えを巡らせる。こうした他者の感想や意見を聞く中から，多様なアイデアが生まれたり，自分だけでは気づかなかった相手の言葉に込められた本当の思いに気づいたりすることができる。

ただしグループでの評価では，指導者的立場からの評価のほうに重きを置いて記述者を非難することや，一方的に指導者が考える画一的な方法を指導することは避けなければならない。記述者が主体となり，既成の概念にとらわれず柔軟に意見交換をすることが必要である。

これらの自己評価とグループでの評価を元にすることで，今後の対応や関係づくりへの方向性が見えてくる。

評価を行っていく上で注意する点としては，はじめからプロセスレコードを作成することを念頭に置いていると，意識して場面を探したり，あとで記述するための意図的な言動となってしまったりすることがあるので，振り返る際には考慮にいれる必要がある。

第5章 認知症ケア

【事例紹介】

表5−3−7 看護学生が認知症のある高齢者との関わりを記述したプロセスレコードの例

対象者のプロフィール	Aさん　95歳　女性
この場面をとった動機	訴えに対して上手く答えることができず，とても対応に困り，Aさんを納得させることができなかった。どう対応するべきであったのか検討するためにこの場面を選択した。

対象者の言動	私の気持ち	私の言動	私の分析・考察
		①「どうされましたか？」車椅子の横から尋ねた。	
②「エレベーターの方に連れてって」と私の目を見て言った。	③どこか行きたいのかな？　また帰りたいと言われるのかな？　嘘はつけないし，どうしよう…	④「エレベーターの方にですか？」	発言を聞いた瞬間に，どうしようという対応への不安が現れ，その不安は最後まで続いている。
⑤「うん，連れてって」	⑥とりあえず行って回っていれば気持ちも収まるかも知れない…	⑦「はい，じゃあちょっと向こうに行きましょうか」と言って，車椅子を押し廊下に出て，エレベーター近くの廊下まで行ってUターンして止まった。	
⑧「下まで連れてって」と言って，エレベーターの扉を指差した。	⑨どうしよう…	⑩「どこかに行くんですか？」	考えが甘く，エレベーター付近に行ったことでよりAさんの帰りたい気持ちを高め，質問などで増強させてしまっている。
⑪「おばあちゃんが病気でしょう，だから会いに行ってあげんならん。向こう連れてって」	⑫若返ってる!?　話をすりかえなきゃ…	⑬「どこに病院があるんですか？」	話題の転換を図るが，話題を瞬時に思いつくことができず，結局Aさんの気持ちを静めることはできていない。
⑭「県庁の方。歩いてすぐだから，連れてって」	⑮遠いし。どうしよう…話題も思いつかない。	⑯「う〜ん…」	
⑰「外に出して」今までより大きめな声ではっきりと言った。	⑱思いつかない…	⑲「私は外に出れないんですよ」	どうしようもなくて言っているが，Aさんが納得するような対応ではなく，対応に困り逃げの姿勢である。
⑳「なんで？　あんたでいいがね」どうして？というような表情をして私を見上げた。	㉑どうしよう…とりあえず食堂に。連れていけないし…	㉒「私，学生なので無理なんです。職員さんに頼んでみるんで，とりあえずここにいましょうか」と言って食堂のテーブルに連れて行った。	上手く対応していくためには，Aさんの性格や，興味のあること，趣味などを知り，Aさんにとって魅力的な事を言って，話題を転換すると良いのではないかと私は考える。

2．さまざまな療法

1）リアリティオリエンテーション

　リアリティオリエンテーション（Reality Orientation：RO　現実見当識訓練）は見当識障害を解消するための訓練で，時間・場所・季節など現実の情報を伝えて見当識を高める方法である。1958年のJames Folsom博士の「看護助手を中心とした，老人患者のための活動プログラム」が始まりである。個人に関する質問に始まり，日時や季節，場所などについて，質問を繰り返したり，季節の風物や行事などについて話したりして，認知症の進行を遅らせたり，現実認識力の維持を図ることを目指す。

　リアリティオリエンテーションには2種類の方法があり，①24時間リアリティオリエンテーションと，②クラスルームリアリティオリエンテーションである。

①24時間リアリティオリエンテーション

　対象となる認知症高齢者とスタッフとの日常生活における基本的なコミュニケーションの中で，一日の基本的な情報を自然な形で繰り返し伝える方法である。例えば，食事の時に，季節を感じさせる献立や材料を話題にしたり，季節の花を飾ったり行事を行ったり，天気，曜日，時間に注意を向けるように関わったりして，見当識を補う手がかりを与える。

②クラスルームリアリティオリエンテーション

　個人の見当識の状態に応じて，少人数の認知症高齢者が集まり，スタッフの進行のもと，同じグループで同じ時間に決められたプログラムにそって，個人および現在の基本的情報（名前，場所，時間，日時，人物など）が提供され訓練される。

　リアリティオリエンテーションは十分なアセスメントが行われた上で，個別的なプログラムの中で計画的に行われるものであるが，認知症高齢者への働きかけは自然に行われる必要がある。また，日常のケア中の声かけや，生活の中での会話に，見当識的な意味合いを少し持たせることで，リアリティオリエンテーションのアプローチができる。

2）回想法

　人は誰でも過去を懐かしく思い，それを楽しんだり，辛く感じたりすることができる。昔の歌，昔の友，昔の味などを思い出し，心が温かくなるようなことは，私たちも数多く体験している。特に高齢者は今までの過去を振り返り，過去に親しみ懐かしむ傾向があると言われる。高齢者の過去の体験や人生を大切に深く理解し，それらを日頃のケアの中で活かすことができた時，それまでは見たこともない生き生きとした表情，仕草，会話等に出会うことができる。介護の現場でも度々その場面に遭遇することがあるが，これが回想法である。愚痴と捉えられがちな高齢者の回想に，共感しながら寄り添う聞き手がいたり，自己能力を使う場面も見つけられないまま，安穏と過ぎていく日々の中で，五感を刺激する何かに出会えた時，高齢者は予想外の反応を見せてくれる。援助側も，高齢者が語る数多くの体験談にその人の「計り知れない力」を感じることができる。回想法により，その人の心を動かし心身ともに活性化されていく様は，私たちの介護意欲をかきたて，「その人」の生活の中に持てる力を発揮できるという素晴らしさや高齢者から学ぶことの重要性を教えてくれる。

【回想法グループ導入例】
よつば会：回想法のグループ名を施設のシンボルマークである「四つ葉」から「よつば会」とし，四つ葉のイメージから参加利用者にとって，幸福・良い出会いという願いを込め名づけた。
種類：レミニッセンスで行う（一般的回想法でメンバー固定のクローズド）。
実施方法：1時間・毎週1回を1回とし，1クール8回とする。1グループは8名とする。参加者の選択にあたり，認知度は中等度程度の人までとし，うつ病などの心理的に影響を受けやすい人は除く。

【よつば会の展開】
開始前：打ち合わせを行い，どのように展開するかを確認（グッズや，座席の注意事項，リラックスのための体操など）。
会場設定：椅子を並べて，その上に名札を置く。リーダー，コ・リーダーの椅子を設置。日付やテーマをROボードに記入。室温調整・BGMの確認。グッズの確認（置き場所・使うタイミング）お茶の用意・時計など。
利用者誘導：リーダーはBGMをかけ利用者到着に備え，コ・リーダーは利用者を迎えにいく。
セッション：ROボードに沿って説明・リラックス体操・自己紹介。回想は，時に手作業や料理，おやつ作りを行った。また，季節を想起できるものとして，「田植え」「梅干作り」「漬け物」などを行ったり，秋祭りのテーマでは，「金魚すくい」を夜店さながらに行った。その後，興奮した気分を鎮静化するためにクールダウンを行い，いつもの自分に戻ったところでフロアに誘導する。誘導の途中，参加者がどう感じていたかなどを探る。
【終了後】　記録・反省会・次回の打ち合わせ・後片付け。

3）ライフレビューブック

　年齢を重ね長い過去の人生を上手くつなげず，認知症になって更に家族にさえ今までの自分を知ってもらうことのできない辛さを思い遣り，途切れたままのその人の過去や，伝えられなかった想い，間違って捉えられてしまった人生について，「正しい物語として，本人の伝えたい人」として伝えていくことがライフレビューブックの目的である。認知症になってその人らしさは崩れても，その人が最後の時を迎えるまで「大切にしてもらえる」支援を目指していくことが求められる。「ライフレビューブック」の作成を通して，認知症高齢者の心理的安定や，その人の人生の生活の中に根ざした肯定的な側面を発見することに繋ぐことができる。また，孤立しやすい認知症高齢者と家族との関係の再構築や，職員のやりがいにもつながる。

表5－3－8　ライフレビューブックの例

	M・Sさん（女性　87歳）	I・Sさん（女性　71歳）
選んだ理由	認知力低下し，常に受け身で物静かな人 「昔は男勝りだった」当時のことを思い出し，それを形に残し楽しく振り返る機会をもってもらいたい	日常的に努力をし，自立に近いため，スタッフとの関わりも少なく，これをきっかけに理解を深め，良好な関係性を構築したい
経過	毎回20～30分の関わり，8回実施で完成。初めの数回は思うように思い出せず話が進まなかったが，回を重ねる毎に当時を思い出し，エピソードを感情豊かに表現され自分自身の人生を「貧しくても幸せだったな」と締めくくられた	話好きのため話しだすと1回に長いと2～3時間を要し，5回の実施で完成する 子どもの頃から辛い体験が多く，自分の人生を否定的に捉えていた。作成にあたり抵抗があったが，「あなたになら全部話してもよい」と。毎回聴き取りして書いたものを本人がチェックをし「これなら娘に見せられる」と完成にこぎつけた
変化	物静かであまり話をされない方 ⇒元気で大きな声で話され，自分から話しかけられるようになる スタッフとも親近感が生まれる	今まで関わりが少なかったが，話ができたことにより親近感がわき，スタッフに関心をもってくれるようになった。些細なことでも手を振ってくれたり，笑顔が増えた
気づき	施設の中の切り取った時間の中だけで見ていた ⇒歩んできた人生と今とを重ねて見た上で，「幸せだった！」と言える強い人であると気づいた	子どもの頃の苦労が影響を与え，「人と関わることで嫌な思いをしたくない」と，特定の人以外とは関わらないようにしていたことに気づいた
今後のケア	単に手先が器用ということで，折り紙・編み物をやってもらおうと考えるのではなく，今後は本人がやってみたいこと，楽しみたいことを一緒に探し提供していきたい	見てほしいと思う自分の姿をライフレビューブックを通し，娘にも理解してもらえるように，ゆっくりと時間を割いて関わっていく

4）イメージ調理

「イメージ調理」は，重度の認知症の方とのコミュニケーションの方法の一つである。その方の健康な頃の生活における役割を活かすことで，さまざまな人との関係性も良好になる。

【Bさんのイメージ調理の取り組み】

刺激のない環境では居眠りをしてしまったり，活動に対し消極的なBさんであるが，息子夫婦と良好な関係にあり，調子が良いとテンポよく会話ができるということを活かし，Bさんに即した内容で取り組むことにした。最初はとりとめのない話で終わり，展開していくことは難しいかとも思えたが，2回目3回目と行う中で機嫌よく受け入れられるようになり，ケアプランに組み入れ取り組むこととなった。家族との食事状況や，本人の家庭での役割，得意な料理，家族がもう一度食べたい母親の味等を息子夫婦から尋ね，できる限り本人の関心が高まるよう努めた。

家族との食事状況：外食はあまりすることはなく，家族が揃うのを待って食事をしていた。

本人の家庭での役割：朝は息子の嫁が作り，昼と夜は本人が買い物に行き調理していた。料理の種類は少なく，野菜の煮物が多かった。得意な料理というほどのものはなかったと思われる。しかし，お盆やお祭りにはお寿司（ちらし寿司）を必ず作ってくれていたことが，家族の記憶の中には強く残っていた。

そこで，Bさんと話し合った結果，「ちらし寿司ぐらいなら，覚えている」という言葉から，折り込みチラシによる買い物から，料理の手順，方法から料理の完成までを1カ月間のプランとして行った。

○内容

① ちらし寿司の材料に何を使うのかを聞きとり，ノートに記入

材料：かんぴょう・卵・しいたけ・ちくわ・キュウリ・人参・醤油・砂糖・米・酢・塩（醤油・砂糖・米・酢・塩については，家にあるからいいと本人が言う）

② 3カ所のスーパーの折り込みチラシを用意し，選んでもらう

③ 材料別に切り方や調理の仕方を，聞き取りをしながら絵と共に記録する

④ 寿司飯の作り方の聞き取りをする

⑤ 画用紙にお皿を描き，寿司ご飯を盛りつけた絵を描いてもらう

⑥ ちらし寿司にのせる具材を，1種類ずつ聞き直しをしながらご飯の上に描いてもらう

⑦ 日にちを改めて，再度話をしながら出来上がった絵に，色塗りをしてもらう

⑧ でき栄えの感想や，料理の難しい点について聞き取りをする

⑨ 息子夫婦の来所時に，画用紙に描かれた「ちらし寿司」を見てもらいながら，当時の話を回想する。また，家族の「ちらし寿司」に対しての，思い出や味を共有できたかを同席にて情報を収集し，評価を行う

第3節　人的・物的環境からのケア

5）外出支援
① 外出の意義
　高齢者の外出は身体面や精神面において，本人へ良い影響をもたらすとともに，社会的にも，介護予防，閉じこもりの予防，地域との関わりの形成などの効果がある。
【期待できる効果】
- 閉じこもりの防止：一回は家の周りを散歩してみたりするなど，外に出る習慣は大切。
- 心身機能の低下の予防：気分転換や身体を動かす機会となる。
- 孤立感の解消：利用者同士や付添いの職員とのコミュニケーションの機会となる。
- 金銭感覚の維持：買い物により金銭感覚が戻る。郵便局や銀行なども利用すると良い。
- 季節の体感・時間の感覚の維持：春夏秋冬を感じることができる。
- 身だしなみやおしゃれ：女性の方であれば，化粧や髪型などに気を使うようになる。
- 本人の希望の外出：友人と会う，美術鑑賞，食事，買い物など，本人の意向にあった外出。

② 外出時の注意
　外出が億劫となる原因を検討することにより，スムーズな外出へと結びつけることができる。本人の気にしていることや，配慮が必要であることを把握しておくことが必要である。
＜排泄＞　排泄の方法やタイミング，必要な持ち物などの把握が重要となる。排泄のパターンを知り，トイレのタイミングを考慮すると安心して外出できる。
＜移動手段＞　身体能力（病気など）に応じた移動手段の検討が必要である。外出先の車いすの利用が可能であるか，階段などの有無などを把握する。
- 公共交通機関を利用する：エレベーターやエスカレーター，切符の購入場所などの把握
- 施設の車両の利用：リフト車か，普通車など車両の種類の選定
- 車いす：車いすの操作がどの程度できるか。外出先での車いすの利用が可能であるかの把握
- 歩行：歩行能力（距離や時間）の把握。階段，段差が移動中にあるかの把握

＜身体状況＞　高齢者は，いろいろな疾病を持ち合わせていることが多く，外出の支障となっていることが多くある。外出先での薬の内服や狭心症の発作時の内服が必要である方や，長時間の外出が身体に負担となる場合もあるため，一人ひとりの身体状況の把握が必要である。
＜情報の提供＞　何よりも外出は本人の希望される所に行くことが一番よいことである。施設の部屋の中で閉じこもりがちな生活をしていると，外出する意欲をもたらす情報を得ることができない。また，施設の対応（付き添いや移動の介助）で外出が可能であるという環境にあることが自覚できないこともある。外出したくても，身体に障害があったり，交通手段がなくて，外出をあきらめていることを続けていると閉じこもりがちな生活へとつながる。施設としてどのような対応ができるかを検討し，安心して外出している実績を作り上げることが必要である。

第5章　認知症ケア

【外出レクリエーションの実際】

　外出支援を年間行事として毎年計画をしており，施設全体で取り組む大きな行事としては，5月の花フェスタ記念公園の散策と7月の夏祭りがある。看護・介護スタッフだけでなく，施設のさまざまな職種の協力のもと，各フロアにおいて，個々の利用者のニーズに応じた外出レクリエーション（以下，外出レクとする）に取り組んでいる。外出レクの多くは食事である。食事がおいしく食べられるということが最も大切だと考えているからである。施設内の生活は慢性化しやすく，外出レクにより生活に潤いや生きがいがもたらされると考える。

○実践された例

- 年に1回5月に花フェスタ記念公園へ，一日10人位ずつ，週に3回実施を約1カ月間行う

　5月の花フェスタ記念公園散策は，地域の方やボランティア，そして家族の協力を得て実施している。ちょうど，バラの開花時期と重なり，利用者の方々は，バラに負けないような笑顔がとても素晴らしく，楽しい時間を送ることができている。記念写真を撮ったり，バラアイスを食べたりしながら，約2時間を過ごす。

- 月1回，誕生月の利用者（3～4人程度）で外出する

　当施設の利用者の方は回転寿司を好む傾向がある。施設ではキザミ食の方が，お寿司をおいしそうに食べられるという一面を知ることも多い。その方の持てる力に気がつき，食事形態を向上できることも多い。

- 公園だけでなく市町村の割引券情報から，サーカス鑑賞や各種テーマパークなどに出かける

　利用者の希望を聞き，お金を使わない場所や障害があっても利用できる店をマップで選ぶ。公園では，芝生に座り，昼食を食べ，紫外線をいっぱい吸収することもできる。

- 他の施設との交流会などに出かける

　他の施設への訪問として，食事を兼ねた交流会を実施している。お互いに話ができる利用者は「あんた，歳いくつ？」とか「家はどこ？」と聞かれたり，昼食に出たみかんを差し出し「これ食べて」と会話が弾む。

○普段の暮らしの中での外出レクリエーション

　外出するということは，普段の暮らしの中では自然に営んでいる生活の一部である。外出レクを行うことによって，マンネリ化する生活にメリハリができ，利用者の気分転換が図れる。「今後は，○○へ行きたい。連れて行ってもらえるかな？」など次の楽しみを表現したり，外出により職員と一緒に食事をするという同じ空間を共有でき，いつもと違った一面を感じることができたり，施設では食事が進まなかった方が，美味しそうにお寿司を食べることができたことなど，利用者の持てる力を多く発見することができる貴重な機会である。意思表示ができない利用者に対しても，積極的に声をかけて，外出レクへ誘う試みは，利用者の社会復帰を促す大きな力となる。

6）手芸とリハビリ―刺し子で昔を思い出す

【刺し子】

　刺し子は，日本の伝統的な手芸の一つであり，布地に幾何学模様の図柄を糸で縫う。刺し子をすることで，日本の歴史や昔の人々の暮らしを思い出す機会となり，針と糸を持ち手指を動かすことでリハビリテーションにも役立ち，柄を考えたりすることで脳の活性化ができる。

【刺し子の歴史】

　刺し子の発祥は定かではなく全国各地にある。最古のものとして有名なのは，津軽地方の「津軽こぎん」であり，その昔は，木綿は貴重なもので，綿の栽培ができなかった東北地方では農民は木綿を着用することが藩令により禁止され，麻地を衣服の補強と保温のために麻の白糸で刺して塞いだといわれている。明治に入ると，綿が普及した。農民は藍染の木綿地を作業着としていたが，木綿地は乾燥していると弱いため，肩や膝部分に生地を重ね補強をした。藍が防虫に良いため，藍染生地を使用し，傷んだら刺し子で補強してまた使っていた。

【刺し子とリハビリテーション】

　刺し子は，高齢者施設においては，リハビリテーションとして用いられることが多い。

○刺し子をリハビリテーションとして利用する場合期待される効果

　① 針仕事を通して昔を思い出す

　② 手指を動かすことで，集中力を出すことができる

　③ さまざまな触感を感じることができる

　④ 作業中の時間や完成した作品を通してコミュニケーションがとれる

○刺し子をリハビリテーションとして利用する場合の利点

　① 自分のペースでできる

　② スペースをとらず，費用がかからない

　③ 静かな作業である

　④ 針仕事にまつわる話が広がる

【針仕事にまつわるいろいろな話】

針供養：針の使用を謹んで，針仕事を休み，古針を豆腐やこんにゃく，あるいは餅に刺して，神社で供養したり，川へ流したりするのが，一般的であった。なぜ，豆腐やこんにゃくなどに刺すかといえば，柔らかいもので針に楽をさせ，今までの針の労に感謝するという意味で，この日，芋，大根，焼豆腐，あずき，にんじんなどの煮物料理を食べる，俗にいう"いとこ煮"とか"六質汁"も，こうした縁起からきた。

千人針：1mほどの白布に，赤い糸で千人の人に一人一針ずつ縫って結び目をつくってもらう。兵士はこれを銃弾よけの護符として腹に巻いたり，帽子に縫いつけたりした。

第5章　認知症ケア

【刺し子の実際】
〇対象者
　身体的には，座位で作業ができ，手指の機能が保たれている方が良いが，針に糸を通す，はさみを使うなど，介助者が手伝いをすればできる場合は可能である。軽度認知症の方でも十分な見守りができれば可能である。

〇道具・材料
　針，指ぬき（高齢者は縫い物のときに使用される方が多い），はさみ，針山，まち針
- 事前に全て数を数えておき，使用前後で確認をする。作業後，衣類から針が出てきたり，床に落ちていると危険である。床がじゅうたんなどだとわかりにくいため，十分な注意を払う。
- さらし布が使いやすく，縫い目などが見やすくなるように，識別しやすい糸の配色とする。
- 布地は大きいものであると扱いにくくなるので，最初は小物から始めると良い。
- 布は二重が縫いやすく，ふきんにする時などは四方をあらかじめ縫ってずれないようにしておくと縫いやすい。

〇手順
① さらし布を中表に二つ折りにし，端を縫い裏返して四方の端を縫っておく。
② 図案をチャコペンシルなどで写す。
「麻の葉」「亀甲」「矢羽」「格子」「籠目」「分銅」「網目」「竹」「藤」「桜」「柿の花」「紫陽花」「千鳥」「鱗」「雷」「青海波（せいがいは）」「野分」などの図案がある。
③ 図案のように縫う。
レベルに応じた対応が必要になる。糸や布の色を変えたりすることで面白い作品となり，多少の縫い目の粗さや曲がりは気にしないで進める。

〇作品完成後
文化祭などで飾るときは色画用紙にふきんを貼るだけでも立派なものとなる。また，生活の中で使用していくことで話題づくりもでき，次回の作品への意欲が芽生える。

【実践経験から】
　週に1回，「手芸クラブ」として活動し，刺し子から実践を始めた。集まるメンバーは多い日で10名ほどであり，車椅子や杖歩行の方，認知症の方も参加した。最初は縫い目が曲がったりしてうまく縫えなかった方が回を重ねるときれいな縫い目となったり，スピードが速くなり，昔のお針仕事の勘が戻ってくることも多い。認知症の方は，職員が付き添うが，直線縫いや折り返して縫うところのアドバイス，糸の交換や玉止めをお手伝いすれば縫うこと自体は楽しそうで集中して取り組むことができた。はじめは「こんな難しい柄はだめよ」「目がだめね」と話されていた方々も一つ作品が完成すると次の作品へと創作意欲が出てきた。縫っていると図

案が消えてしまうこともあり，普通の鉛筆やボールペンで図案を描いてみるという工夫もした。普段は違うユニットであまり話すこともない方同士が週に1回会え，楽しみの機会となった。

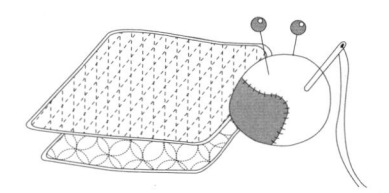

7）季節を感じる工夫

季節の行事を考えるときに，参考となるのが，旧暦である。高齢者も含めて私たちは，旧暦で季節の行事を行っていることが多い。日本では，四季の変化を細やかにとらえて，生活をしてきたという歴史がある。

【二十四節気・七十二候・雑節・五節句】

○二十四節気：カレンダーを見ると「冬至」「立春」などの表記があり，1年を24に分け，それぞれの節気につけられた名称である。古代中国で太陰暦（月の満ち欠けに基づいた暦）を使用していたところ太陽の位置と無関係であるため，季節と暦がずれ，農作業（種まきなど）に不都合が生じたために作り出されたものである。2600年前の中国で使用されていたこの「二十四節気」が日本の農業にも普及した。日本では明治5年までは天保暦（「二十四節気」が導入されている太陰太陽暦）を使用していたが，現在は西暦（グレゴリオ暦）を使用している。

　　　　立春，雨水，啓蟄，春分，清明，穀雨，立夏，小満，芒種，夏至，小暑，大暑，立秋，
　　　　処暑，白露，秋分，寒露，霜降，立冬，小雪，大雪，冬至，小寒，大寒

○七十二候：各節気をさらに3等分したものである。

○雑節：日本の農業では，この「二十四節気」の考え方では不十分であったため，独自に考えられたものである。節分，彼岸，八十八夜，入梅，半夏生，土用，二百十日など

○五節句：「節句」は季節の変わり目の奇数月に，邪気を祓うために行われた宴である。

　　　　人日の節句（1月7日　七草がゆを食べる）
　　　　上巳の節句（3月3日　桃の節句，ひな祭り）
　　　　端午の節句（5月5日　男の子の節句）
　　　　七夕の節句（7月7日　たなばた）
　　　　重陽の節句（9月9日　菊の節句）

【高齢者施設での季節行事の意義】

季節行事は日本の伝統と文化が生んだ風習である。お正月やひな祭り，七夕などの他，最近では，クリスマスやハロウィンなど西洋の行事を取り入れている施設もあり，施設での単調な生活と違う行事への参加は楽しみの一つである。

- 四季折々の行事により，季節を感じ，五感を刺激し，月日や時間の感覚を持てる。
- 行事に向けた，目的のある作業準備や練習などは，意欲を増進するきっかけとなる。
- 昔からの伝統的な行事や風習を再現することで，利用者の疎外感を取り除き，安心感に繋がる。
- 社会性を回復し，コミュニケーションが広がる。

第3節　人的・物的環境からのケア

【クリスマス飾りの実際】
○準備

　ツリーに見立てた木の枝（これもホーム内で集めたもの）を含め，すべて花用スポンジ（オアシス）に差し込むだけで完成できるように準備する。飾りにもワイヤーをつけて差し込みやすくする。

　土台作りは，給食用の小さい牛乳パック（四角い形で8cmの高さにカットしたもの）に倍ぐらいの長さの花用スポンジを入れ，出ている部分を削って四角錐の型（あまりとがらせない）にし水を含ませておく。

○作り方

　①花用スポンジに，4～5cmにカットしたヒバの枝をてっぺんに1本，底辺に4本さし，これらの枝先をつなぐように枝を詰めていく。

　②クリスマスツリーのミニチュアのようなものができる。松ぼっくりや赤い木の実，折り紙のサンタ，リボンなどを全てピックにして差し込めるように用意しておき，バランスよく差し込む。

　③最後にラッピングペーパーで牛乳パックの土台を覆って完成させる。

○作業の様子

　テーブルを4人一組にセットし，少人数で会話を楽しみながらできるように工夫した。事前に現物や材料を用意しておくことで作品がイメージでき，すぐに作業に取り組むことができる。

　職員が手本を示しながら実施し，ゆっくりペースの方は枝を切るなどの手伝いをし，差し込みについては本人に行ってもらう。利用者同士でアレンジの工夫についての意見交換もあり，和やかな雰囲気で実施できる。

8）園芸療法

　アメリカ園芸療法協会では「園芸療法は植物や園芸作業を身体，心，及び精神の改善に必要な人々の社会的，教育的，心理的，および身体的調整に利用するプロセスである。園芸療法が効果を発揮すると思われる人々のグループとは，身体障害者，精神病者，知的障害者，高齢者，薬物乱用者，犯罪者，および社会的弱者を含む」と定義されている。日本では，1900年頃から，「園芸療法」が精神病院などで作業療法の一つとして取り入れられてきた。園芸療法の資格や教育は，アメリカ園芸療法協会（AHTA）の基準が世界基準と考えられているが，日本では歴史が浅く，世界基準に対応していない。そのため，「園芸療法」の定義は各組織，団体や関係者により多少違いがあり，教育や資格制度についてもばらつきがある。

【園芸療法の実際】

① 園芸療法の目的，目標の設定

　目的：ADLの向上・維持，QOLの向上など

　目標：長期的には目的達成に関わること，短期的には，園芸作業でできること

② アセスメント：身体機能，精神状態，生活背景など

③ 園芸療法プログラムの計画

　活動単位：グループ，個人

　活動頻度：月に〇回など

　内容：植物に触れ五感が刺激されるような内容が効果が高い。30～50分程度が適当である

④ プログラムの実践：プログラムに沿って，コミュニケーションをとりながら，必要な場面での支援・援助を行う

⑤ 評価：3カ月に1回（頻度は各活動単位で決定）評価をする

【活動実施上の課題】

① 予算：介護保険で運営している高齢者福祉施設には余分な予算はないが，「園芸療法」にはある程度の道具，場所，材料が必要である。一時的な出費は可能であっても，現在の介護報酬の体制では，継続した取り組みは難しい。

② 個人情報保護：個人情報保護法が施行され，「園芸療法」プログラム作成については，利用者に対する少ない情報の中で，個別的プログラムを作成している。情報が少ないと利用者の個別性を大切にしたプログラム作成は難しくなる。

③ 高齢者の状態の変化：原因はわからないが，意欲がなく，おかしいなと感じることは多々あり，前回できた活動が今回できないこともある。活動の中で利用者の情報を把握しながら，その時の状態に合わせて臨機応変に作業内容の変更をすることが必要となる。

9）アニマルセラピー；動物で心が癒される

アニマルセラピーという言葉は，広義的な意味では「動物と人間のかかわりが人間の健康や生活の質を向上させる療法」である。

○ AAA（アニマル・アシステッド・アクテビティ）＝動物介在活動

　動物と人がふれ合い，身体的，精神的な生活の質を向上させるためのきっかけを作ったり，学校教育や地域でのレクリエーションのための機会を提供することが目的である。治療上のゴールは設定されず，ボランティア活動として行われることが多い。

○ AAT（アニマル・アシステッド・セラピー）＝動物介在療法

　治療の一部分に動物とかかわる活動を導入し，治療上の効果を期待する。治療目的・目標が設定され，治療には人の医療側の専門職（医師，看護師，理学療法士など），動物の専門家，ソーシャルワーカー，ボランティアなどの協力により行う。

○ AAE（アニマル・アシステッド・エデュケーション）＝動物介在教育という分類もある。

【日本でのアニマルセラピー】

　日本の高齢者施設では，AAAの活動がほとんどであり，NPO法人やボランティア団体が主体となり，動物とともに施設に訪問し，活動をしている場合が多い。活動する団体は，アニマルセラピーを実践するにあたり，独自の基準に基づき，高齢者とのふれ合いの仕方や動物の対処方法，管理方法，施設でのマナーなどを学んで臨んでいる。また，日本動物病院福祉協会が行っている「CAPP活動（コンパニオン・アニマル・パートナーシップ・プログラム＝人と動物の触れ合い活動）」に基づいて活動を行っている団体や施設もある。

【アニマルセラピーの効果】

＜生理的効果＞

- 動物とふれ合っていると血圧が下がる。
- 動物に対して何か働きかけたいという意欲が出て，動作や運動が増える。
- 動物に対して，話しかけようとする意欲が出て，発語が増える。
- 犬を飼っている人は，飼っていない人よりも，コレステロール値が低い。
- 動物の毛並みや暖かさなどに触れることにより，感覚が刺激される。

＜心理的効果＞

- ストレスや孤独感を癒す。
- 元気が出て，意欲や動機付けなどが増す。
- 動物に対しての感情の表出（言語的・非言語的）ができる。
- 自尊心や責任感などをもたらす。

＜社会的効果＞

- 動物とふれ合ったことで，動物の話題提供がされる。

- 動物の話題により，活動に関わったボランティアや周囲の同じ利用者などと会話が増える。
- 外部（ボランティア団体など）や施設内でも日常では会えない人などとの交流ができる。

【高齢者施設でのアニマルセラピーの留意点】

○動物
- 動物の健康管理，伝染病予防接種やノミや寄生虫の駆除がされていることが必須となる。
- 人がたくさんいる場所や，他の動物たちがいても落ち着いていられること。
- 人から触れられている間，噛んだり吠えたりせずに，落ち着いていられること。
- 飼い主の指示や号令に反応でき行動できること。

○施設
- 参加者の生活歴や状態を勘案しておく（参加者が活動に適しているかの確認）。
- 活動場所は，食堂などは衛生面を考え，避けたほうがよい。
- 活動時間は動物には30分くらいが適している。活動時間や時間帯を検討する。
- 活動時に参加する職員はアニマルセラピーについて理解する。

○利用する方で以下のような方は活動に参加するのは控える。
- 動物が嫌いであったり，動物に対しての妄想などを持っている場合。動物が嫌いな方でも，はじめは遠くから活動の雰囲気を眺めるなどして，慣れていけるような工夫をすると良い。
- 動物に対してのアレルギーなどがある場合。
- 感染に対する抵抗力が低下している方。
- 動物に対して，危害を加える方。

【アニマルセラピーのこれから】

2007年「IAHAIO（人と動物の相互作用国際学会）2007東京宣言」では5つの決議がされた。
① 動物との直接的な接触を望まない人の権利も尊重しながら，適切に飼育されているコンパニオンアニマルの同居を認める住宅規則を制定すること。
② 動物介在療法や動物介在活動のために，特別に選ばれ訓練された健康で清潔な動物が医療施設に入れるように推進すること。
③ 動物介在療法，動物介在活動を実施するために適切に訓練された人と動物を認めること。
④ 動物がいることによって恩恵を受けることができるあらゆる年齢層のケアセンターや入居施設において，コンパニオンアニマルの存在を認めること。
⑤ IAHAIOリオ宣言（動物介在教育実施ガイドライン）に基づき，学校カリキュラムにコンパニオンアニマルを介在させることを推進すること。

＊IAHAIO：人と動物の相互作用の正しい理解を促進させるために各国で活動している学会。日本でのナショナルメンバーは「日本動物病院福祉協会（JAHA）」と「ヒトと動物の関係学会（HARS）」の2団体である。

第3節 人的・物的環境からのケア

10）音楽療法

【音楽療法の定義】

　セラピーの語源から音楽療法を見ると，音楽療法は，音楽，クライエント，およびセラピストを最低限の構成要素としている。そして，この3つの要素が相互に力動的にかかわることによって，発展していくプロセスである。つまり，「どういうクライエントに対して，どのようなセラピストとクライエント関係の中で，どのような音楽が用いられていくのか」の相互プロセスといえる。

　さて，「音楽療法とは何か」という定義は，療法士の数だけあるといわれている。さらに，定義は，医療技術の進展や時代の要請と共に変わっていく可能性があるとされる。

　林（2007）は，音楽療法には芸術的・科学的な側面があると同時に，目的や方法や理論的背景にも多様性がある，さらには，人間関係のプロセスなどさまざまな要因を含むことに起因する音楽療法の定義づけは難しいとし，「音楽療法とは何か」の問いに，全ての人を納得させることができる普遍的な答えを得ているだろうか，と述べている。

　Brucia（1998）の定義は，「音楽療法とは，クライエントの健康の改善・回復・維持することを援助するために，音楽とそのあらゆる側面—身体的側面，感情的，知的，社会的，美的，そして霊的 Spiritual—を療法士が用いる相互人間的プロセスである」とした。

　Wheeler（2002）は，「音楽療法とは，音あるいは音楽を用いて，障害者だけでなく健常者を含む全ての人間に共通する人間的コミュニケーションを相互に展開することであり，それによって健康と生活の質を高める医療的及学習的援助である」と捉えている。

　日本音学療法学会の音楽療法の定義は「音学に内在する，人の心に直接訴える力を用いて，精神的，身体的，社会的にも健康の回復や改善，維持のために，意図的に音楽を使用する治療法」としている。長谷部ら（2007）は高齢者の現場では，"回復""改善"には，大きな期待は持てないものの，QOL（生活の質）の向上により，充実した人生が送れることを目指して行われる。"維持"については現状維持ができたとしたら大きな成果であるが，それにもまして生きようとする意欲を持たせることにあるとしている。"病は気から"といわれるが，数量化できない"心"というものは，目に見えないのにもかかわらず，大きな力となって心身にも微妙に作用する。そのための道具として音楽は有効だとしている。

【高齢者の音楽療法—岐阜県を例に】

　岐阜県は全国に先駆けて，1994（平成6）年に岐阜県音学療法研究所を立ち上げ，1996（平成8）年8月から岐阜県独自の音楽療法士として岐阜県音楽療法士（GMT）を認定，発表会，事例集の発行などを行っている。岐阜県音楽療法士は，2010（平成22）年4月現在，17期771名が県内外に送り出されている。日本では音楽療法士は，音楽療法学会の認定する資格で，国家資格ではないが，現在国家資格への検討をすすめているところである。

第5章 認知症ケア

　門間（2007）は，岐阜県音楽療法士の養成に関わり，高齢者をどのようにアセスメントし，どのような目標を設定し，目標を達成するためにどのような音楽を活用したかなど明確にしている。門間によると，高齢者領域を目指した音楽活動のアセスメントは，①診断名，②具体的障害や問題行動，③コミュニケーション，④療法認知領域，⑤感情領域，⑥運動領域，⑦対人関係領域，⑧音楽に関する特別な行動，⑨セラピストが対象者に抱いている気持ち，対象者に関しての職員からの情報などである。

　実践的活動は，認知領域を目指した音楽活動として，懐メロで過去を振り返る，レインスティクを鳴らしながら小川の歌を歌う，個室で軍歌を聞きながら話をする，季節の歌を歌うなどである。これに加え，さらに感情領域では，フルートの演奏や青春時代の歌などその人にとって大切な特定の曲を繰り返し取り上げることにより，表情豊かで情緒が安定してくる人もいる。

　運動領域を目指した音楽活動では，ラジオ体操，行進曲で歩行訓練，音頭に振り付け，スキンシップをしながら行うなどがあげられる。

　対人関係を目指した音楽活動としては，デュエット，楽器演奏，音楽発表会など対人関係がよくなり，仲間とのかかわりが深まるなどの効果が見られる。さらに楽器を創る，ギターでリクエストを弾く，誕生日に歌のプレゼントなど生活の質の向上につながる活動となっている。

　佐々木ら（2009）は，音楽がなぜ，認知症ケアに役立つのか，2つの要因を提示している。第1の要因は，認知症によってばらばらになった体験を音楽が統合する。過去と現在との分断が，音楽によって乗り越えられ現在と過去が統合された状態である「回想」を生じさせる。第2の要因は，認知症によって生ずる状態と音楽体験によってもたらされる状態と共通点があるとしている。そこで，"認知症における内的体験"と，"音楽によってもたらされる内的体験"との間に，「あらゆる雑念から自由になり，その瞬間の喜びに埋没しうる」共通性ができる。つまり，最高に充実した音楽体験（心理学者チクセントミハイのいうフロー体験）ができるのである。

　いずれにしても，高齢者領域の音楽療法の活動目標は，症状の回復・改善が一番ではなく，「生活を支える」以前に，「生きていこうとする本人の気持ち」を支えることが重要である。つまり「意欲の喚起」ではなく，「いかに生きるか」「いかに生活していくか」「いかに日々を過ごすか」ということであろう。その際，「人とのつながり」が生きていくうえでは欠かすことができないもので，「人といかに関わるか」という点では音楽療法士側のコミュニケーションのとり方や対人交流の能力も問われてくる。われわれがそのような視点で活動を進めているかを振り返る必要もある。さらに高齢者領域の音楽療法は，いかなる身体・意識状態にある人であれ，その人の中に閉じ込められた"内側にある私というたましい"の部分に，音楽で主体的に働きかけるのが，音楽療法士の担当する部分のねらいであることを明確にしている。

長谷部ら（2007）は，高齢者にとってなぜ音楽療法なのかについて次の7点を挙げている。
① 心を癒す力がある。1／Fゆらぎ理論（緊張と緩和の適度な刺激量）による病んだ心を慰め，治し，健全な状態にする。
※音楽療法は，音楽に内在する感動を表情豊かに表現しなければならない。
② 快感は脳内に精神伝達物質を発生させて脳内を活性化させる。
③ 歌うこと，鳴らすこと，曲に合わせて体を動かすことなどによって，脳が活性化される。
④ どんな人にも適用できる（認知症の程度，過去の生活の違い，障害の程度など）。
⑤ 孤独や喪失感からの解放。
⑥ 長い人生を，歌に伴う思い出で振り返り，納得し，受容できる。
⑦ 同時に回想による脳の活性化ができる。
※音楽療法はこれらを利用して情動に訴え心を動かし，体にも良い影響を及ぼし，治療に役立てる。

以上のことから，高齢者にとって，音楽療法は生活の道具の一部であり，今後も心や体の栄養剤となり，高齢者の生活の質の向上をもたらすものである。

【具体的な活動例—音楽療法の概要】
○音楽療法の取り組みのきっかけ
　岐阜県の音楽療法の発端は，地域のガヤガヤ会議の中で，「介護していた父親にある歌を唄いかけたところ，昔を思い出して，いろいろな話をしだし元気になった」という話題を，知事が耳にしたことである。その後，知事がオーストラリアの視察時に，音楽療法士と呼ばれる人が施設や病院で活躍している姿を知ったことから，岐阜県でも福祉の現場で音楽が活用できないか，行政としてバックアップできないかが検討された。そして，1994（平成6）年，門間氏により高齢者の音楽療法導入にいち早く取り組むことができ，音楽療法の活動は自然に受け入れられた。

○音楽療法の目的
　「音楽療法を通して，利用者の心が安らぎ，安心した暮らしがおくれるように」を目的とする。

○音楽療法の活動内容
　内容：民謡，歌謡曲，童謡等，また楽器使用
　音楽療法士各2名が指導
　時間帯：10：30～11：30
　参加者数：基本的には，自由参加による活動
　・毎月第2水曜日…1階フロア　　平均20名（入所利用者）
　・毎月第3水曜日…西町フロア　　平均15名（入所利用者）
　・毎月第4水曜日…本町フロア　　平均20名（入所利用者＋ショート利用者5名）

○音楽療法の魅力
- 寝ている方が起きて歌を口ずさむ。
- 寝たきりの方が，好きな曲を聴くと目をあけたり，表情が豊かになる。
- 自然と手拍子を打つ。
- 笑顔が出る。
- 話がはずむ等。

○音楽療法の効果

　音楽療法は，歌の中にある背景・人や時代・場所などが，利用者の心の中に描かれた背景と合致したとき，その人の心の扉が開かれるといえる。このことからも音楽（療法）は「無限の力を広げる力」である。その人が昔を思い出し，脳を活性化させ，自分を元気にするという意味では，回想法と同じ効果があると感じる。

○これからの音楽療法への期待

　現在，音楽療法は参加できる方を対象に，どうしても，大グループでの活動が多いことから，今後はもっと小グループ編成としながら，更なる個別対応の活動を考えている。重度化が進み，耳が不自由な方，目が不自由な方，認知症のある方など，いろいろな障がいを抱えた利用者の，それぞれの歌のとらえ方も当然のことながらさまざまである。また，さまざまな時代背景，環境の下，生きてきた中で，それぞれの故郷があり，一人ひとりの価値観も異なることを大前提にしなくてはならない。音楽を通してさまざまなグループ分けを行い，利用者自身が共感できる時間となり，心のケアに繋がることを願っている。今後も音楽療法を通じて，利用者にとって少しでも楽しい時間となり，多くの笑顔を導き出していけるよう，支援したいと活動を展開している。

11）学習療法

【学習療法で毎日楽しくの実践例】

　学習療法は2004（平成16）年に岐阜県のモデル事業として東北大学加齢医学研究所川島隆太教授，くもん学習療法センターとの共同研究でスタートし，以来週5回の学習を実施してきた。

　学習療法とは，川島教授が開発した療法である。「音読と計算を中心とする教材を用いた学習を，学習者と支援者がコミュニケーションを取りながら行うことで，学習者の認知機能やコミュニケーション機能，身辺自立機能などの前頭前野機能の維持・改善を図る」という脳科学の研究から生まれたものである。

　MMSE検査（全般的認知機能検査）とFAB検査（前頭葉機能検査）を行い，学習診断検査の3つの検査を実施し，学習者に適切な教材を決定したのち学習を開始する。職員全員が講習を受け学習療法士1級という資格を有し，担当している。毎日30分学習者と職員が2対1や1対1で話をしながら，楽しく行うことをこころがけている。

学習療法室での風景

サロンでの学習風景

　学習療法を始めてから，笑顔が多くみられ，改善の効果が表れてきた。さほど笑顔がみられなかった方も，1，2カ月すると学習中にとても素敵な笑顔がみられるようになり，半年もすると，生活の中にも変化がみられるようになる。なかには尿意を訴えられ排泄の自立ができ，その上，自立歩行もできるようになり，行動も積極的になったという例もある。その他，言語がはっきりした，薬物なしで安眠できるようになった等，驚くほどさまざまな変化がみられる。さらに，各利用者の方にあった役割を持っていただくことで，生活に対しての意欲が湧いてきている。100歳の方が，他の利用者の手助けや，仕事探しを積極的にするようになり，「100歳の手習い」でパソコンで家族へのメールに挑戦する方も出てきた。これは，満点をもらうことで，自分自身に自信が出てきたからだと考えられる。

　このような利用者の変化から，学習療法が利用者の自立の一歩になり，残りの人生を活き活きと過ごしていただけるようにとの思いから，2011（平成23年）11月からは入所者全員の方に参加していただくようにした。学習療法室，サロン，ベッド上でも利用者にとって楽な場所で行っている。学習教材ができない方には，施設独自でカードを作成し活用している。一方，職員は意思疎通のできない方からも小さな変化はないかと自然に観察しようとする姿勢になってきた。このようなことから，利用者の改善だけではなく職員の意識にも変化が現れ，利用者との関わりにも工夫や変化がみられるようになった。結果的に利用者との会話が増え，多角的な視点から利用者を観察し，洞察できるようになった。どんな人にも「何かできることがある」ことがわかったといった新しい発見ができた。

ベッド上での学習風景

現在，たとえ短い時間ではあっても，毎日，利用者と向き合いコミュニケーションをとることから，「その人」がより深く理解できるようになっている。その結果が，適切なケアに結びつき，寄り添ったケアに繋がることでQOLの向上につながっていると確信している。利用者が，より一層一日一日を大切に充実して生活ができるように，学習療法から得た情報を生かして適切なケアをし，利用者とともに楽しい日々が送れるよう励んでいるところである。

第3節　人的・物的環境からのケア

3．地域との繋がり

1）さまざまな行事

　ここでは，認知症対応型共同生活介護（グループホーム）の行事や外出支援・生活支援の様子を，「家族のお便り」の一部を抜粋しながら紹介する。

　「認知症にならない，なっても暮らせる地域，赤ちゃんから高齢者まで楽しく暮らせる地域を目指して活動」の実現のため，グループホームでは"安心で楽しくかつ尊厳のある暮らしがしたい，自分らしく生きがいを持って地域の中で楽しく暮らしたい"という理念を掲げてケアを行っている。

【一年の行事から】

① 冬

　年の暮れ，障子も張り替えて，恥ずかしそうにお餅をついたり，大好きなお餅をいっぱい食べ，花餅もNPOの会員さんと一緒に作った。また，たくさんの子ども達が見えたので，居間は人でいっぱいになり，にぎわしひろばだった。毎年恒例のおせち料理の手作りも，今年もみんなで張り切った。

初詣で　お祓い

　1月は，近隣の神社に，初詣でに行き，おみくじを引き，また8日に，Sさんの86歳の誕生日のお祝いをした。年1，2回利用者の行きたいところに，1対1で行く外出支援が今年も始まり，Yさんは寿司屋に行った。大好きないなり寿司，巻き寿司とイチゴのケーキを食べ，本人も喜ばれた。

　インフルエンザが市内で流行り，2月末に東京に出かける予定もあったので，用心して，市内には，当分出かけないことにした。おかげで，風邪をひく利用者は，2月末まではみえなかった。東京に出かける当日，外出する予定だった利用者のお一人が風邪をひかれて残念ながらお留守番になり，利用者3人が出かけることになった。一人の利用者に2人のスタッフが付

浅草寺で家族と一緒に

き添い，お部屋で一緒に休んだ。お一人の利用者が当日まで出かけるかどうか返事を保留していたので，当日お聞きし，それから支度をしたのと，ビデオカメラを忘れて取りに帰ったりしたので，出かけるのが10時30分になってしまい，サービスエリアで休み休み，首都高速に乗ったときには，午後6時30分ごろだった。両側にビルが立ち並ぶ風景を「都会や〜」と眺めながら通ると，突然ライトアップされた東京タワーが目の前に現れ，一同「オーッ」と感動された。

② 春から初夏

　4月は，気温の変化が激しく，腰を痛めた利用者もみえたが，暖かくなってきたためか，調子を取り戻され，天気のよい日は，できるだけ散歩をし，足腰が弱くならないように気をつけ

第5章　認知症ケア

ている。また，桜前線を追いかけて南から北へ桜を見に行った。外出の嫌いな方や腰を痛めた方がみえたため，お弁当を持っての外出は見合わせたが，喫茶店や茶店に寄って，お茶や，団子・ケーキなどを楽しんでいただいた。

　また，今年は，5月2日の地区の祭りにあわせて祭りのご馳走を準備した。お寿司や，紅白饅頭や大福が喜ばれて，皆さんたくさん食べられ，楽しまれた。5月に田んぼの田植えを終え，稲が少しずつ大きくなってきた。「稲刈りも，みんなで楽しみたいと思います。今年は，ご家族の方にも連絡しますので，参加できる方は遊びに来てください」と「ご家族へのお便り」に掲載した。7月の"どすこいまつり"でお相撲さんや花火を見るのを心待ちにしながら，8月の"伝統芸能祭"に出展するための作品の準備も，ぼちぼち，わいわいしながら取りかかった。

桜きれいやな

獅子舞来訪

③ 夏

　9月の地域運営推進協議会で，8月の外部評価の結果を報告した。外部評価では，食事面の品数の多さや，本物のだしをとった調理，水分摂取などデータを取って個人の摂取量を確認するなど，記録や介護計画がしっかりされているとの，よい評価を受けた。また，お部屋に入るときに必ず本人の許可を取ることや，いろんな場面で本人の希望を聞くことが当たり前になっている尊厳を守るケアが評価され，地域に密着する活動と，生きがいを支援されているAさんの地域での活躍も評価を受けた。

そろた，そろた，

　8月には，利用者とその家族，職員とその家族，ご近所の方たちなどの協力で，バーベキューを行った。

　8月は，猛暑日が続き，グループホームも暑かったが，利用者の皆さんは，本当に暑〜い日だけさすがに汗をかかれていたが，後は，涼しい顔をされて，体温の違いを感じさせられた。皆さん夏ばてもせず，お元気にほとんど毎日ドライブに出かけられ，家族とお墓参りにも行くことができた。

庭でバーベキュー

④ 秋

　10月には稲こきも無事終わり，新米を食べて，紅葉を見に出かけた。Sさんのお誕生日会を開き，今年は，リクエストにより，駅前のこぢんまりしたお店に，食べに行った。皆さん「ひれ味噌カツ丼」を注文され，サラダと一緒に召し上がった。お誕生日は，お寿司が定番だったが，希望をうかがう方法は好評だった。

　10月の土曜日，地域のそばの会がそば打ちに来てくれ，思い切り，いつもの倍のおそばを

第3節　人的・物的環境からのケア

　盛って，皆さん食べ切ることができた。いつもはすぐに外へ行かれる利用者も，この日はどういうわけかそば打ちをずっと見ていた。

　毎日の散歩ついでに我が家に行って仏壇にお参りする日課の人も含め，できるだけ，散歩など行っているが，今までの回数と距離では少ないようで，11月からは本格的に，散歩がいやな方は，家の前を利用者ごとの目標の距離を歩いて頂くようにする予定である。

そば，おいしそうやな

　11月の後半から雪がちらつきはじめ，窓の外を皆さんと眺めながら「雪が降りだしましたね」と話す。利用者たちは，音楽療法で懐かしい歌を楽しんだり，外食やドライブなどに出掛けた。また，去年と同じように柿を採ってきて皮を剥いて柿を吊るしている。

干し柿作り

「干し柿の出来上がりが待ち遠しいです。最近は特に明け方にかけての冷え込みが強くなり，夜になると湯たんぽが活躍しています。これから本格的な冬が訪れますので，体調に気をつけながら毎日を楽しみたいと思います」と「ご家族へのお便り」に掲載した。

【自立支援】

　うちの利用者は，他のグループホームの利用者と比べて活き活きしていると見学者によく言われる。私たちの声かけが本人のやる気が出てくるような声かけになるよう学習と討論を重ね，実践してきた成果が少しずつ現れてきているように思う。私たち人間は，命の終わるまで，自分のことは自分でやりたいと皆願っているのではないかと思う。介護用語でいうと，現存能力をできるだけ維持することが，私たちに課せられた使命ともいえる。

　2006（平成18）年4月の介護保険法の見直しで，グループホームも地域密着型サービスの中に位置づけられ，軽い方は，自宅に帰れるよう，また重い方は重いなりに「自立支援」のケアが，以前にも増して求められるようになった。「できることは自分で，できないことだけサポートする。できないと思っていたことを見直し，できるように支援する」。これまでも，こういう方針で，基本的生活レベルを落とさないように，認知症の進行を抑えるようにがんばってきたが，もう一歩進めて取り組む必要に迫られてきた。

　先日，利用者全員と，話し合いを持った。「利用者さんが，寝たきりにならないでいつまでも元気に暮らしていただくために，食事作りもスタッフが中心に献立を決めてきたけど，皆で話し合いをして決めて，皆で作ることにしたいと思います」と管理者から提案をした。利用者の中には，「わしは，料理ができないからここにおいてもらっているんじゃ。他の事は，全部自分でしているのに，それでは，だめなのか？　そんなことになったらここを出て行ったほうがいい」「わしゃ，今まで何もしていないし，これからもできない」という意見も出た。

第5章 認知症ケア

　私は,「Ｓさんは,料理をできないことはないと思うので(日に2回,自宅まで散歩に行かれる方なので),座ってできることをしていただければいいんです」「今までも料理してくださっていたんですが,私たちの言うことを皆さんがやるのではなく,皆さん自身が主人公なので,皆さんたちでやることが大切なんです」などと意見を交換した。

毎日の朝日町の農協での買い物

　その後,皆で,献立を相談してラーメンを作る方,うどんの方,ご飯の方に分かれたので,その日は,主食は,好きなものを食べることにした。皆で,台所に入って,皆で作り始めた。その話し合いがあったためかはわからないが,紙かご編みを半年振りに編み始めたり,緊張して顔つきが変わられた方がみえたりした。ここを出て行くといわれた方も,「なんか作るんじゃろ」と時間になると台所を訪れるようになった。利用者の中に少しだけ「ここで暮らしているのは,わしら（私たち）」という自覚が生まれてきたのかもしれない。この思いをずっと持ち続けて「生き生きと暮らす」ことのサポートを試行錯誤しながら求めていきたいと思っている。

　県内で一番にグループホームを始められた方が見学に来て,大学生などの来訪者の多いことや,地域の方たちとの濃い関係を指摘して頂けた。また,「利用者さんがとてもいい顔をしているね」とか,一人ずつ食器の片付けをされている姿を見て,「これは,いい方法ね。うちもやってみよう」と言って頂けた。

第3節　人的・物的環境からのケア

ご家族へのお便り

　以上のような年間行事や日々の様子や報告，お知らせを毎回している。以下はグループホームでの4月の主な出来事で，こうした内容も掲載している。

＜4月の暮らし＞（主なできごと）

2日　ご家族1名来訪	19日　桜ドライブ
4日　別院へ外出	20日　ドライブ
5日　ケア会議（毎月1回）	21日　音楽療法
5日　音楽療法	23日　診療所受診1名（介護保険）／保健師訪問調査
トイレ・玄関の手すり設置（生協助成金）	
6，7，8　桜ドライブ	24日　ドライブ
10日　ドライブ	25日　福祉センターで落語・マジック観賞
11日　フリースクール主宰者とスタッフが見学	27日　生協くらしたすけあいの会・事務局の方3名見学
13日　みずばしょう見学	
15日　桜ドライブ	28日　ドライブ
16日　診療所受診2名	29日　ドライブ　利用者さん1名自宅泊
17日　　〃　　　1名	5月1日　診療所受診1名
18日　　〃　　　1名　A病院1名	2日　祭り神社・獅子舞来訪
ご家族1名来訪	3日　ご家族1名来訪

2）世代間交流

　草野篤子（2011）は，「世代間交流とは，子ども，青年，中年世代，高齢者が，お互い自分たちのもっている知識や英知，経験や技術などを出し合って，自分自身の人間発達・向上と，自分の周りの人々や社会に役立つような健全的な地域づくりを実践する活動で，一人一人が活動の主役になることであり，いわば次世代への命の連鎖である」と述べている。

　また，世代間交流の意義についても次の9点を挙げている。地域でプロダクティブ・エイジングを実践することにより，①子どもたちを家族と学校といった囲い込みから開放し，人間関係を拡大する。②高齢者の孤独から守り，生きがいを見出すだけでなく，③人生の生き方モデルを提供し，④高齢者のこれまで蓄えた知恵や英知，経験を社会的に活用し，⑤次世代の文化を伝承することができる。そのようなことを通じて，⑥あらゆる世代の人々の人間発達が促進され，全ての世代の人々の間に，発達の相乗効果がもたらされ，⑦あらゆる世代の人々の，生活の質（QOL）を高めることができる。さらには，⑧多世代の交流を通じて，地域社会の統合や，⑨地域の抱える社会問題を解決することさえできる（草野，2011）。これらの意義について，世代間交流の先駆的な取り組みに対して実践報告がされつつある。

　子どもは，高齢者を含め地域の人々など，自分の生活に関係の深いいろいろな人に親しみを持ちながら成長する。都市化や核家族化が進行する中，家族形態の変化により，同年代同世代での交流が中心となることが多く，従来は家庭や地域の交流の中で自然に営まれてきた世代間交流が希薄になりつつある。こうした状況の中で，保育所・幼稚園に高齢者や地域の方を招き，伝承遊びを教えてもらったり，昔話を語ってもらったり，伝統芸能などを披露してもらったりすることは，人に対する親しみや感謝の気持ちを育む上で，重要な機会となる。このように人々との触れ合いを通し，子どもがさまざまな文化に出会い，興味や関心を持ったり，自分の家族や身近な人のことを考えたりする機会となることは大切である。そのため，保育所・幼稚園や小学校などの教育機関や，地域での子ども会などの活動では，意図的に世代間交流を実施している。また，子どもは，散歩などの機会に地域の人と挨拶を交わしたり，地域の高齢者施設などを訪れたりする環境の中で，人への関心を深め，人は周囲の人と関わり，支え合いながら生きていることに気づいていくものである（厚生労働省，2009）。

　子どもと高齢者の世代間交流は，高齢者自身にとっても意義がある。高齢者が経験した豊かな経験を子どもたちに伝承することは，高齢者自身が自らの人生を振り返る機会となり，現在の生活に対して主体的に考え行動するためのポジティブな力になる（広井，2000）。老年期にライフストーリーを語ることは，語り手と聞き手の共同生成の物語づくりに参与すること（やまだ，2008）でもある。世代間交流により，高齢者から子どもに文化の継承やしつけを行うという過程で，人の役に立つことで高齢者自身が自信や生きがいを見出すという変化が生じることが多いと考えられる（広井，2000）。村山（2009）は，高齢者とのコミュニケーションを通じて，

子どもが高齢者との交流のあり方が親密であるほど，子どもの共感性の発達に正の影響を及ぼし，一時的な交流よりも継続的な交流，強制的・人工的な交流よりも自然なコミュニケーションが楽しめる交流のあり方が有効であることを示している。しかし，幼児教育を学ぶ学生に行った，子どもと高齢者の世代間交流に対する調査（小木曽ら，2009）において，核家族によって世代間交流の機会が少ない今日においては，高齢者が子育て支援に参加することは重要であり，子どもと高齢者の橋渡しをする専門職種の世代も，核家族などの背景により，高齢者との交流が少ない傾向があると指摘されている。エイジング教育の視点においても，地域の高齢者による多様な関わりが深まるように，意図的にプログラミングを行うことが重要であろう（今井ら，2010）。

　今後，地域生活や社会における個人・家族・世代間の相互交流・相互支援・生涯学習プログラム，社会関係・人と環境・人と人との相互作用を対象に世代間交流の研究が進められ，さまざまな課題の解決を図り，人々の生活の向上，コミュニティの再生，全ての世代が共に協力し合える社会の実現が期待されている。

第4節　事例紹介

1. 介護老人保健施設での事例

事例の概要

女性, 78歳。アルツハイマー型認知症。要介護3。認知症高齢者の日常生活自立度Ⅱa, HDS-R 6点。若い頃夫を亡くし, 長男夫婦との3人暮らし。65歳まで清掃会社に勤務。自宅では内職を行っており, 真面目な性格。60歳頃に脊柱管狭窄症, 以後腰痛の訴えがある。

現病歴と入所までの経過

女手ひとつで生計を立てるため, 仕事に明け暮れる生活であった。これまで特に趣味はなかったが, 清掃会社を無事定年後, 腰痛緩和のため近所の温泉に通うことが楽しみとなっていた。75歳頃より, 通い慣れた温泉からの帰り道に迷うようになり, 警察の世話になることもあった。その頃から同じことを何度も言う, つい先ほどの出来事を忘れるといった記憶障害が目立つようになる。そこで病院を受診することとなり, アルツハイマー型認知症と診断される。1年ほど前, いつも通り温泉に向かう途中に転倒し, 1週間後, 慢性硬膜下血腫にて入院となる。経過は良好であったが, 入院中臥床時間が増えたことにより下肢筋力が低下し, 歩行不安定となった。また, 認知症の記憶障害に加え, 時間や場所の見当識障害も目立ってきたため, 介護老人保健施設へ入所となる。

介入前の様子

入所した当初から, リハビリには積極的に参加しており, また, 暇な時間には「早く家に帰らないといけない」と自発的に廊下を歩いていた。身の回りの事柄についても,「できることは自分でやりますから」と在宅復帰には意欲的に取り組んでいた。一方で, 生活場面に介助を必要とする利用者に対し, 厳しい口調で声をかけている場面が多く, 最近では日常的に目撃されるようになった。スタッフも本人の機嫌を損なわないように, 当たり障りのない関わりが増えていた。最近は, 日中ぽつんとひとりで座っていることが多くなり, 半年ほど前より,「今から行く所がある」と言いながらエレベーターに乗り込もうとするようになった。この様な時には, 特に他者に対して厳しく接しており, 時にスタッフや他者からの声かけに対しても回答できないほど混乱してしまうこともある。介入前のBlessed認知症評価尺度は23点であった。

長期目標

穏やかに施設生活を送ることができる

第4節　事例紹介

短期目標
　① 施設生活の中に趣味ができる
　② 自分の思いを話す時間を増やしたい

介入後の経過
　(1) 思いを探るためのアセスメント
　当初，施設生活の中で自分らしさを存分に発揮しながら生活を送ることを目的に，アセスメントを行った。実際には，「悩めば悩むほど無意識のうちに問題を解決（防止）するための情報」（齊藤，2007）を集めており，本人に何が起きているのかを的確に捉えることはできず，「険しい表情で他者を見ている」「帰宅願望がある」といったネガティブ要素に固執した情報収集となり，結果，「頑固な人」「気難しい人」といった自分らしさは影を潜めたアセスメントとなっていた。つまり生活歴，趣味，本人の思いといった本人の強みとなる個人因子には目を向けることができなかった。
　認知症ケアのあり方について熊倉（2009）は，「認知症になっても本人がそれまで通り自分の人生の主人公として暮らし，その生（生命，生活，人生）を全うできるよう支えていくこと＜利用者本位のケア＞」を目標としている。そこで厳しい口調での声かけや，「家に帰りたい」といった目の前に現れている現象にとらわれず，あらためて本人と向き合った結果，「昔は花を苗や種から育てていた」「たまにはお出かけしたいね」「みんなでコーヒー飲みたいね」といったケアのヒントとなる情報を得ることができた。介入後は，Blessed認知症評価尺度は10点となり，認知症があっても本人が主人公として暮らし続けるために，まずは本人に寄り添うことから始めることが重要であることが示唆された。

　(2) 穏やかな施設生活に向けた支援
　入所前の情報からも，記憶障害や見当識障害の症状が確認されており，本人の状態に不適切な環境であった場合，自分らしい生活が困難となることが予測される。しかしアセスメントが進むにつれ，一見日常生活がほぼ自立していると感じ取れる本人の状況から，介助がより必要な方へスタッフの目は向いており，結果としてスタッフとの関わりが極端に少ない状況であることが明らかとなった。つまり施設生活の中に，「本人の力の発揮」を阻害している環境因子が存在しており，これらを取り除くことが必要と言える。
　永田（2009）が「本人の声や言動のサイン（声なき声）をキャッチしながら本人が『今，どんな体験をしているのか』その時々の体験を理解することが不可欠である」と述べているように，本人の声や言動のサインに着目した場合，他者に対する厳しい口調や家に帰りたいといった行動は，性格や認知症からではなく，不安や不快といった本人からのサインとして捉えるこ

とができる。そこで本事例では，ADLや在宅復帰といった課題以前に，自分らしさを回復し，「穏やかに施設生活を送ることができる」といった長期目標を立案した。

(3) 帰宅願望の背景

　帰宅願望が起こっている人たちの中には，見捨てられ妄想をもっている場合もある。（長谷川，2008）その理由として長谷川（2008）は，「ここが自分の居場所ではないと感じることや，周囲の人が知らない人に思えることなど，自分が取り残されていると感じる不安などが背景にあると考えられる」と述べている。本人にスタッフがしっかりと向き合い，穏やかな雰囲気の中で関わりや会話が持てた時には，日頃見ることが多かった険しい表情や他者に対する厳しい関わりはなく，スタッフや他者を気遣う思いやりや優しさを存分に発揮していた。また，時間の経過とともに帰宅願望も減少していった。つまり認知症があっても自分らしく穏やかに過ごすためには，自分の居場所を感じることや，安心できる関係性が重要といえる。

(4) 自分らしさを維持した生活支援

　本人の思いを聞く機会が増えてくると，「昔は花を苗や種から育てていた」「たまにはお出かけしたいね」「みんなでコーヒー飲みたいね」という本人の思いを実現するための計画を，本人と共に検討する機会が増えた。実際に，他者との共有スペースにおいて，プランターを活用し花を育てていった。その過程においては自発的に居室から出てこられ，他者を交えて水やりなどを行っていた。更にはこれまで厳しい口調で話しかけていた方々に対しても，優しく気配りをする機会が増えていった。これは施設生活の中で，本人に自分の居場所や役割ができたこと，また，なじみの関係ができ始めた結果と考えられる。

　認知症があっても環境が整うことで本来の力を発揮し，自分らしく安心した生活を送ることは可能と言える。つまり介護者は，目の前で起きている現象のみに捉われてしまうのではなく，まずは本人に何が起こっているのかを的確に捉える必要がある。

第4節　事例紹介

2．特別養護老人ホームでの事例

事例の概要

男性，82歳。レビー小体型認知症。高血圧症。要介護2。認知症高齢者の日常生活自立度Ⅲa，HDS-R16点。農業を主としながら，農繁期には出稼ぎに出るなど，休みなく働き4人の子どもを育てた。孫は大学生で下宿しており，入所前は妻と長男夫婦と4人暮らしをしていた。積極的に他者へ話しかけるなど，社交的な側面もある。

現病歴と再入所までの経過

10年前に小刻み歩行などのパーキンソン症状が出現し，内服治療を行っていた。Hoehn & Yahr の重症度分類では，Stage Ⅲであった。虫が天井を這っているなどの幻視が何度もあり，また転倒を繰り返すなどの症状が2年ほど前から多くなり，3カ月前にレビー小体型認知症の診断を受けた。自宅で妻が介護を行っていたが，妻は最近になり心疾患の悪化があり，妻自身も介護が必要な状態であるため，特別養護老人ホームへ入所することになった。ある日の夕方，妻を探して心配する訴えが頻繁にあった。他の利用者の部屋の扉に掴まりながら方向転換をしようとし転倒した。大腿骨頸部骨折にて，緊急入院しPFNA固定術（Proximal femoral nail antirotation という骨接合材料であるインプラントを使った大腿骨転子部骨折の手術）を行った。入院した当初から不穏行動がみられ，家族の意向もあり，術後2週間で再入所となる。

介入前の様子

状態が良い時は，意思疎通もスムーズであるが，ある時は全く話が通じず，興奮状態に陥ることもしばしばあった。また，夕食になると台所の天井を指さしながら「こんな虫がいっぱいいたらここで食事なんかできん！」と怒ることが頻繁にあったため，夕食は台所で摂らないようにしていた。また，このことを覚えており，「夕方になると虫が出てくる」と近所の人にも話していた。夜寝ている時に大きな声で寝言を言ったり，布団をたたいたりすることも多くなり，妻は別室で休むようになった。夜間よく寝ている時も昼間もウトウトすることが多かった。

小刻み歩行であり，歩行状態も不安定であるため，段差がないところでも転倒して怪我をすることもしばしばあり，転倒・転落アセスメントスコアシートは18点であり，危険度Ⅲであった。

長期目標

本人の動こうという気持ちを尊重でき，施設生活が安全に送れる

第 5 章　認知症ケア

短期目標
　① 転倒せずに生活を送りたい
　② 自分の気持ちを周りの人へ伝えたい

介入後の経過
　(1) 動きたいという気持ちを大切にする
　大腿骨頸部骨折術後であるため，患側下肢に荷重をかけてはいけないが，その理解を得ることは難しい現状にある。転倒リスクを改善することは困難であるため，また，ベッドから立ち上がる場合は，スタッフを呼ぶようにお願いをしても，それを忘れてしまい，自分ひとりで立ち上がろうとする。ベッドからずり降りそうになるのを何度も目撃されている。そのため，ベッドから，布団対応にし，転倒を予防することとした。また，個室であるため，居室前面にジョイントマット（クッション性があるマット）を敷いた。機能訓練を行い，床からひとりで起き上がれるようになるが，歩行は不安定であるため，車いすを使用することが望ましいと理学療法士から助言があるが，居室から車いすを押しながら歩いてくることや車いすに乗っている時も，突然立ち上がったりすることも多く見られる。本人が動きたいという気持ちを大切にして，動こうとするときには制止せず，本人にその理由を尋ねることにした。その結果，「トイレに行きたい」と「お母さんを探しに行く」という2つの理由が多いことが明らかになった。本人が動かれる時に，理由を尋ねても返答がないことも多いため，上記の2つを尋ねるようにしたところ，トイレでの排泄の機会も増え，妻の話をする機会も多くなった。

　(2) 気持ちが通じ合う関係づくり
　大腿骨頸部骨折術後の安静が必要な期間も，十分安静を保つことはできなかった。抑制をするという方法は，介護保険法で禁止されているが，安易な抑制はその人の人間としての尊厳を奪うことに通じる。本人は自分のことは自分でしたいと思っているので，その気持ちを大切にしながら，本人の想いに添うように関わった。「個別ケアが大切である」という認識を実践のなかで得られる。多くの方が生活する施設の中では，個別的なケアよりも施設として決められたマニュアル的な大きな流れがあり，それが優先されてしまう傾向がある。また，その一つとして安全を確保するための抑制が存在する。介護の現場において抑制はまさに最大のリスクであり，基本的に安全確保の手段となりえなく，ケースカンファレンスを重ねることで，個別的な解決の糸口を見つけることが必要である。専門職にとって大切なことは，一定の見通しをもって，目標と期間を明確にして，介護を進めていくことである。できないことは「できない」とし，はっきりとした見通しを立てなければならない。できることは「できる」という見通しをもち，「危険だから歩かせない」ではなく，要介護状態で暮らす利用者の生活イメージ

第4節　事例紹介

を持ち「歩行」ということが生活支援でどのような意味を持つのか考えることが大切である。

第5章　認知症ケア

3．グループホームでの事例

事例の概要

　女性，91歳。アルツハイマー型認知症。高血圧症。要介護1。認知症高齢者の日常生活自立度Ⅱa，HDS-R 9点。地主で食器や塗り物などを扱う商店の次女として生まれ育ち，国鉄に勤めている夫に嫁ぎ，二男一女をもうけた。夫の転勤で新潟県内を転居しながら子ども達を大学に進学させ，その子ども達が公務員や銀行員になったことを誇らしく思っている。性格は明るく他者とのおしゃべりが好き。若い頃はバレーボールやスポーツを好み，ケーキ作りや刺し子，木目込み人形作りなどを楽しんでいた。

現病歴と入居までの経過

　4年前にアルツハイマー型認知症と診断され，デイサービスやショートステイを利用していたが，本人の記憶障害の進行により家族の精神的負担が大きくグループホームに入居した。

介入前の様子

　入居当初より，スタッフや他利用者を相手におしゃべりを楽しんでいたが，3つ4つのエピソードが話の中に混在し内容が飛ぶことが多かった。食器拭きの手伝いをしながら「お金を払っているのに働くなんて」ということを口にしていた。入浴には消極的で，「風邪っけだ！」などと言い拒否をすることが多かった。外泊の2～3日前より荷造りをはじめ，かばんを3つほど用意し外泊を心待ちにしていたがホームへ戻るとさびしげな表情を見せ，ベッドで休む姿が多く見られていた。訪問歯科を受診していたが，義歯の不具合もあり，「ホームの食事は硬い」と言ったり，好き嫌いもあり，食事を残すことが多く見られていた。歩行はふらつくことが多く，バランス評価シートでは8点と高リスクであり，室内で転倒したり，家具に体をぶつけることもしばしばあった。小規模多機能型居宅介護を利用しながら在宅生活を再開の可否を検討している。また，バーセルインデックスは3点であり，日常生活全般にケアが必要であった。

長期目標

　日々の生活リズムを整える

短期目標

　① 日中の自分の生活のペースを整えたい
　② グループホームでの役割を持ちたい

第4節　事例紹介

介入後の経過

(1) 日常生活を整える

　日々の体調チェックや排便確認，定期受診だけでなく，本人の気持ちの波も観察するように心がけた。また，食事が楽しみの機会となるように，訪問歯科医師と連携しながら，咀嚼しやすい食事を選択し，食べ物や飲み物の好き嫌いの把握，本人に調理のコツなどを聞いたり，味見など食事づくりにも参加していただけるようなアプローチを心掛けた。調理を一緒に行いながら，さまざまな昔の豆知識なども教えていただいた。また，転倒のリスクが高いため，居室内の環境整備をご家族の協力のもと実施した。履物を滑りにくいものへ変更するなども，本人の意向を大切にしながら一緒に選定を行った。

　スタッフのペースでケアを行うことで，混乱を招くことがあることが多いことに気がつき，本人が，じっくり話ができるようスタッフは聞き役に徹した。特に1対1になれる入浴時は会話を楽しめるよう気をつけた。6月に入ると「やっぱり風呂は毎日入ったほうがいいよね」と言い，午後の一番風呂を希望され，以降毎日入浴されるようになった。

(2) 得意なことや知っていることで本人の役割がある支援

　手伝い，食事，お茶，体操などの声かけをするが，強制しないよう心掛けた。手伝いに関しては本人の「やりたい」ことを尊重した。本人の性格もふまえながら，好奇心旺盛な本人の気持ちをくすぐりつつ，スタッフは教えていただくという姿勢や感謝の言葉を忘れないように実施していった。他の利用者が食器の収納をしようとすると，「あの人がやると，ごちゃごちゃになる」と言って嫌い，関係性が悪くなるため，他の利用者には別の役割を担っていただき，本人が納得できるように食器の収納を行った。食堂の席替えを契機に，すべての利用者が見渡せる席になり，「ここからみんなが見渡せていい」と喜ばれ，この頃から少しずつ変化が見え始めた。「私は塗り物屋の娘だから」とおわんに水気を残さないように拭き，別な食器が混ざらないように几帳面に収納していた。手伝いも食器拭き・片付けから，お茶詰め・果物の皮むき・おしぼり干し，たたみ等増え，気がつくと入居当初つけていなかったエプロンをつけ台所で過ごす時間が増えていた。

(3) できることが多いことに気がつく大切さ

　元気な頃はピアノをよく弾いていたという情報があったため，ピアノをフロアに設置し，自由にいつでもピアノを弾ける環境を整えることができた。物的なピアノというものを整えることによって，ピアノと過ごせること自体が楽しい時間となり，生活の中の豊かさにつながった。実習生にピアノを聴かせ，茶碗の扱いを教え，スタッフだけでなく実習生の名前を憶えた。バーセルインデックスは，15点と大幅に改善された。物的・人的環境を整えることや一人ひと

りの現在ある力を大切にした関わりは，その方の生活の質を大きく左右することが示唆された。

第4節　事例紹介

4．小規模多機能型居宅介護での事例
事例の概要
　女性，84歳。アルツハイマー型認知症。不安症，要介護2。認知症高齢者の日常生活自立度Ⅱa，HDS-R 8点。何事に対してもきちんとしたい性格である。女学校を卒業後，看護師として働き25歳の時に結婚し，二女をもうけ，共働きで看護師として定年まで勤めた。

現病歴とサービス利用までの経過
　夫が定年退職後は2人で家庭菜園を楽しんだり，旅行へ出かけたり悠々自適の生活を送っていたが，この5年ほどは，夫婦ともに自宅で過ごすことが多くなり，インフルエンザから肺炎を併発して緊急入院となった。慣れない病院生活と夫が自宅にて急性心筋梗塞で他界したことが重なり，常に不安を訴えるようになり，頭痛や不眠などがみられた。また，短期記憶障害が顕著になるなど認知症の症状も出現した。退院後は，本人と娘の「自宅で過ごしたい」という強い希望により，小規模多機能型居宅介護を利用しながら在宅生活を再開するに至った。

介入前の様子
　食事や排泄などは一人でできるが，入浴や食事の準備などの家事ができないため，娘が来ない日は「泊まり（ショートステイ）」を利用している。また，次女が，仕事が終わってから来る日は，日中「通い（デイサービス）」を利用している。家に戻れたことには満足しているが，夫がいない寂しさや，骨折に対する恐怖から，何かをすることに大きな不安を感じるようになっており，「通い」や「泊まり」の利用時は，他の利用者やスタッフとの会話も少なく，自分から何かをすることなく一日中いすに座っていることが多く見られる。夕方になると，「ここはどこですか？　早く家に帰してください」と何度も同じことを訴え，立ち上がり，玄関のほうへ行こうとする。入院時は，歩行器を使用して一人で歩行が可能であったが，立ち上がり，歩行ともにふらつきが見られ，歩行評価シートでは2点であり，見守りや一部介助が必要となった。

　自宅で娘と過ごしている時には娘に対する依存が強く，ひと時でも娘の姿が見えないと不安になり，大声で娘の名前を呼ぶ。特に夜間は不安になり，何度も娘を起こし，「怖い」「眠れない」「頭が痛い」など訴え，時には，娘に対して大きな声をあげる，暴言をはくなど手がつけられない状況も見られる。

　以前は夫婦で外出して買い物をすることが好きだったが，今は，屋外での歩行が難しく，デイサービスに出かける以外は外出することも買い物に行くこともできず，楽しみがなく生活意欲の低下が見られている。

長期目標
　在宅で不安なく生活を送ることができる

短期目標
　① 不安な時にはいつでも話を聞いてほしい
　② 現在の歩行状態を維持する
　③ 近くのスーパーに買い物に行く

介入後の経過
(1) 不安を軽減するための関係づくり
　長年離れて生活していた娘との生活は，親子の関係の再構築が大きな課題となる。以前と違う母の姿をつきつけられる娘にとって，時間や経済的な負担とともに，精神的な負担は図りしれない。このように介護者との関係がうまくいかないことが，本人の不安な気持ちをさらに増幅させている要因だと考えた。そこで，利用者の状況と家族の介護負担という点に配慮してサービスを利用していくことにした。次女が訪れる日の，「通い」利用時にいつもより不安を訴えられる時には無理に自宅に帰らず，次女と面会した後にそのまま「泊まり」に切り替え，状態がよくなる朝に自宅へ帰る等，その日の状況に合わせてサービスを提供した。また，長女が日中に体調を崩した時や，前日眠れなかった時などは，午前中だけでも「通い」を利用し，長女の休息時間を確保するなどの工夫をしたところ，お互いに無理がない状態で向き合うことができ，娘との新たな関係の構築につながった。娘たちとの良好な関係の中で，本人の不安も少しずつ解消され落ち着いて生活ができるようになった。

(2) いつでもどこでも安心できる環境
　自宅で夜間に不安を感じた時の対応として，その都度，本人より施設に電話を入れてもらい不安な気持ちに対応した。必要時は，訪問してゆっくりと話を聞くようにしたところ，夜間は娘を起こすことなく施設へ電話をするようになった。不安な時はなじみのケアスタッフが来てくれるという安心感から，娘への大声や暴言はなくなり，不安の訴えは少しずつ減少してきている。娘を起こすこともなくなり，娘は夜間ぐっすりと休むことができるようになった。「通い」と「泊まり」のサービスだけでなく，「訪問」や「電話での対応」を併せることで24時間の切れ目のない対応を行った。いつでも連絡できるという安心感が，夜間の状態の安定につながっており，介護する家族の介護負担の軽減となっている。

第4節　事例紹介

(3) 歩行状態の維持

不安が強く，生活全般において依存的になっていた。このままでは，歩行状態の悪化やADLの低下などの危険性も考えられるため，「通い」利用時には，体調や歩行状態に注意しながら，自分のことは自分で行えるように，食事の準備，入浴，散歩などその時々に参加を促す声かけを行ったところ，徐々に施設のスタッフとのなじみの関係もできあがり，自分からスタッフと会話をしたり，おしぼりを巻く手伝いをしたり，散歩などにも参加するようになった。生活が活性化されたことにより，立ちあがりや歩行時のふらつきにも改善が見られ，歩行評価シートでは1点と中リスクになった。

(4) 地域での暮らしの継続

生活の中の楽しみとして近くのスーパーへ買い物に行きたいという，本人と娘の希望をかなえるために，以前から利用していたスーパーへ買い物に出かける。車いすは，福祉用具貸与の制度を利用しレンタルすることにした。どのような車いすが適切であるのかなど，業者とも連携してレンタルを開始する。買い物に出かけると，笑顔も多くみられ，顔見知りの人との会話もでき，生活に広がりができた。

住み慣れた地域で最後までその人らしく生きていくことを支援するためには，小規模多機能居宅介護の「通い」「泊まり」「訪問」のサービスを365日24時間切れ目なく細やかに展開していくとともに，福祉用具貸与や訪問看護，訪問リハビリなどの他のサービスとの連携や，ボランティアや近所の知り合いなどのインフォーマルな支援も含めて，包括的に生活をとらえ支援をしていく必要があるといえる。

＊第5章のpp.107-110は　安藤邑惠・小木曽加奈子『ICFの視点に基づく高齢者ケアプロセス』学文社，2009，pp.46-49より一部修正して引用している。
＊第5章pp.115-121は　安藤邑惠・小木曽加奈子『ICFの視点に基づく高齢者ケアプロセス』学文社，2009，pp.5-7，及び「認知症ケアにおけるケア実践者のケア充実感と職務満足度の関係について」平成21／22年度財団法人日本生命財団助成金研究成果報告書pp.21-26から一部修正して引用している。

＜引用・参考文献＞
Bruscia, K. E., Defining Music Therapy, 2nd ed., Barcelona Publishers, 1998, p.161（生野里花訳『音楽療法を定義する』東海大学出版会，2001年，pp.1-33, 45-49）
Wheeler, B. L.『21世紀の音楽療法研究と実践』日本音楽療法学会東北支部第1回学術大会基調講演資料，2002年，pp.11-19
安藤邑惠ほか『ICFの視点に基づく高齢者ケアプロセス』学文社，2009年
今井七重・小木曽加奈子・松野ゆかり「世代間交流に関するスクールソーシャルワーカーの意識の特徴　エイジング教育を豊かにするために」『日本看護学会論文集』40号，2010年，pp.89-91

第5章　認知症ケア

大嶋光子「認知症の人の心理的理解パーソン・センタード・ケアの一考察」『太成学院大学紀要』11，2009年，pp.109-118

小木曽加奈子「認知症ケアにおけるケアスタッフのケア充実感と職務満足度の関係について」平成21・22年度財団法人日本生命財団助成金研究成果報告書，岐阜大学小木曽研究室，2011年

小木曽加奈子・今井七重「子どもと高齢者の世代間交流に関する一考察―高齢者から子どもたちへの伝承について」『保育と保健』15(1)，医学書院，2000年，pp.35-39

沖田裕子『新・介護福祉士養成講座：認知症の理解』2010年，pp.221-226

川島隆太監修『学習療法の秘密　認知症に挑む』くもん出版，2007年

北村光子「介護福祉教育と保健教育との関連―卒業生の聞き取りを通して」『長崎短期大学紀要』18，2006年，pp.101-107

草野篤子「世代間交流学の樹立に向けてのプレリュード」『老年社会学』33(3)，2011年，pp.461-471

熊倉祐司『改訂第2版　認知症の人のためのケアマネジメントセンター方式の使い方・活かし方』中央法規出版，2009年，p.19

クリスティン・ボーデン，桧垣陽子訳『私は誰になっていくの』クリエイツかもがわ，2003年，pp.18-82

黒川由紀子・松田修・丸山香・斎藤正彦『回想法グループマニュアル』ワールドプランニング，1999年

厚生労働省『厚生労働省老人保健福祉局長通知：認知症高齢者の日常生活自立度判定基準』2006年

厚生労働省「保育所保育指針解説書」
　　http://www.mhlw.go.jp/seisakunitsuite/bunya/kodomo/hoiku.html　2009年4月6日

小林敏子「認知症ケアの原理・原則」日本認知症ケア学会編『改訂・認知症ケアの基礎』ワールドプランニング，2001年，pp.81-84

小林敏子ら『認知症の人の心理と対応』ワールドプランニング，2009年，pp.159-160

齊藤隆司『認知症介護』Vol.8，No.3，日総研出版，2007年，p.70

佐々木和佳・伊志嶺理沙・二俣良『認知症ケアと予防の音楽療法』春秋社，2009年，pp.23-24

佐々木和佳ら『認知症　ケアと予防の音楽療法』春秋社，2009年，pp.47-49

佐治順子『認知症高齢者の音楽療法に関する基礎的研究』風間書房，2006年，p.6

佐藤八千子ほか「介護職員が認識する国際生活機能分類に基づく認知症高齢者ケア」『日本老年社会科学』第34巻第2号，2012年

志村ゆず編・伊波和恵・萩原裕子・下山久之・下垣光『ライフレビューブック―高齢者の語りの本づくり』弘文堂

障害者福祉研究会編『ICF国際生活機能分類―国際障害分類改訂版』中央法規出版，2003年

鈴木みずえ『認知症ケアマッピングを用いたパーソン・センタード・ケア実践報告集』3，クオリティケア，2009年

津村俊充・山口真人『人間関係トレーニング』ナカニシヤ出版，2010年

長嶋紀一『認知症介護の基本』中央法規出版，2006年，pp.42-51

永田久美子『新・介護福祉士養成講座12　認知症の理解』中央法規出版，2009年，p.7

新村拓『痴呆老人の歴史』法政大学出版局，2002年，p.15，53，74，99

認知症介護研究・研修東京センターほか『三訂　認知症の人のためのケアマネジメントセンター方式の使い方・活かし方』中央法規出版，2011年，p.17

野村豊子『コミュニケーション技術』中央法規出版，2010年，pp.27-30

野村豊子『回想法とライフレヴュー―その理論と技法』中央法規出版，1998年

野村豊子『認知症ケアの基礎知識』ワールドプランニング，2008年，pp.75-83

長谷川和夫「認知症ケアの理念はなぜ大切か」日本認知症ケア学会編『改訂・認知症ケアの基礎』ワールドプランニング，2011年，pp.3-10

第 4 節　事例紹介

長谷川和夫・遠藤英俊編著『介護福祉士養成テキスト17　こころとからだのしくみ—生活場面・状態像に応じた支援の理解』建帛社，2009年

長谷川和夫・長嶋紀一・遠藤英俊編著『介護福祉士養成テキスト14　発達と老化の理解—介護の視点からみる高齢者の心理と健康』建帛社，2009年

長谷川和夫編著『介護福祉士養成テキスト15　認知症の理解—介護の視点からみる支援の概要』建帛社，2008年

長谷川雅美編著『自己理解・対象理解を深めるプロセスレコード』日総研出版，2007年，p.22

長谷部孝子・村松あずさ『お年寄りの音楽療法実践の手引き（改訂版Ⅱ）』ドレミ楽譜出版社，2007年，pp.11-12, 14-15

林庸二「"Therapy"の語源から見た音楽療法」国立音楽大学音楽研究所音楽療法研究部門『音楽療法の現在』人間と歴史社，2007年，pp.149-159

広井良典『ケア学—越境するケアへ』医学書院，2000年，pp.93-131

廣山初江『新・介護福祉士養成講座10　介護総合演習・介護実習』中央法規出版，2009年，pp.101-106

ほのぼの朝日ネットワーク『ご家族へのお便り』2007年1月から2010年12月まで

本間昭ら「センター方式03版痴呆性高齢者用ケアマネジメントシートパック：1人ひとりの尊厳を支える継続的ケアに向けて」『老年精神医学雑誌』15(1)，2004年，pp.76-100

宮本真巳『看護場面の再構成』日本看護協会出版会，2011年

宮本真巳編著『援助技法としてのプロセスレコード』精神看護出版社，2009年，p.22

村田久行『ケアの思想と対人援助』川島書店，2003年

村山陽「高齢者との交流が子どもに及ぼす影響」『社会心理学研究』25(1)，2009年，pp.1-10

門間陽子「高齢者領域の音楽療法のねらいはどこにあるのか—岐阜県音楽療法士の事例集を通した考察」国立音楽大学音楽研究所音楽療法研究部門『音楽療法の現在』人間と歴史社，2007年，pp.109-126

やまだようこ「老年期にライフストーリーを語る意味」『日本老年看護学会誌』12(2)，2008年，p.15

吉田章子「いぶき苑学習療法」平成24年4月垂井町文化会館における講演レジメ

「特集　私たちの「センター方式」活用術」『おはよう21』中央法規出版，2010年，pp.11-27

第6章

認知症の人の権利擁護

　2000（平成12）年，社会福祉基礎構造改革をうけて，1951（昭和26）年に制定された社会福祉事業法は，社会福祉法と名称変更した。社会福祉法は，①社会福祉を目的とする事業の全分野における共通的基本事項を定め，②福祉サービスの利用者の利益の保護，③地域における社会福祉＝地域福祉の推進，④社会福祉事業の公明かつ適正な実施の確保，⑤社会福祉を目的とする事業の健全な発達，⑥社会福祉の増進に資することを目的とした法律である。この法律の第3条には「福祉サービスは，個人の尊厳の保持を旨とし，その内容は，福祉サービスの利用者が心身ともに健やかに育成され，又はその有する能力に応じ自立した日常生活を営むことができるように支援するものとして，良質かつ適切なものでなければならない」と定義されており，これからの日本の社会福祉の理念は「個人の尊厳の保持」「個人の有する能力に応じ自立した日常生活を営むための支援」が重視されることとなる。しかし，このような理念は，新しい理念ではなく，以前より多くの先人によって提唱されている。この章では，個人の尊厳や自立した自分らしい生活を脅かす「高齢者虐待」「身体拘束」「成年後見制度」「日常生活自立支援事業」などを通して，ノーマライゼーション・自己決定の尊重と現存機能の活用の理念から「権利擁護」について説明する。

第1節　高齢者虐待

1．高齢者虐待とは

　2005（平成17）年，「高齢者虐待の防止，高齢者の養護者に対する支援等に関する法律」（以下「高齢者虐待防止法」と称す）が制定され，その第2条3項において「『高齢者虐待』とは，養護者による高齢者虐待及び要介護施設従事者等による高齢者虐待をいう」と定義し，非常に抽象的概念となっている。虐待の言葉の意味としては「力や立場の強い者が，弱い者に精神的・肉体的に苦痛や危害を加える行為。物理的な力で身体的に苦痛・危害を加えるだけではなく，有形無形な圧力や，いじめ，いやがらせを含む概念」と定義している。この二つの定義を統合し解釈すると，高齢者虐待とは「高齢者を介護している家族，社会福祉施設において日常生活支援を行っている従事者が，利用者に対して個人の尊厳を無視した物理的な力で，身体的に苦痛・危害を加える行為や有形無形な圧力や，いじめ，いやがらせなどの精神的苦痛や危害を加える行為，経済的な苦痛を加える行為，故意に利用者に対して生活支援を行わない（ネグレクト）などの総称」である。

2．高齢者虐待の種類

高齢者虐待防止法において，高齢者虐待には，「身体的虐待」「精神的虐待」「性的虐待」「介護等の日常生活上の世話の放棄，拒否，怠慢による虐待（neglect）」「経済的虐待」の5つに分類されている。

i．身体的虐待（physical abuse）
- 殴る，蹴るなどの暴行を身体に加えること。
- 身体への外傷やその恐れのある行為を行うこと。
- 高齢者の意思に反して身体の拘禁を行うこと。
- 高齢者への食事の支援を行う際，利用者が摂食を拒んでも，無理やり介護職員がスプーンで，食事を詰め込む行為など。

ii．精神的（心理的）虐待（psychological or emotional abuse）
- 介護者，家族親族などからの言葉による暴力。
- 施設や家族内での無視，否定的対応。
- 子ども扱いした対応。
- 高齢者が，排泄支援を要請してもすぐに対応せず，トイレ支援を行わないなど。

iii．性的虐待（sexual abuse）
- 高齢者にわいせつな行為を行うこと，無理やりわいせつ行為を行わせること。
- わいせつ行為と見受けられるような行為。
- 夫婦間の強制的な行為。
- 排泄行為などの失敗に対して，高齢者を裸にしてその場に放置するなど。

iv．介護等の日常生活上の世話の放棄，拒否，怠慢による虐待（neglect）
- 日常生活支援の拒否（食事を食べさせない，水分摂取の不適切な制限など）。
- 日常生活に制限を加える行為（部屋に鍵をかけ，外出させない，不必要に車いすに体を縛り付けるなど）。
- 高齢者の生活支援に必要な保健・医療・福祉サービスを利用させないなど。

v．経済的虐待（economic abuse）
- 高齢者の年金等の金銭を渡さない，取りあげて使用する行為。
- 高齢者所有の不動産を無断で処分する。
- 日常生活に必要な金銭を渡さない，使わせないなど。

3．高齢者虐待の現状と対応

2010（平成22）年度，厚生労働省による「高齢者虐待の防止，高齢者の養護者に対する支援等に関する法律に基づく対応状況等に関する調査」によると，施設や居宅サービスにおける生

第1節　高齢者虐待

活支援者による虐待は相談・通報件数は506件，虐待判断件数は96件となっている。家族や親族などの養護者による虐待は相談・通報件数が25,315件，虐待判断件数は11,668件となっており，高齢者虐待は年々増加傾向にある。

また，虐待の種類については，施設や居宅サービスでは，「身体的虐待（70.8％）」が最も多く，「心理的虐待（36.5％）」「介護等放棄（14.6％）」となっている。虐待が発生している施設種別としては，「特別養護老人ホーム（介護老人福祉施設）29.2％」「認知症対応型共同生活介護（グループホーム）21.9％」「介護老人保健施設　17.7％」である。

養護者による虐待では，「身体的虐待（63.4％）」が最も多く，「心理的虐待（39.0％）」「介護等放棄（25.6％）」「経済的虐待（25.5％）」である。誰から虐待を受けているかについては，「息子（42.6％）」が最も多く，「夫（16.9％）」「娘（15.6％）」であった。さらに，認知症日常生活自立度Ⅱ以上の高齢者は，被虐待高齢者全体の47.1％を占めている（厚生労働省ホームページ）。

高齢者に対する虐待は，日常生活支援を必要としている高齢者だけに起こっていることではない。すべての高齢者に起こっている，もしくは起こる可能性のあることを常に認識しておく必要がある。虐待を受けている高齢者は，そのことを第三者への通報を拒むことがある。通報することによる「仕返し」や「虐待の長期・重篤」を懸念しているが，適切な介入がなければ最悪の場合「いのちを落とす」結果となることもあるため，その見極めが大切である。高齢者虐待を防止するには，「早期発見」「早期通報」「広報活動」が重要である。

高齢者虐待防止法では，高齢者虐待を発見した者に対して「生命又は身体に重大な危険が生じている場合は，速やかに，これを市町村に通報しなければならない」とされている。また，生命又は身体に重大な危険が生じていない場合についても「速やかに，市町村に通報するよう努めなければならない。（法第7条）」とされている。届出先としては，市町村や地域包括支援センター，警察などがあげられる。

第2節　身体拘束

1．介護保険法上の身体拘束
1）身体拘束とは

　身体拘束は，精神保健及び精神障害者福祉に関する法律第36条第2項，昭和63年厚生省告示第129号，第130号を根拠とし，それを高齢者福祉に適用させた。厚生省告示第129号の中で身体拘束について，「衣類又は綿入り帯等を使用して，一時的に当該患者の身体を拘束し，その運動を抑制する行動の制限をいう」と定義している。簡単に言えば，高齢者をベッドに縛り付けたり，手足を縛ったり，車いすに不必要に固定したりといった，運動や行動等を抑制・制限し，高齢者の行動の自由と人間の尊厳を無視した行為である。

　2000（平成12）年に介護保険制度が始まり，介護老人保健施設等の現場における身体拘束は規定により禁止された。それまでは，すべての施設ではないものの，身体拘束は行われていた。しかし，それは，悪意からではなく「高齢者の安全を守る」という思想に基づくものである場合と，その思想の真逆の考え方であったことも理解しておく必要がある。

　身体拘束が行われていた時代においても，身体拘束を行わない取り組みをする医療機関や福祉施設も存在した。1983（昭和58）年に「老人の専門医療を考える会」を立ち上げた，吉岡充医師と田中とも江看護師の勤務する上川病院での抑制帯廃止の取り組みである。その取り組みについて「上川病院の実践は，抑制はケアで防げるという理屈に基づいている。そのための具体的ケアは，『起きる』『食べる』『排泄』『清潔』『アクティビティ』を重視した『五つの基本的なケア』と呼ばれた。こうしたケアを充実させることで抑制をなくし，結果として，認知症の人たちの状況を好転させた。」と述べている（宮崎，2011）。

2）身体拘束の問題点

　厚生労働省編『身体拘束ゼロへの手引き』（2001）の中で身体拘束について，「身体拘束は，人権擁護の観点から問題があるだけでなく，高齢者のQOL（生活の質）を根本から損なう危険性を有している。身体拘束によって，高齢者の身体機能は低下し，寝たきりにつながるおそれがある。さらに，人間としての尊厳も侵され，時には死期を早めるケースも生じかねない。それ故に，身体拘束の問題は，高齢者ケアの基本的なあり方に関わるものであり，関係者が一致協力して身体拘束を廃止しようとする取り組みは，我が国の高齢者ケアの転換を象徴する画期的な出来事であると言えよう」と明記されている。

　さらに，「身体拘束の弊害として身体的弊害，精神的弊害，社会的弊害があり，拘束することで認知症状が進行し，ますます身体拘束をしなければならなくなり，『一時的』な拘束が，『常時』の拘束となってしまうという悪循環が生じやすくなる」としている。

第2節 身体拘束

ⅰ．身体的弊害
- 本人の関節の拘縮，筋力の低下といった身体機能の低下や圧迫部位の褥瘡の発生などの外的弊害。
- 食欲の低下，心肺機能や感染症への抵抗力の低下などの内的弊害。
- 車いすからの無理な立ち上がりによる転倒事故，ベッドからの乗り越えによる転落事故，抑制具による窒息。

ⅱ．精神的弊害
- 本人に不安や怒り。屈辱，あきらめといった大きな精神的苦痛を与え，人間としての尊厳を侵す。
- 身体拘束によって，認知症状がさらに進行し，せん妄の頻発をもたらすおそれ。
- 本人の家族にも大きな精神的苦痛。自らの親や配偶者が拘束されている姿を見たときの罪悪感。
- 看護・介護スタッフも，自らが行うケアに対して誇りの欠如からくる，安易な考え。

ⅲ．社会的弊害
- 看護・介護スタッフ自身の士気の低下
- 介護保険施設等に対する社会的な不信，偏見。
- 身体拘束による高齢者の心身機能の低下はその人のＱＯＬを低下させるのみでなく，さらなる医療的処置を生じさせ経済的影響をもたらす。

厚生労働省編『身体拘束ゼロへの手引き　高齢者ケアのすべてに関わる人のために』2001年，p.6を一部加筆，要約。

3）身体拘束禁止の動き

　1998（平成10）年，介護療養型医療全国大会において「抑制廃止福岡宣言」が発表され，その後，全国各地において身体拘束廃止の動きが活発化していくこととなった。そして，1999（平成11）年，厚生省令において「身体拘束禁止」が規定された。この内容は「サービスの提供に当たっては，当該入所者（利用者）又は他の入所者等の生命又は身体を保護するため緊急やむを得ない場合を除き，身体的拘束，その他入所者の行動を制限する行為を行ってはならない」というものである。介護保険法における指定介護老人福祉施設，介護老人保健施設，指定介護療養型医療施設，短期入所生活介護，短期入所療養介護，認知症対応型共同生活介護，特定施設入所者生活介護については上記の定義が適応される。さらに，具体的な身体拘束の内容については，厚生労働省「身体拘束ゼロへの手引き」や各都道府県や市区町村から身体拘束の手引き等が発行されている。

○抑制廃止福岡宣言　1998（平成10）年10月30日
　① 縛る，抑制をやめることを決意し，実行する

第6章　認知症の人の権利擁護

　② 抑制とは何かを考える

　③ 継続するために，院内を公開する

　④ 抑制を限りなくゼロに近づける

　⑤ 抑制廃止運動を全国に広げていく

○具体的な身体拘束の内容

　① 徘徊，転落しないように，車いすやいす，ベッドに体幹や四肢をひも等で縛る。

　② 自分から降りられないようにベッドを柵（サイドレール）で囲む

　③ 点滴・経管栄養等のチューブを抜かないように，または皮膚をかきむしらないように，四肢をひも等で縛るまたは，手指の機能を制限するミトン型の手袋等をつける。

　④ 車いすやいすからずり落ちたり，立ち上がったりしないように，Y字型拘束帯や腰ベルトを装着する，車いすテーブルを設置する，立ち上がりを防げるようないすを使用する。

　⑤ 脱衣やおむつはずしを制限するために，介護衣（つなぎ服）を着せる。

　⑥ 他人への迷惑行動を防ぐために，ベッドなどに体幹や四肢をひも等で縛る。

　⑦ 行動を落ち着かせるために，向精神薬を過剰に服用させる。

　⑧ 自分の意志で開けることのできない居室などに隔離する。

厚生労働省編『身体拘束ゼロへの手引き　高齢者ケアのすべてに関わる人のために』2001年，pp. 16-21，を一部加筆，要約

4）身体拘束を容認しない生活支援の実践

　介護保険指定基準上，「当該入所者（利用者）又は他の入所者（利用者）等の生命又は身体を保護するため緊急やむを得ない場合」には，身体拘束が条件付きで認められている。

　第1に，「切迫性」「非代替性」「一時性」の3つの要件を満たしていることが求められる。「切迫性」とは，利用者本人又は他の利用者等の生命又は身体が危険にさらされる可能性が著しく高いこと。「非代替性」とは，身体拘束その他の行動制限を行う以外に代替する介護方法がないこと。「一時性」とは，身体拘束その他の行動制限が一時的なものであることである。

　第2に，身体拘束が絶対的に必要な要件の確認等の手続きが行われている場合である。身体拘束の必要性を，個人やごく一部の限られた者による確認ではなく，組織内に「身体拘束に関する検討委員会」等による判断が必要となる。

　最も重要なのは，身体拘束が必要な高齢者や家族に対しての「具体的説明と同意」，実施した身体拘束についての「記録の義務」である。具体的説明と同意については，やむを得ない身体拘束について，①身体拘束が必要となる根拠（エビデンス），②身体拘束の方法（部位など），③身体拘束の時間，④身体拘束開始，終了時期（予定），⑤特記事項等を具体的に記載し，双方の署名捺印が必要となる。さらに，身体拘束時の記録については，介護保険指定基準に関する通知において，「緊急やむを得ず身体拘束等を行う場合には，その態様及び時間，その際の

利用者の心身の状況，緊急やむを得なかった理由を記録しなければならないものとする」とされている。

　しかし，ここで重要なのは「身体拘束を容認しない生活支援の実践」である。高齢者の主体性・尊厳ある生活を支援する支援者にとって重要な価値は「身体拘束をしない，させない」である。そのためには，生活支援者として備えておかなければならない能力（視点）がある。①高齢者をみる（見る・観る・看るなど）力，②高齢者に対して身体拘束しないための環境整備，③環境等の課題の除去・軽減，④身体拘束しないための質の高い生活支援の実践，⑤職員間の情報の共有と気づき，⑥生活支援への志向などである。

　私たち生活支援者は，高齢者の尊厳を保持し，主体性を尊重する。声かけや適切な対応，高齢者の思いをくみ取った支援を通して，身体的・精神的自由を妨げることなく，意向を重視した支援を実施する。また，他職種との連携を強化し高齢者の安全を確保し，その人らしい生活を支援することが，高齢者虐待や身体拘束をなくし，よりよい福祉社会を形成することができることになる。

２．身体拘束をしない工夫

　身体拘束をしないことは容易ではない。介護・看護など日常生活支援専門職の努力はもちろんのこと，家族や社会全体がどのような場合であっても身体拘束を「しない，させない」という志向性をもっておかなければならない。厚生労働省の「身体拘束ゼロへの手引き」の中で「身体拘束廃止のためにまずなすべきこと—５つの方針」（表６−２−１）を提言している。

表６−２−１　身体拘束廃止のためにまずなすべきこと—５つの方針

①トップが決意し，施設や病院が一丸となって取り組む。
②みんなで議論し，共通の意識を持つ。
③まず，身体拘束を必要としない状態の実現を目指す。
④事故の起きない環境を整備し，柔軟な応援態勢を確保する。
⑤常に代替的な方法を考え，身体拘束する場合は極めて限定的に。

　それぞれの項目について説明を加えているが，その内容を要約すると，身体拘束は，自分一人が努力しても限界がある。そこで施設長や管理職，生活支援専門職がチームワークに基づく身体拘束廃止の方向を向く必要がある。そのためには組織的な取り組みが重要となる。また，高齢者に関わる人々が「その人の主体性」を尊重する思想が必要であり，このことは，家族や社会全体の理解を得ることの重要性を示唆している。そして，高齢者の生活環境を整備し，拘束する必要のない施設や家庭の実現を目指すべきである。これに付け加え，身体拘束をしなければならない場合を極力限定的にし，常に志向し，拘束しない生活支援の実践が重要であると述べている。これらの内容を踏まえ，もう少し具体的に身体拘束をしない・させない工夫につ

いて考えていきたい。

1）生活支援者の意識改革の必要性

「高齢者の行動には意味がある」。このことについて否定的にとらえることはないであろう。しかし，主語を認知症高齢者に置き換えてみるとどうであろう。「認知症高齢者の行動には意味がある」。この内容であれば一部の生活支援者は異を唱えるかもしれない。例えば，施設で生活している高齢者が常に玄関において，帰宅したい旨の訴えがあり，鍵を開け，行方不明になることがしばしばみられた場合，生活支援者としてそのことをどのように考えるべきか。高齢者の立場に立てば理解できるはずである。生活支援者は高齢者の支援が終われば自宅に帰る。しかし，高齢者は帰ることができず，その場にとどまらなければならないのである。自分の家と認識していない，できない高齢者が自宅に帰りたいという思いは，私たちが家に帰る思いと全く同じことである。この思いを「認知症」という言葉が，生活支援者の相手を理解する目や力を低下させるのである。決して忘れてはならないのは，高齢者の行動には意味があることを十分に理解することが重要である。

2）身体拘束する行動の原因の究明

前項でも述べたように，私たちの行動には必ず意味がある。「空腹になり，職員にそのことを訴えても理解されず固形洗剤を食べてしまう」「痛みがあるから点滴の針を抜く」「トイレに行きたいが，場所がわからなくなり施設内を歩き回る」「おむつの中で排泄後，なかなか交換してもらえないことから，掻痒感が起こり自分でおむつをとる」。生活支援者は，自分自身の価値観と専門職としての価値観を混同してしまうことが多い。ここで述べた事例を「問題行動」と捉えることが多い。このように捉えてしまえば生活支援の専門性は向上しない。高齢者がなぜ，そのような行動をしたのか考えることが必要である。

生活支援者は，高齢者の行動に対して「なぜ，そのような行動をするのか」「私の高齢者の理解はその人を主体に考えているか」「どうしたらそのような行動が現れないか」を常に考慮しなければならない。

3）多くの人との理解と連携と協力

高齢者の行動の課題が明確となった場合，それを当然取り除くこととなる。そこで必要となるのは，多くの人の力である。人間一人の力には限界がある。いくら能力の高い人材であっても限界はある。その限界が集まれば，さらなる別の大きな力になる。高齢者の生活支援は，多くの人々の力の結集によって成り立っている。その一人の高齢者への理解が別の方向に向けば，力のバランスが崩れ，よりよい支援とはならないのである。そのためにも，ケースカンファレンス等を積極的に行い，高齢者がその人らしい生活が送れるためには何が必要で，どのような環境の改善が必要かを，それぞれの専門性を大切にしながら見極めていくことが大切である。

第2節　身体拘束

4）ケアプロセスの重要性

「身体拘束をせずにケアを行うために―3つの原則」として，1．身体拘束を誘発する原因を探り除去する　2．5つの基本的ケアを徹底する　3．身体拘束廃止をきっかけに「よりよいケア」の実現がある。その中で，「基本的なケアを十分に行い，生活のリズムを整えることが重要である。①起きる，②食べる，③排泄する，④清潔にする，⑤活動する（アクティビティ）という5つの基本的事項について，その人に合った十分なケアを徹底することである。例えば，『③排泄する』ことについては，ア．自分で排泄できる，イ．声かけ，見守りがあれば排泄できる，ウ．尿意，便意はあるが，部分的に介助が必要，エ．ほとんど自分で排泄できないといった基本的な状態と，その他の状態のアセスメントを行いつつ，それを基に個人ごとの適切なケアを検討する」としている。まさしく，ケアプロセスの構成要素と思考過程の必要性と重要性が，身体拘束をしない・させないことに大きく関係しているとともに，「ICFの思考概念」も関係している。

認知症高齢者の持てる力を評価し，それを最大限活用することと同時に，その危険性と課題を評価・分析し，介護計画を作成し，それに基づき生活支援を実施する。この過程のなかで，利用者の課題を明確化すれば，その予防策が必然的に理解できる。生活支援者が利用者の生活課題における予防策がわかれば，身体拘束は不要となる。以上のことから，生活支援者の情報の収集・分析，課題の明確化，介護計画作成と実施，評価で構成されるケアプロセスと，その人をその人らしく理解する「ICFの思考概念」はとても重要である。

5）高齢者の生活支援に時間を費やす

「生活支援する従事者不足」を，身体拘束もやむを得ない理由と考える生活支援者がいる。介護保険制度が導入され，さらに制度改正などに伴い人材不足が指摘された。業務が多忙化し，一人ひとりに対する生活支援に費やす時間が短くなっている。そうであれば，業務内容を改善することも必要であろう。

現在行っている支援業務は，本当に高齢者の支援のために今実施しなければならないことか。他の方法を用いることにより，業務時間・内容を簡略化し，作られた時間を高齢者支援に充足する，高齢者と寄り添い「ともにふれあう時間」を多くする，その結果として身体拘束する必要が少しはなくなるのではないだろうか。

「身体拘束は完全に廃止することは容易なことではありませんが，身体拘束廃止の取り組みは，職種を問わず保健医療福祉分野に関わる全ての人に対して，『ケアの本質とは何か』を問いかけることになりました」（高崎，2004）という言葉は重く，われわれの心に権利擁護とは何かを問うている。

第3節　権利擁護

1．社会福祉法の改正と権利擁護

　2000（平成12）年に改正・改称された「社会福祉法」では，「措置制度から契約制度への転換」がなされ，社会福祉法第1条（目的）では，「利用者の利益の保護」と「地域福祉の推進」の2つの目標を掲げ，利用者が福祉サービスを円滑に利用できるようにすることが定められた。社会福祉法と同年に施行された「介護保険法」は契約制度を代表するように，要介護者である利用者自身が，福祉サービス利用に関する「意思決定」を行い，種々の介護サービス等を「選択」し「自己決定」することとなっている。

　こうした契約制度のもとでは，利用者が自分で選択・決定したサービスに「責任」を負うことが義務づけられ，利用したサービスの定率負担（原則1割）があるなど，利用者はサービスを購入するという「消費者（コンシューマー）」として位置づけられることになったと言ってよい。利用者の意思決定によりサービス利用ができるようになった半面，不適切にサービスを実施する事業者等により必要のないサービスを押し付けられたりするなど，「消費弱者」となりやすい危険性も孕んでいる。介護保険制度では，介護保険サービスの利用に関するサポートをする介護支援専門員（ケアマネジャー）が設置されているものの生活支援には限界はある。つまり，認知症や知的障害，精神障害のある人にとっては，保険申請の手続きやサービスを選択する際の情報収集，利用料の支払いなどの契約行為を一人で行うことが難しい場合が多いため，サービスを超えた面での支援者の存在が必要となる。さらには，そのような方は判断能力が乏しいことにより，福祉サービスにかかる契約行為以外でも悪徳商法などによる詐欺や金銭トラブルにとどまらず，「高齢者虐待」などに直面する危機にある。このような権利侵害を防ぎ，利用者が不利益な状況に陥らないように，利用者の権利を保障するという「権利擁護」の仕組みが整えられている。その代表的な制度が，民法に規定する「成年後見制度」，社会福祉法に規定する「日常生活自立支援事業」である。

2．成年後見制度

　成年後見制度は，「財産管理」と「身上監護」を中心とする法律行為を家庭裁判所が選任した成年後見人が，本人に代わって行えること（代理権）を可能にする制度である。介護保険制度の施行にともない，民法が改正され，それまでの「禁治産者・準禁治産者制度」が廃止され，新たに「成年後見制度（成年後見開始の審判）」が実施されている。成年後見制度は，精神上の障害等により判断能力が不十分であるために法律行為の意思決定が困難な人を保護する制度である。本人，4親等以内の親族，検察官や市町村長等により，家庭裁判所へ申し立てを行い，

裁判所の職権（判断）により成年後見人等が選任される。これを「法定後見制度」と言い，本人の判断能力の程度により，「後見」「保佐」「補助」の3類型がある。成年後見制度はこの他に「任意後見制度」や「未成年後見制度」がある。

表6－3－1　成年後見制度の概要

1）法定後見制度			
すでに判断能力が不十分な者（認知症高齢者，知的・精神障害者等）を対象とする。判断能力の程度により，補助，保佐，後見の3類型の後見制度にわかれる。 ＜成年後見人等の業務（後見事務）＞ ① 財産管理（財産の管理に関する事務。資産・財産を管理し本人のために使う管理をする。） ② 身上監護（生活，療養上に関する事務。さまざまな契約行為や入院契約の代行をする。具体的な生活支援をする介護行為等は含まれない。）			
	補助	保佐	後見
対象者 （判断能力）	被補助人 （判断能力が不十分な者）	被保佐人 （判断能力が著しく不十分な者）	成年被後見人 （判断能力が欠けているのが常況の者）
「開始の手続き」の本人同意	必要	不要	不要
保護者	補助人	保佐人	成年後見人
監督人	補助監督人	保佐監督人	成年後見監督人
同意権の対象	申し立て範囲内の特定の法律行為	民法に定める行為	日常生活に関する行為以外
同意権の本人同意	必要	不要	不要
取消権者	本人・補助人	本人・保佐人	本人・成年後見人
代理権の本人同意	必要	必要	不要
2）任意後見制度 　判断能力が現在は一定以上ある方が将来のためにあらかじめ成年後見人等を選任しておく制度。			
3）未成年後見人制度 　未成年者に対して親権を行う者がないとき，または，親権を行う者が管理権を有しないときに，法定代理人となる者を選び未成年者を守る制度。			

※後見人等には弁護士や社会福祉士などの専門職や社会福祉法人などの法人も選任できる。家族や親族も後見人となれる。
出所）法務省ホームページ「成年後見制度」を参考とし一部筆者改変

「後見」は常に判断能力を欠く情況にある者に，広範な取消権と代理権を有する成年後見人等をつけるもので，一部の行為は本人の同意がなくも行うことができる（代理権の本人同意は不要）。「保佐」は，判断能力が著しく不十分な者に，不動産の得失など重要な財産上の行為などについて，本人の同意による代理権や取消権を有する保佐人をつけるものである。「補助」は，判断能力が不十分な者には，本人の同意を前提として同意権や取消権等を有する補助人をつけるものである。成年後見制度を利用する者を成年被後見人（被保佐人，被補助人）と呼び、成年後見人（保佐人，補助人）が行う事務は，財産管理と身上監護にわけられる。また，成年後見人等により不適切な事務が行われないように，家庭裁判所は必要があると認めるときに，

成年後見監督人等（保佐監督人，補助監督人）を選任することや，複数の後見人を選任して役割分担を行うこと（複数後見人）ができる。また，専門職ではないが，成年後見に関する一定の知識・能力，技術及び倫理等を身に付けている第三者（利害関係のない者）を養成し「市民後見人」として選任することも認められている（表3-3-1）。

　成年後見制度では，上記のとおり成年後見人等に権利の偏りが生じないようにし，判断能力が不十分な方を守る有益な制度でもあるが，時として，利用者の自由意思では何も決められない事態を招くこともあるなど，「人間の権利」を剥奪してしまう危険性があることは留意しなくてはならない。また，主として財産管理を念頭においたものであり，介護・看護が必要な方への身上監護への対応は不十分であること，さらには日常的な金銭管理等の業務においてでも家庭裁判所の裁定（決定）によるものが前提となるため利用が簡便でないことなどの課題がある。そこで，こうした成年後見制度を補完する制度として，1999（平成11）年より日常生活自立支援事業が設置されている。

3．日常生活自立支援制度

　日常生活自立支援事業（1999（平成11）年開始。2007（平成19）年に「地域福祉権利擁護事業」から名称変更）は，社会福祉法において，「福祉サービス利用援助事業」とも呼ばれ，主に介護保険等の福祉サービスを利用する方の日常的な支援をするためのサービスである。本事業は，原則として都道府県社会福祉協議会が実施主体となり，福祉サービスの利用者からの相談内容に基づき，「専門員」が訪問相談をして支援計画を策定することにより開始される。これに，利用者自身が同意できれば社会福祉協議会と契約し，社会福祉協議会が派遣する「生活支援員」が支援する。本事業は，あくまで利用者本人の契約能力を有することが大前提となっているため，本人の意思判断能力が不十分である場合は，先述した成年後見制度を利用することになる。

　具体的な支援の内容は，①福祉サービスの利用援助，②日常的な金銭管理，③重要書類の預かり，④苦情解決制度の利用，⑤消費契約や行政手続の支援である。つまり，成年後見制度を利用するまではいかないものの，一定のレベルで意思判断能力が不十分である高齢者や障害者等の日常生活上の支援を図るものと言える。在宅のみならず，入所施設利用者も本事業を利用することができる。都道府県によって若干異なるが，一般的には相談は無料となっており，それぞれのサービス内容につき利用料が設定されている（表6-3-2）。日常生活自立支援事業は，権利擁護を利用者自身の契約能力に基づき実施し，相談・助言・情報提供・調整等の幅広い支援を受けられる点で，支援者と利用者のパートナーシップ（協働関係）を築きやすい制度である。成年後見制度との補完性（使い分け）を意識した制度利用が求められている。

第3節　権利擁護

表6－3－2　日常生活自立支援事業の概要

実施主体	都道府県社会福祉協議会または指定都市社会福祉協議会（事業の一部を市町村社会福祉協議会，社会福祉法人等に委託可能）
対象者	判断能力が不十分な認知症高齢者・知的障害者・精神障害者等（契約内容が理解できる能力が必要） ※判断能力や契約締結能力に疑義がある場合は，「契約締結審査会」が審査する。
支援者	「専門員」（専任の常勤職員） 　初期相談から支援計画の策定，利用契約までを担う。 「生活支援員」（非常勤職員が中心） 　支援計画に基づいて具体的な支援を担う。
サービス内容	① 福祉サービス利用援助 ② 苦情解決制度の利用援助 ③ 行政手続きなどに関する援助 ④ 日常生活援助等（日常的な金銭管理、預貯金通帳の預かり）
事業の特徴	○利用料金等は実施主体により異なる（1回1時間あたり1,000～1,200円程度）。生活保護世帯は公費助成があるため無料。契約前の相談は無料。 ○実施主体の専門員が支援計画を立て，実施主体が認定する生活支援員が援助を行う。 ○入院・入所した場合でも利用できる。 ○福祉サービスに関する利用者からの苦情解決にあたることを役割とした第三者委員会である「運営適正化委員会」が，事業全体の運営監視と利用者からの苦情解決にあたっている。

（筆者作成）

4．市民後見人の活用

「介護サービスの基盤強化のための介護保険法等の一部を改正する法律（2011（平成23）年法律第72号）」が，2011（平成23）年6月15日に成立し，同年6月22日に施行された。この改正法のなかで認知症対策を推進していく一つとして，「市民後見人の活用」が位置づけられた。これに伴い，老人福祉法第32条の2に「後見等に係る体制の整備等」の条文（表6－3－3）が追加され，2012（平成24）年4月1日から施行されている。

表6－3－3　「後見等に係る体制の整備等」

第32条の2：市町村は，前条の規定による審判の請求の円滑な実施に資するよう，民法に規定する後見，保佐，及び補助（以下「後見等」という）の業務を適正に行うことができる人材の育成及び活用を図るため，研修の実施，後見等の業務を適正に行うことができる者の家庭裁判所への推薦その他必要な措置を講ずるよう努めなければならない。 2　都道府県は，市町村と協力して後見等の業務を適正に行うことができる人材の育成及び活用を図るため，前項に規定する措置の実施に関し助言その他の援助を行うよう努めなければならない。

出所）山縣文治他監修・ミネルヴァ編集部編『社会福祉小六法』ミネルヴァ書房，2012年，p.565より引用

成年後見人等は，判断能力の不十分な人々の意思決定を支援し，取消権や代理権を行使して，その方の権利を擁護する大切な役割を担っている。今後，親族等による成年後見の困難な者が増加するものと見込まれることから，介護サービス利用契約の支援などを中心に，成年後見の担い手として市民の役割が強まると考えられる。市町村はこのような担い手として，市民後見

人を地域の中で数多く育て，権利擁護を推進するとともに，その質を高めていく必要がある。今回の改正法では，市町村が人材を育成する努力義務が明記された。今後は研修体制を整備し，人材の量・質の確保が求められる。さらに，市町村が後見人の業務を適正に行うことができる者を，家庭裁判所へ成年後見人等の候補者として推薦していくことが明記された。つまり，市民後見人は，市町村が研修を修了した者を登録する名簿を作成し，家庭裁判所へ推薦することから，その第一歩を踏み出すことになる。

　つまり，「市民後見人」は，成年後見人を社会福祉士や司法書士等の専門職（専門職後見人）以外の福祉職や一般市民を採用して実施する権利擁護の在り方である。現在では，自治体やNPO法人，大学等において，「社会貢献型後見人」「区民後見人」等にて養成事業が行われており，期待が高まっている（大貫・西川，2010）。

　今後は，この市民後見人には高い倫理観と質の確保が，なお一層求められることになる。業務をバックアップする研修及び支援体制や監督体制を構築し，適正に機能させていくことが重要となる。そのためには，市町村が責任主体となり，地域の社会福祉協議会やNPO法人等と幅広く連携して，権利擁護を"まち全体で"整備していく施策が求められる。

5．権利擁護制度の課題と民間権利擁護サービス

　成年後見制度や日常生活自立支援事業では，福祉サービス利用者のあらゆる権利に関して「代弁＝アドボカシー（advocacy）」するという考え方にたった支援が必要である。つまり，鋭い人権感覚のもと権利を「獲得し，要求する」という視点も同時にもちあわせておかなければならない。つまり，利用者の権利意識を喚起し醸成する働きかけが不可欠と言える。専門職には，利用者に対して「福祉サービス利用主体の形成（エンパワメント）」をする役割と機能が求められることになる。

　我が国の認知症高齢者は，推定で約180万人，知的障害者は約55万人，精神障害者は約303万人いるといわれて今後も増加することが予測されている。しかし，成年後見制度の申立件数は約17万件にとどまっており，成年後見制度を必要としながらも，制度外におかれている高齢者や障害者が多くいることが推測されている（大貫・西川，2010）。日本と同様に介護保険制度を実施するドイツでは，1992（平成4）年に成年後見制度（「成年者世話法」と呼ばれる）を設置し，総人口約8,200万人に対して約120万人の利用実績があり，日本に比べると倍以上の利用率があるとも言われている（芳賀，2008）。また，日本の成年後見制度がもつ課題としては，医療行為を受けることには成年被後見人であっても本人の同意が必要であり，代理する権限はないとされている。また，本人死亡後の財産管理を，成年後見人等ができない等制度がもつ課題は多い。

　こうした課題に対して，先述した改正介護保険法により規定された，市民後見人の意義は大きく，成年後見制度は新たな局面を迎えたと言ってよい。また，「身寄りがいない」「頼りたく

第3節 権利擁護

ない」「迷惑をかけたくない」等の理由で，自らの将来を一人悩む高齢者・障害者もおり，制度へ合致していない人も多くいる。そうした人の「社会資源」の一つとして，公益性の高い法人等によって，介護保険制度，成年後見制度や日常生活自立支援事業等を補完する「民間権利擁護サービス(注)」が生み出されてきている。具体的には，現状の権利擁護制度では行いにくい支援（身元保証，福祉サービス以外の日常的な生活支援，死後の支援等）を行っている。このことは，高齢者の一人暮らし，高齢者夫婦世帯の増加が急速に進むことに逆行して，「他者とのつながり」が希薄になりつつある地域社会に警鐘をならし，地域の絆（支えあいや助け合い）を再生させるきっかけとなる実践かもしれない。住民一人ひとりの「市民力」が問われている。

（注）統一された用語定義がされていないため，筆者により「民間権利擁護サービス」と暫定的に名称づけた。サービス実施団体の一例として，「公益財団法人　日本ライフ協会」「NPO法人　きずなの会」「NPO法人　りすシステム」等が，全国規模で活動している。特に，日本ライフ協会の取り組みは公的な権利擁護を支える重要な事業を実施していることが紹介されている。（濱田，2012）　以下，ホームページを掲載しておく。
[主な民間権利擁護サービス団体のホームページ]
　公益財団法人　日本ライフ協会：http://jp-life.net/
　NPO法人きずなの会：http://www.kizuna.gr.jp/
　NPO法人りすシステム：http://www.seizenkeiyaku.org/HP/liss1.html

＜引用・参考文献＞
安藤邑惠・小木曽加奈子編著『ICFの視点に基づく高齢者プロセス』学文社，2009年，pp.124-125
大貫正男・西川浩之「成年後見制度」社会福祉士養成講座『新・社会福祉士養成講座19　権利擁護と成年後見制度　第2版』中央法規出版，2010年，pp.128-176
柿本誠「社会福祉の権利擁護」宮田和明他編『現代の社会福祉入門』みらい，2009年，pp.141-147
厚生労働省「平成22年度高齢者虐待の防止，高齢者の擁護者に対する支援等に関する法律に基づく対応状況等に関する調査結果（2011年11月）」
　http://www.mhlw.go.jp/stf/houdou/2r9852000001wdhq.html
厚生労働省編「身体拘束ゼロへの手引き　高齢者ケアのすべてに関わる人のために」2001年，pp.4-14
荘村明彦『速報！改正介護保険法―平成24年4月からの介護保険はこう変わる』中央法規出版，2011年，p.246
高崎絹子『身体拘束ゼロを創る　患者・利用者のアドボカシー確立のための知識と技術』中央法規出版，2004年
芳賀裕「ドイツにおける成年後見制度」『月報司法書士』No.434，日本司法書士連合会，2008年，pp.74-75
濱田建士『シニア世代からの「不安」を「安心」に変える「みまもり福祉」』講談社，2012年
福祉小六法編集委員会『福祉小六法（2011年版）』みらい，2011年
福田素生『系統看護学講座　専門基礎分野健康支援と社会保障制度［3］社会福祉』医学書院，2012年，pp.109-110
法務省ホームページ「成年後見制度」http://www.moj.go.jp/MINJI/minji17.html
宮崎和加子『認知症の人の歴史を学びませんか』中央法規出版，2011年，pp.64-66

第6章　認知症の人の権利擁護

山縣文治他監修・ミネルヴァ編集部編『社会福祉小六法』ミネルヴァ書房，2012年，p.565
山口光治「市民後見人の活用，権利擁護の活用」『おはよう21』4月号，中央法規出版，2012年，pp.44-47

第7章

家族への支援

第1節　家族の強みを把握する

1．家族の発達段階

　個人の発達段階が存在するのと同じく，家族にも一定の周期的な変化の過程としての発達段階が存在する。家族周期の各期には，それぞれの家族がその段階において最も重点的に取り組むべき発達課題が存在し，これらの各家族周期で課題を一つずつ達成しながら次の段階に移行する。しかし，次の段階でまた新たな発達課題が存在するため，家族周期における移行期の家族は，前の発達段階から次の課題への転換がうまく移行できない時に危機に陥りやすい。また，家族としての発達を遂げながら健康問題を解決していくことが重要である。例えば，長期療養が必要な対象が家族の中に存在する時に，それぞれの家族の発達課題を軽視することはできず，家族としての発達課題を成し遂げながら，対象の健康問題の解決を図る必要がある。そこで，家族も家族としての各発達課題があるという，家族発達理論という考え方を家族周期の段階別に捉えてみた。一般的に，6または7段階に分けられることが多く，各段階別に詳細を記述する。

第1段階：新婚期

　第1段階は新婚期と呼ばれ，これまで別々の家族に属していた2人が生活を共にするようになって新しい生活様式をつくりあげていかなければならない時期である。婚姻という形式に拘らない場合は，2人が生活をはじめた時点を家族の出発点とみなす。この時期の発達課題は，精神的・経済的に親から独立し，新しい生活様式を形成する。また，夫婦としての相互理解を深め，絆を築き，新しい親族との交流によって社会的にも独立し，家族として認められることが必要である。

第2段階：出産・育児期

　第2段階は出産・育児期と呼ばれ，夫婦の間に子どもが生まれると家族関係は2者関係から3者関係に変化し，新しい家族関係が形成される。夫婦は親という新しい役割を担い，子どもの世話を行わなければならない時期である。さらに，子どもが増えるごとに育児や家事の負担が増大するため，夫婦間で役割を分担しながら健全な育児に取り組み，新しい家族への援助を

しようと家族全体の生活行動を拡大し，家族関係を調整することが発達課題である。

第3段階：子どもが学童期の時期

　第3段階は子どもが学童期の時期であり，子どもが学校生活を始めることで社会的つながりが深まり，家族として社会的責任が大きくなる。家族への所属感や親子の交流が子どもの心身の健全な発達を促す家庭生活につながる。また，子どもの自立を促すと同時に子どもが直面するさまざまな問題に対し，親が適切な支援をすることで子どもの自立と依存のバランスを保つことが発達課題である。

第4段階：子どもが10代の時期

　第4段階は子どもが10代の時期であり，思春期の急激な発達は身体面だけでなく，心理的にも大きな変化をもたらす。子どもは，新しい自己同一性（セルフ・アイデンティティ）を確立する課題に取り組み，親との関係は自立と依存の葛藤が激しくなり，この時期の発達課題は，子どもの成長に適合したかたちに変化せざるを得ない。親は，子どもの将来設計について助言する役割があり，進学等に伴う経済的な援助の必要性が高まる。また，社会生活と家庭生活を両立させることや夫婦は生活習慣病を来さないように日々の食事や運動などに留意して，自己の健康管理に努めることが重要な時期である。

第5段階：排出期・分離期

　第5段階は排出期または分離期と呼ばれ，子どもが一人の成人として精神的・物理的に家族から独立する時期であり，家族側からすれば子どもを世の中へ排出するためこのように呼ばれる。子の親離れ，親の子離れが並行して達成されなければならず，子どもの独立に向け，夫婦2人だけの生活の再調整をする必要がある。また，成長した子どもと親との新たな親子関係の形成，夫婦それぞれの親への援助や介護などの関係構築が発達課題として挙げられる。

第6段階：老年期

　第6段階は老年期と呼ばれ，夫婦どちらかあるいは両方が退職した時から配偶者の死までの時期である。加齢とともに親たちのからだは老化し，コミュニケーション能力や運動能力，経済的能力も低下することが多い。退職後の夫婦関係の維持と子どもとその家族や夫婦たちの老親との関係維持，家庭や社会での新たな役割形成，親・配偶者・親族の喪失への対処と適応などが発達課題として挙げられる。

第1節　家族の強みを把握する

第7段階：孤独期

　第7段階とするか第6段階後期とするかで異論はあるが，配偶者の喪失から本人の死までの時期であり，孤独期と呼ばれる。配偶者の死後，子どもと同居せず，一人暮らしをする高齢者が増加している。健康課題は老年期の前期に引き続き，健康維持や疾病管理が重要であり，配偶者の死後，喪失感に向き合いながら一人の生活に適応し，自身の死への準備を行う。また，子どもは両親の死を受け入れることが課題となる。

2．家族の介護力

　家族の平均世帯人員数は2005（平成17）年で，2.6人と減少を続け，家庭内で介護を担う人が少なく，世帯主が65歳以上の夫婦のみの世帯が2010年で34％を占め，高齢者が高齢者を介護する老老介護も増えている。また，配偶者が他界した65歳以上の単身世帯は，2010年で29.7％を占めている。以上のことから，現代の家族の環境として，家族構成員の減少，高齢者の増加，高齢単身世帯の増加等がある。また，女性の社会活動への進出に伴い，女性が介護をするというこれまでの意識の変化や家族構成員それぞれが自己実現の意思を持っていることなどにより，介護保険制度を活用しても依然介護を行いにくい要因が多い現況である。

　家族構成員の中に介護を必要とする人が現れた場合，その人が担っていた役割を他の家族構成員が代行しなければならない。また，介護を担う家族に家族内の役割が集中しないように，家族内で役割分担の再構築をする必要がある。しかし役割には，家事や介護だけでなく，情緒的関係，意思決定，財産や諸手続きに関することがある。前者に関しては社会的資源を活用することで家族以外に代用できるが，後者に関しては家族内で役割の再構築を図る必要がある。

　家族の介護力は，主介護者または家族構成員の介護負担に関するアセスメントをすることで，把握することができる。介護を担う介護者の身体的負担，介護者の精神的不安，介護者の経済的負担，介護者の親族・家族関係を含む社会的負担の有無を判断するためのアセスメント要素がある。まず，介護者の身体的負担を示す項目として，①栄養障害にかかわる状況，②睡眠障害にかかわる状況，③疲労の蓄積にかかわる状況，④生活必須行動の制限にかかわる状況，⑤ケア・医療処置のための疲労にかかわる状況がある。次に，介護者の精神的負担を示す項目として，①将来への不安にかかわる状況，②被介護者との関係不良にかかわる状況，③医療器具管理に対する過度の緊張にかかわる状況，④介護サービス利用への心理的抵抗にかかわる状況がある。また，介護者の経済的負担を示す項目として，①家計収入の減少にかかわる状況，②介護・医療費の増加にかかわる状況がある。最後に，介護者の親族・家族関係を含む社会的負担を示す項目として，①親族・家族関係が不良にかかわる状況，②仕事の継続が困難にかかわる状況，③社会との交流が減るにかかわる状況，④世間体を気にするにかかわる状況がある（河原ら，2001）。以上の項目に沿って家族の介護負担をアセスメントし，介護

者が療養者との共倒れを未然に防ぐことが大切である。

　また，家族ケア研究会（2005）は既存理論を参考に，実際に健康問題をかかえる家族に対して，熟練保健師が行ったアセスメント内容を抽出して，家族生活力量を構造化した「家族生活力量モデル」というアセスメント指標を開発した。家族生活力量とは，「家族が健康生活を営むための知識，技術，態度，対人関係，行動，情動が統合されたもの」と定義されている。このように定義されているのは，ケアの過程でケアの対象の健康問題が解決されることに留まらず，自らの健康問題や課題に気づき，それらを自ら解決していく力量（セルフケア力およびエンパワメント）を身につける，あるいはそのような力量を拡大することをめざしているからである。また，地域で健康問題を抱えて暮らすということは，家族や地域社会とのかかわり，人間関係，ライフスタイル，経済，家事，職業などさまざまな生活要素が相互に影響し合っているということになる。これらを踏まえ，「家族生活力量」の概念・定義を「ケアの単位としての家族」という考え方に加え，「健康」「セルフケア」「生活」という視点を基盤とすることとしている。

　家族生活力量モデルは，12の構成要素から成り，家族員・家族システム・家族が持つ社会性を包含し，ケアによって変容が可能な家族生活力量の構成要素（a～i）と，家族生活力量に影響を及ぼすが容易には変えることができない条件にあたる構成要素（j～l）に大別される。また，家族生活力量のうち，a～dを「家族のセルフヘルスケア力」と，e～iを「家族の日常生活維持力」とする大項目から成り立っている。以下にa～lの詳細について記述する。

家族生活力量モデルの12の構成要素（中項目）と具体的なアセスメントの指標（小項目）
a．健康維持力は，健康生活を営む上で必要な家族の基本的保健行動力と定義され，情報収集力，観察力，判断力，選択力，実行力，継続力が具体的なアセスメントの指標である。
b．健康問題対処力は，なんらかの健康問題が発生した場合，それを理解し対処しようとする家族の保健行動力と定義され，理解力，情報収集力，判断力，健康問題の受け止め方，コンプライアンス，家族内の問題共有力，結束力が具体的なアセスメントの指標である。
c．介護力または養育力は，他者による身辺の世話を必要とする家族員が発生した場合，それを判断し，補完する家族の保健行動力と定義され，意欲，知識，技術，自由時間の獲得力，ケア対象者への愛着，ストレス対処力，介護，養育の方針が具体的なアセスメントの指標である。
d．社会資源の活用力は，健康課題の解決，改善および日常生活を営むうえで有用な家族資源を理解し，社会資源を活用しようとする家族の保健行動力と定義され，社会資源利用の態度，社会資源への接近力，社会資源知識の獲得力，人的ネットワークの拡大力が具体的なアセスメントの指標である。

e．家事運営力は，日常生活を営む上で必要な炊事掃除などの家事を運営する力と定義され，炊事，買い物，洗濯，掃除の遂行力が具体的なアセスメントの指標である。

f．役割再配分・補完力は，家族に役割変化の必要が生じた場合，それを理解し，各機能を保持しようとする家族の柔軟な役割交代や相互に補完する力と定義され，役割分担力，役割再配分力，役割継続力が具体的なアセスメントの指標である。

g．関係調整・統合力は，家族員の自立，自由を確保しながら，家族の凝集性を高め，柔軟に家族関係の調整を行い，家族としてまとまろうとする力と定義され，親密性，凝集性，コミュニケーション，キーパーソン，家族成員の自立・自由が具体的なアセスメントの指標である。

h．住環境整備力は，安全・便利・快適な家屋やその周辺の環境を整備する力と定義され，衛生性，快適性，安全性，利便性が具体的なアセスメントの指標である。

i．経済・家計管理力は，生活の基盤になる収入を得て，計画的に消費しようとする家族の経済運営力と定義され，収入源，出納バランス，消費パターンが具体的なアセスメントの指標である。

j．ライフサイクルは，家族の成立から解体までの段階的生活周期と定義され，ライフステージ，発達課題，家族の生活史が具体的なアセスメントの指標である。

k．社会資源は，家族のニーズを充足するために利用している，または利用可能な制度，集団や個人が有する知識・技能，施設，設備，資金，物品と定義され，活用している社会資源，活用可能な社会資源が具体的なアセスメントの指標である。

l．自然・社会環境は，家族を取り巻く自然・社会環境のうち健康問題と関係しやすい環境と定義され，家屋の特徴，立地条件，交通手段，地域社会の人間関係・慣習・価値観が具体的なアセスメントの指標である。

家族の健康課題に対する家族生活力量アセスメント指標

家族という単位集団の生活力量をみようとしている。つまり，健康問題を持つ個人を含む家族全体をみる指標であることを踏まえ，次の手順でアセスメントを進める。

① 家族の基礎情報（家族構成，年齢構成など）をとらえる。
② 健康問題を持つ中心人物の健康状態や生活状況をとらえる。
③ 指標の中項目各々について，小項目を参考にしながら家族生活力量をアセスメントする。
④ 以上の①②③の相互関連性を明らかにし，他の家族理論も必要に応じて使いながら，家族の全体像をとらえ，家族のケアニーズを明らかにする。

第7章　家族への支援

家族生活力量アセスメントスケール

　家族生活力量アセスメントスケールは家族ケアの焦点である家族生活力量全体のうち，常に変動を繰り返している力量指標群について，それぞれ代表的な小項目を用いた平易な質問文より，家族の生活力量を共通の尺度で客観化できるようにしたツールである。また，評価者の経験や個人差に左右されることがなく，それを使えば誰でも同じような確かさで家族の生活力量をアセスメントできるように，設問の妥当性や主観的家族アセスメント結果とスケールを用いた家族アセスメント結果の整合性の検討や項目の精選が行われ，信頼性を検証し開発されたものである。

(1) 家族生活力量アセスメントスケールの使い方・採点方法

　以下に家族ケア研究会が推奨する使い方について記載する。

①家族生活力量アセスメントスケールは9領域からなる家族生活力量を他者（保健師や看護師）が評定する尺度である。

②質問項目は全部で106項目あり，該当するものに順次○をつけていく。

③質問の記入前に家族生活力量アセスメントスケールの初ページを記入し，対象家族をイメージアップする。

④評価時点で初回すべての情報があるとは限らないので，わからない場合は次へ進む。これは評価者による思い込みや主観を極力排除するためである。

⑤記入を終えたら採点し，各指標の到達率を「ASOFHLA 結果」に記入する。

⑥家族生活力量アセスメントスケールは，変化に応じてその都度繰り返し使用する。

⑦すべての項目に記入を終えたら，ラインマーカーなどで以下の逆転項目（全24項目，否定文・健康生活にマイナス要素を意味する設問）に目印をつける。a　健康維持力（a 10〜17の8項目），b　健康問題対処力はなし，c　ケア力（c 34, c 44, c 50の3項目），d　社会資源活用力（d 59〜d 61, d 66〜d 68の6項目），e　家事運営力（e 75〜e 78の4項目），f　役割再配分・補完力（f 81, f 83の2項目），g　関係調整・統合力・h　住環境整備力はなし，i　経済・家計管理力（i 106の1項目）

⑧指標ごとに力量充足度を算出する。具体的には，逆転項目に○が付いていない場合を1点，それ以外は0点とする。次に，逆転項目以外に○が付いている場合を1点，それ以外は0点とする。次に，指標ごとに得点を合計し，早見表を参考に指標別の充足度を算出する。最後に，レーダーチャート周囲の箱に指標別の力量充足度（％）を記入し，そのレーダー図を完成する。

第1節　家族の強みを把握する

レーダーチャート

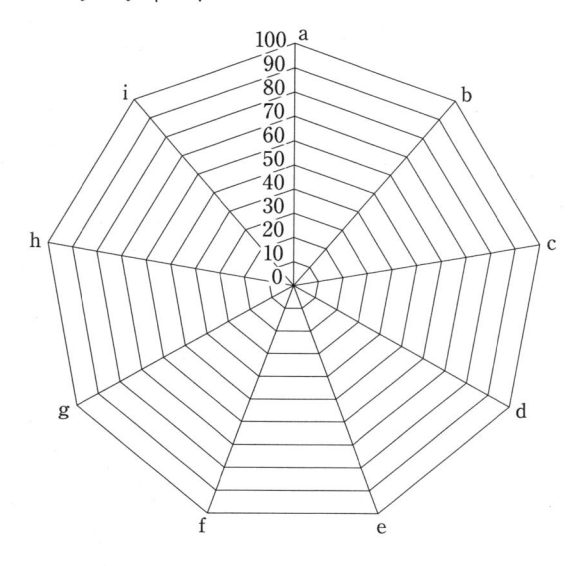

指標別到達率の早見表

指標＼得点	1	2	3	4	5	6	7	8	9	10	11	12	13	14	15	16	17	18	19	20	21	22	23
a	5.9	11.8	17.6	23.5	29.4	35.3	41.2	47.1	52.9	58.8	64.7	70.6	76.5	82.4	88.2	94.1	100						
b	6.7	13.3	20.0	26.7	33.3	40.0	46.7	53.3	60.0	66.7	73.3	80.0	86.7	93.3	100								
c	4.3	8.7	13.0	17.4	21.7	26.1	30.4	34.8	39.1	43.5	47.8	52.2	56.5	60.9	65.2	69.6	73.9	78.3	82.6	87.0	91.3	95.7	100
d	7.7	15.4	23.1	30.8	38.5	46.2	53.8	61.5	69.2	76.9	84.6	92.3	100										
e	10	20	30	40	50	60	70	80	90	100													
f	20	40	60	80	100																		
g	10	20	30	40	50	60	70	80	90	100													
h	14.3	28.6	42.9	57.1	71.4	85.7	100																
i	16.7	33.3	50	66.7	83.3	100																	

出所）家族ケア研究会編『家族生活力量モデル』医学書院，2005，p.78，より引用

第7章　家族への支援

【資料】

家族生活力量アセスメントスケール

　　　　　　　　　　　　家族ケア研究会『家族生活力量モデル』医学書院，2005，pp.72-76，より引用

記入日　　　年　　　月　　　日　　　　　　　記入者名

_____　さん

現在発生している健康問題はありますか？

1．脳卒中　2．高血圧　3．心疾患　4．痴呆　5．骨折・外傷または転倒による後遺症　6．脊髄損傷　7．糖尿病　8．難病　9．リウマチ・神経痛　10．呼吸器疾患　11．悪性新生物　12．パーキンソン病　13．消化器疾患　14．泌尿器疾患　15．腎疾患　16．膝関節炎　17．精神病　18．その他（　　　　　　　）　0．とくに健康問題はない

全体でなん人家族ですか？　[　　人]
介護を必要とする人はなん人いますか？　[　　　人]
養育を必要とする人はなん人いますか？　[　　　人]
家族内に特定の介護担当者はいますか？　[　　　人]
家族内に特定の養育担当者はいますか？　[　　　人]

どんな家族形態ですか？（家族構成と年齢，主な健康問題を記入しましょう）

＊該当する番号に○
1．夫婦
2．親子・二世代
3．三世代
4．その他（　　　）

第1節　家族の強みを把握する

記入日　　　年　　　月　　　日　　　　　　　　　記入者名

_____さん

質問 a．健康を維持する力

a 1．テレビや雑誌などから，保健や健康に関する情報を集めている
a 2．テレビや雑誌などから得た保健や健康の情報が役立つかどうか考えている
a 3．家族員の健康状態に，いつも気を使っている
a 4．家族員の体調の変化には，おおむね気がつく
a 5．家族員の健康状態を把握するための観察ができる
a 6．家族員の健康状態は，おおむね正しく判断できる
a 7．家族員の健康状態を保つよう，なにか工夫している
a 8．家族員の健康状態に合わせて，なんらかの保健行動を取り入れている
a 9．風邪の予防など，一般的な保健行動をとることができる
a 10．生活リズムが不規則になりがちである
a 11．なかなか6時間以上の睡眠がとれない
a 12．一日3回の食事をとらないことが，1週間に3日以上ある
a 13．タバコを吸う
a 14．毎日酒を飲む
a 15．週に3回以上，体を動かさない（運動しない）日がある
a 16．趣味やストレス解消法を持っていない
a 17．趣味やストレス解消ができていないと感じている

質問 b．健康問題に対処する力

b 18．健康問題を持っている家族員の病状を，気にかけている
b 19．健康問題を持っている家族員の病状や症状を，おおむね正しく判断できる
b 20．健康問題を持っている家族員の病状や障害の状態を，だいたい理解している
b 21．健康問題を持っている家族員の予後や障害の状態を，だいたい知っている
b 22．健康問題を持っている家族員の病状をコントロールするために必要なことがわかっている
b 23．家族員の病気や状態を，自分なりに受け止めている
b 24．健康問題を持っている家族員は，必要に応じて医療を受けている
b 25．何らかの症状が発生したときには，家族員に受診をすすめる
b 26．健康問題を持つ家族員の病状をコントロールするために，なんらかの保健行動を工夫し

ている
- b 27. 家族員の健康状態に応じて，日々の暮らしを少しずつ変化させようとしている
- b 28. 何らかの健康問題が発生したときに，それに応じた生活上の工夫を実践する
- b 29. 健康問題を持っている家族員以外に，それを知っている家族がいる
- b 30. 健康問題を持っている家族員以外に，その病状を判断できる人がいる
- b 31. 健康問題を持っている家族員以外に，その人の健康問題解決のために動いてくれる人がいる
- b 32. 健康問題を持っている家族員のことを，家族の問題として話し合おうとする

質問 c．介護者または養育者の力（該当に○：介護者・養育者・記入不要）
- c 33. 介護（または養育）者は，健康である
- c 34. 介護（または養育）者は，65歳以上か未成年である
- c 35. 介護（または養育）者は，積極的に取り組む意欲がある（介護が必要と感じている）
- c 36. 介護（または養育）者は，積極的に取り組む姿勢がある
- c 37. 介護（または養育）者は，積極的に取り組んでいる
- c 38. 介護（または養育）者は，介護（または養育や教育）に必要な基礎知識がある
- c 39. 介護（または養育）者は，介護（または養育や教育）の具体的な手順をだいたい知っている
- c 40. 介護（または養育）者は，適切に介護（または養育や教育）している
- c 41. 介護（または養育）者は，常に介護（または養育や教育）に関する情報を得ようとしている
- c 42. 介護（または養育）者は，適切に介護（または養育や教育）する体力がある
- c 43. 介護（または養育）者は，本人の能力に応じて自立を促す支援を行っている
- c 44. 主たる介護（または養育）者は，8時間以上の勤務に就いている
- c 45. 介護（または養育）者の時間配分は，うまくいっている
- c 46. 主たる介護（または養育）者の自由時間が2時間以上ある
- c 47. 介護（または養育）者は，ケア対象者に愛情を持っている
- c 48. 介護（または養育）者は，ケア対象者を家族の一員と思っている
- c 49. 介護（または養育）者は，ケア対象者の気持ちを尊重しようとしている
- c 50. 介護（または養育）者は，それにまつわるストレスを感じている
- c 51. 介護（または養育）者に協力的な家族員がいる
- c 52. 介護（または養育）者を手伝ってくれる家族員がいる
- c 53. 介護（または養育）者が忙しいとき，家族員はその代替えをしている

第1節　家族の強みを把握する

　c 54．家族内の介護（または養育）方針は，はっきりしている
　c 55．複数の家族員で，介護（または養育）を分担している

質問 d．社会資源を活用する力
　d 56．街の社会資源を利用したいと思っている
　d 57．広報など，周囲の社会資源に関する情報を得ようとしている
　d 58．いま，家族が利用できそうな社会資源を知っている
　d 59．社会サービスは利用したくない（または期待できない）と考えている
　d 60．家庭内のことに，他人が入り込むのは好まない（嫌だ）と考えている
　d 61．介護や養育は家族だけで処理するものだと考えている
　d 62．家族員以外に，社会サービスなどに関する相談ができる人がいる
　d 63．家族以外の機関に，社会サービスに関する相談や問い合わせができる
　d 64．家族内に生じている健康問題を解決するために必要な協力者を増やそうとしている
　d 65．家族内の健康問題解決のために，誰かにそのことを話している
　d 66．日頃から，近所とのつきあいを好まない
　d 67．家族以外の人との交流は，好きじゃない
　d 68．家族員の健康問題のためになんらかの生活変化が起こるのは，迷惑だと思っている

質問 e．現在の家庭運営の状態は，総じてどんな具合ですか？
　e 69．家庭に適した食品が調理されている
　e 70．食事のバランスがとれている
　e 71．生活に必要な物資の買い出しに，支障はない
　e 72．洗濯や着る物の用意には，支障がない
　e 73．室内の掃除には，支障がない
　e 74．ゴミ捨てや庭掃除など，うまくいっている
　e 75．家事担当者が忙しく，家事に手が回らないことがある
　e 76．家事担当者が疲れている
　e 77．家事担当者の健康状態が悪い
　e 78．家事担当者が一人しかいない

質問 f．家族内の役割分担や役割を補う力
　f 79．介護（または養育）者は，いまの状態で介護（または養育）を継続したいと考えている
　f 80．家族内の役割分担について，必要に応じて話し合っている

f 81. 誰かの健康問題によって，他の家族員の役割遂行に支障が生じている
f 82. 買い物など，家事運営を分担している
f 83. 自分だけが大変な思いをしていると感じている人がいる

質問 g．家庭内の人間関係や雰囲気
g 84. お互いに家族員のことを気にかけている（思いやりがある）
g 85. 率直な会話やコミュニケーションができている
g 86. 家族といると，気分が和らぐ
g 87. 深刻な問題についても，だいたいは相互に相談できる
g 88. 家族員の誰かが困っていたら，お互いに助け合おうとする
g 89. 家族員の欲求と家族全体の課題は，だいたい折り合いがついている
g 90. 問題に応じて，それなりにキーパーソンができる
g 91. 家族内に対立がない
g 92. 家族の意見はまとまりやすい
g 93. 家族員の自立性や自由を尊重できる

質問 h．住まいへの関心や住まいの環境状態
h 94. 家族員の誰か，環境調整の必要性を判断できる人がいる
h 95. 必要な環境調整方法を，だいたい選択できる人がいる
h 96. 自宅や居室は定期的に整理・整頓されている
h 97. 自宅や居室内は，おおむね危険物や障害物がない状態に調整できている
h 98. 段差の解消や手すりの設備など，必要な改修や工夫がなされている
h 99. 不潔・温熱条件など，住環境に起因する健康上の問題が生じていない
h 100. 家族員の住み心地がよいように，すまいの工夫をしている

質問 i．経済や家計管理の力
i 101. ほぼ，決まった収入源がある
i 102. 収入と支出のバランスは均衡している
i 103. 金銭は，ある程度計画的に使うことができている
i 104. 健康問題（病気）をきっかけに，収入と支出の不均衡が起こっていない
i 105. 療養費を，必要な支出と見なすことができる
i 106. 個人の嗜好やギャンブルなど，家族員が相互に納得のいかない支出がある

第2節　認知症を受け入れる

1．家族の受容段階

　認知症になった高齢者（以下，認知症高齢者という）を家族が介護する負担は大きく，想像を絶するものがある。身体的負担ばかりでなく，精神的にも，また経済的にも多大な負担を要し，家族が倒れ入院するケースも少なくない。認知症の症状には，より身近な介護者や家族に対して強く症状が出る，自分にとって不利になるようなことは言わない，認知症としての症状と正常なところが混在するといった特徴がある。また，認知症初期にはコミュニケーションが可能であるため，家族は認知症になったことに気づかないことが多い。そのため，家族は，本人の勘違いやわがまま，あるいは家族への嫌がらせと思って苛立ち，悩み，心身ともに疲労困憊の状態になりがちである。認知症が中期，後期と進むにつれて，認知症高齢者は，自分が自分であることすらわからなくなる，食べられるものと食べられないものの区別がつかなくなり異食する事態が起こる。手についたものを取り除こうと糞便を壁に塗りつけるといった行為が起こることもある。毎日の生活の中で，家族が認知症を理解し受け入れるのは容易なことではない。しかしながら，家族は次のような受容段階を経て認知症を受け入れることができるようになる。

第1段階：戸惑い，否定的なケアをする段階

　認知症高齢者が，何度も同じことを繰り返して言ったり，散歩に出て行ったまま道がわからなくなり帰ってこられなくなったりした場合，家族は戸惑う。ちょっとおかしいと思いながらも，日常生活を行っていく上でのコミュニケーションが可能であるため，まあこんなこともあろうと思い，認知症であることを否認する。

　何度言っても理解できない，「財布がない」と大声で家族を犯人呼ばわりする，近所の人たちに家では食事を食べさせてくれないと吹聴して歩くなど，家族はそのような認知症高齢者とまともに向かい合い，「何で何回も言わせるの」「何でこんなことがわからないの」「しっかりして」とイライラし怒鳴ってしまいがちである。

　認知症高齢者にとっては，何が原因でこのような事態が起きているのか理解できず，ただ，「怒られた」「責められた」「自尊心が傷ついた」という感情だけが残ってしまう。物事の理解力の低下からの不安感や気持ちの沈みは事態発生によってさらに深まり，事態は解決されることなく，認知症の問題行動はむしろ増幅される。家族はさらに否定的なケアをしてしまうという悪循環に陥る。認知症高齢者にとっても家族にとっても良い状態は保てなくなる。

　この段階は，家族にとっては，認知症を理解しがたく，自分の家族には無縁な現象と認知症であることを「否認」し，ストレスが「怒り」となって現われる時期である。

第2段階：家族が認知症であることを認め，否定から脱しようとする段階

　家族は，少々おかしな行動を取る高齢者，特に親に対して，元の親に戻って欲しいと望む。少しでも正常な親に戻って欲しいと望むのである。しかしながら，良かれと思って努力することが全く報われず，むしろ逆効果で，いっそう認知症の症状を悪化させてしまうことに気づき始める。家族の一員である親が認知症であることを否応なしに認めるようになる。

　しかしながら，認知症を認めたものの，元気であった頃の親を思い出し，優しく逞(たくま)しかった親を想い嘆き，悲しむ。「しっかりしていた人がこんなになってしまった」「あんなふうになるなんて哀れだ」「ショックだ」など，健常である人を失った喪失感と苦悩を味わう。これまで尊敬してきた親が違う人格の人間になったことを認める家族の苦悩は計り知れないものがある。そして心身ともに振り回される生活がこの先どれだけ長く続くのかと苦悩し，自分の人生を取り戻すことができないことへの思いが怒りとなって表出する。

　家族は精神的，身体的疲労困憊の中で，どうにもならない現実を認めざるを得なくなったことを，自分の中で折り合いをつけながら否定的なケアから脱しようとする。家族は認知症高齢者とともに過ごす方法を見つけ出していこうとするのである。

　この段階は，家族は親が認知症であることを認め，異常事態の困惑や苦悩の連続の中から抜け出そうとする時期である。

第3段階：認知症の人に期待をつなぐ段階

　家族が認知症を認めたことは，認知症高齢者にとっては大きな安心感をもたらす。できないことを「何故できないの」と責められるのと責められないのとでは大きく違い，認知症高齢者は精神的に平和を保てる状態となる。

　家族も，認知症の症状を次第に理解できるようになり，認知症高齢者への対応が上手になってくる。認知症が示している行動心理を理解しようとするため，できることをして支えようとする姿勢が出てくる。家族の心理状態も否定や苦悩が軽くなってくる。家族が認知症の親から，「あなたはどなた様？」といわれても，「花子です」と言えるようになる。「飯はまだか？」と今食べたことも忘れてしまった発言にも，「今用意しますね」と応えられるようになるのである。家族は嘘をついたのではなく，認知症高齢者が今という時を生きていることを理解できるようになったのである。そんな状態が続くと家族は，症状が少しでも良い方向へ進行してくれることを期待するようになる。新聞，雑誌，他人など外からの情報を得ようとする余裕が生まれ，ケアのテクニックに精通するようになる。認知症高齢者が親しんできたもの，絵画や書道，編み物，将棋などを一緒に行って楽しむゆとりが生まれる。また，介護保険制度サービスの利用のための情報も入手するようになる。しかし，要介護認定の申請をしてサービスを利用するまでにはなかなか行かないケースも多い。他人が家の中に入ることへの煩わしさが負担となっ

たり，介護は家族である自分らの役割であると思ったりすることがサービス利用を阻む要因となっていることも事実である。

一方，認知症高齢者によっては多彩な症状を呈してくるのもこの時期で，新しいBPSDに慣れていない家族は，逆もどりになり，「戸惑い・否定的ケア」「ショック・怒り・苦悩」「理解・期待」の過程を幾度となく繰り返すこととなる。

この段階は，家族は認知症高齢者を認め良い方向への変容を期待しながらも，第1段階から第3段階の過程を「行きつ戻りつする」時期である。

第4段階：あきらめる，放棄する段階

家族は，「戸惑い・否定的ケア」，「ショック・怒り・苦悩」「理解・期待」の過程を繰り返す中で，極限に達し，幾ら努力しても家族だけが空回りして疲労困憊するだけであることに気づき，何の手立てもないことを思い知らされる。家族は，認知症高齢者を何とかしよう，何かを変えよう，少しでも元に戻らせようとするが，できないことを思い知るのである。こうして家族の方も思考力も判断力もなくなり，まさに極限状態となる。その状態になってはじめて，「あきらめる，放棄する」境地に至るのである。

「あきらめる，放棄する」境地になってやっと，認知症になった親をそのまま受け入れようという気持ちになる。そして家族もまた，ありのままの自分で良いのだと自分自身をも認める心境になる。ある意味，認知症高齢者の介護を通して，家族は厳しい体験の中から，人間として悟り，成長を得るのかもしれない。毎日24時間365日のケア，寝る時間も脅かされる時間の経過の中で，このような心境になるのは言うほど簡単なものではない。認知症の親が亡くなる前に自分が死んでしまうかもしれないという恐怖や焦りも襲ってくる。自分の人生は何だったのかと親を憎み，早く死んでくれたらと願う家族も少なくない。そんな気持ちが起こることも当然のことと理解できる。家族は，あきらめ，期待することを止め，認知症高齢者のありのままを「全人的に捉える」ことができるようになるのである。

この段階は，家族はやっと目の前の現実を受け止め，認知症高齢者を，そして自分自身をも，あらゆることを「受容」し，真の意味で平和な時を過ごす時期である。

第5段階：新たなケアの試みの段階

認知症高齢者を，そして自分自身をも，ありのままに受け入れることができるようになると，ここからが新たなケアのスタートとなる。外からの情報に対しても以前とは違って真剣に耳を傾けるようになる。ケアにはさまざまな方法があり，まずは認知症高齢者に添うこと，自分一人で頑張らなくても良いことを知るのである。

これまでは，家族は家族として認知症高齢者にどうかかわれば良いのか，どう対応して行っ

たら良いのか，自分はどうなのか，この先のことなど，自分自身を中心に苦悩し考えてきた。しかしこれからは，認知症高齢者にとってどうあることが幸せなのかというように主体が家族ではなくなる。家族が一人で頑張らず，他の家族や親類などの協力を得たり，介護保険制度を利用したり，介護支援専門員に相談しながら良い方法を探していったりと新たな試みを模索するようになる。そして一歩前に踏み出すことができるようになる。

　この段階は，認知症を理解し受容できるようになり，認知症高齢者を一人の人間として，家族の一員として認め，尊厳のある生活を援助しようとし，他者との協働をも試みようと新たなケアに挑戦する時期である。

　これらの5つの家族の受容段階は，E・キューブラー・ロスの死の受容までの適応段階に類似している。E・キューブラー・ロスは，医師から「死の宣告」を受けた患者の多くが死を受容するまでに「否認と孤立」「怒り」「取り引き」「抑鬱」「受容」の5段階を経て受容していき，「家族も，患者について述べたのと同様のいくつかの異なる適応段階を経験する」と言っている。

　布元ら（2010）は，認知症高齢者における家族介護者の介護認識を初期・中期・受容期と分けて整理している。初期では「ショック・混乱・怒り・拒否・抑うつ・戸惑い・否定・いらだち・衝撃・正常視反応・ネガティブ」「前期アンビバレント」がみられ，中期では「回復への期待」「期待を繋ぐ」「再適応の努力」「あきらめ」「放任」「納得への切り替え」「変化」「現実と折り合い」「後期アンビバレント」など両価的認識が存在し，受容期では「受容」「再・適応」「ポジティブ」「介護が継続できる見通しの保持」など積極的な肯定的感情・態度が生じるとしている。

　また田中ら（2002）は，介護者の受容感が段階的に成長するととらえ「介護感の認知的成長」を提示した。しかしこのことについて，その後の山田ら（2006）の研究では，「介護者の認知的成長」は否定された。その要因として山田らは，「介護が長くなると介護者は疲弊して主観的な well-being が低下する」とする消耗（wear-and-tear）仮説にあてはまるのではないかとの結果分析をしている。そして，家族の病気と介護の受けとめ方は，E・キューブラー・ロスが癌患者の死を観察して提唱した死の受容の段階説よりもいっそう複雑であると考えられると提言している。

　認知症高齢者を抱える家族の生活環境や家族介護者自身の生き方もさまざまであり，先の「家族の受容段階」の経過の中で，家族介護者が最終的に「介護者の認知的成長」を得ると言い切ることは難しいのかもしれない。しかしながら，家族は，このような5つの「受容段階」を経て，家族の認知症を受け入れ，自分自身を取り戻すことができると言える。

第2節　認知症を受け入れる

2．レスパイトケア

　レスパイト（respite）とは，英和辞典によると「（仕事・苦痛などの）一時休止，ひと休み，休息期間，一時楽にする」を意味する。レスパイトケア（respite care）とは，介護福祉用語辞典では「要介護者，障害者などを一定の期間預かり，日常の介護から解放し休息をとってもらうこと」と定義している。ここでは，認知症高齢者の介護をしている家族の休息を意味している。

レスパイトケア（respite care）の必要性

　認知症高齢者をケアしている家族は，ひとときも認知症高齢者から目を離すことが難しい状況にある場合が多い。身体的・精神的疲労感が計り知れず，家族が身体を壊すことも少なくない。介護疲れによる虐待や殺人事件の報道は後を絶たない。
　1990年の保健福祉動向調査（厚生省大臣官房統計情報部）では，家族の介護負担感から「介護を受ける者に対して憎しみを感じたことがある者（34.6％）」「虐待をしたことのある介護者（49.6％）」と家族介護負担による悲惨な状況を示している。大田ら（1998）は，「家族には24時間ひとときも心から介護という文字が消えることはない」との家族介護者からの言葉を伝えている。また，『厚生白書』（1996）は，家族介護者の85.9％が女性によって担われている実態を指摘している。その続柄は，配偶者27.9％，子20.6％，子の配偶者33.4％であるが，その圧倒的多数が妻であり，娘であり，嫁である「女性」であり，介護はその女性の肩にかかっており，介護問題はまさに女性問題でもあることを明らかにしている。社会全体の介護に対する意識の変容から，男性の介護者も増加したものの，介護が必要になった時に介護を頼みたい相手について，男性は「配偶者」の割合が80.7％と最も高くなっている（国民生活基礎調査，2009）。この現状から，このまま人口の高齢化が進むと，老老介護における高齢女性の介護負担が深刻化することが推察される。
　終わりの見えない介護をしている家族が認知症高齢者から離れて一時的でも休息を取ることは大切なことである。また，家族に休息を提供することだけがレスパイトケアではなく，認知症高齢者の安定した生活を作っていくことそのものがレスパイトケアに繋がることも考えなくてはならない。岡村ら（1995）は，「レスパイトケアを介護疲労の解消や介護負担の軽減に活用するのではなく，介護者が自分自身の時間をより増やすためのＱＯＬの向上に活用できるサービスにまで進化させることをめざさなければならない」としている。つまり，日本におけるレスパイトケアの定義は曖昧であるが，広義な意味をもった大きな必要性に対応していくものとなっていくことが期待される。

第7章　家族への支援

レスパイトケアの方法

　認知症高齢者をケアしている家族は，親をあるいは対象者をケアすることが役割であり，義務や責任と思っている。しかし，人は多くの人々に支えられて生きていることを忘れてはならない。レスパイトケアの方法は多岐にわたる。そのうち，いくつかの方法を挙げる。

① 他の家族や兄弟姉妹（介護の代替者）の協力を得る

　他の家族や兄弟姉妹，あるいは孫などの協力を得ることは大変重要なことでもある。彼らは，介護者を助けるだけではない。彼らにとっても幸せなことなのである。介護を必要としている認知症高齢者は助けられもするが，かかわる人たちを支える存在でもありうる。たとえ認知症の親であったとしても，かかわる介護者の兄弟姉妹にとっては父母であり，孫にとっては祖父母でありと大切な人なのである。それぞれの人が，その人と触れ合う時をもてるからである。彼らは，さまざまな介護の経験を通して心に残る交流ができ愛情を受け取ることができるからである。一人で頑張っている介護者は他の親族から認知症高齢者を独り占めしていることになるのである。人が生きることは支え合いである。高見（2008）は，「現在介護中の人は，毎日目の前で起こる出来事に振り回されており，とてもそんな悠長な気分になれない」と自身の経験を踏まえて述べている。しかし，介護が終わってからでは遅いのである。介護の代替者は介護者に心身の休息を提供するばかりでなく，活力を与えてくれる存在でもある。

② 介護保険制度を利用する

　2000年にスタートした介護保険制度創設の狙いは，在宅で介護をしている家族の負担を軽減である。大いに利用すべきである。そして，家族が相談できる相手として挙げるのは介護保険制度の要と言われている介護支援専門員（ケアマネジャー）である。袖井（2008）は，「限られた空間の中で，介護者と要介護者とが対峙するという緊迫した関係に，外部からのサービスが導入されることで風通しが良くなる。他者の目が入ることで，自分自身が置かれた状況を見つめ直し，虐待ないし心中や殺人を招くおそれのあるような不安や不満の原因を解明し悲劇を回避することが可能になる」と述べている。介護保険制度における介護支援専門員の役割は大きく，市町村や関連する多くの専門職とのチームサポートを実施し，家族支援する大きな存在である

③ 通所介護（デイサービス）や通所リハビリテーションを利用する

　通所介護や通所リハビリテーションは1日を単位とした利用（詳しくは時間数によって分けられている）であるが，週に数日の利用は家族に休息の時間を提供できる。家族の生活にリズムができれば，時間の有効活用ができ得る。要介護者にとっても，看護師によるバイタルチェックの上，入浴や運動（あるいはリハビリテーション），趣味を楽しむこともできる。認知症対応型通所介護もあるため，家族は安心して任せることができる。また，小規模多機能型居宅介護は，通所介護利用のまま馴染みの関係のなかで安心して宿泊することもできるため，便利に利

用できるサービスである。家族は，切れ目のない介護生活に切れ目ができ，一日のわずかな時間でも介護から解放されほっとできる時間が持てる。また，認知症高齢者にとっても楽しい思いも体験できる。家族支援として容易に利用できるサービスである。

④ 訪問介護（ホームヘルパー派遣）や訪問看護を利用する

　訪問介護サービスは，介護保険制度施行直後は措置制度のなごりもあり，また他人が生活の中に踏み込んでくることへの躊躇があったが，スタートから10年以上が経過した今日では有効に利用されている。家族にとっては，一日の限られた時間であるが，外からの風が入ること，他人の目があること，ほんの少しの時間でも認知症高齢者あるいは配偶者などから心身ともに離れることができること，また専門的な知識を得られることなど，レスパイトケアを得られる。また，家族は，訪問介護員を通して，認知症高齢者を客観的に見たり，対応する方法を見出したりすることができる。訪問看護サービスは，医療面での支援を必要としている人へのサービスであり，バイタルチェックなどをしてもらえ，主治医と連携をして支援してもらえるため，家族は安心感を得ることができる。

⑤ 短期入所（ショートステイ）を利用する

　家族が認知症高齢者から離れて一時的にでも休息を取るためには短期入所は最適である。月に何日間と決めてコンスタントに利用するのも良い方法である。短期入所利用のリズムがつくと，その間に家族は，自分のために病院に行ったり，町内会のボランティアに参加したり，旅行に行ったりと空き時間を活用して，自分のための自由な時間を楽しむことができる。またその間を利用して，それまでできなかった入院手術を計画する家族もある。認知症高齢者にとっても，他者との交流の良い機会ともなる。介護老人保健施設での短期入所はリハビリテーションのメニューがあるため，身体的にも良い効果をもたらす。認知症高齢者は同じような認知症のある高齢者の中にいることで心が安定することもある。

⑥ 市町村特別給付を利用する

　市町村独自に提供しているサービス「市町村特別給付」がある。市町村によってサービス種類や給付に差異はあるが，配食サービスやゴミの収集などは便利に利用できるシステムである。サービス利用には，介護支援専門員が利用する必要性を書類にて市町村に申請する必要がある。配食サービスは，安い値段で利用でき，市町村やサービス事業所によっては，配達時に配達人が利用者の安否確認をしてくれるとともに，配膳までしてくれる。家族は安心して留守ができる。ゴミの収集については，一人暮らしの高齢者や認知症高齢者は，訪問介護員がサービスに入っていても，なかなか決められた収集時間に間に合うように出すことができないこともある。しかしこのサービスは，利用する側の都合の良い日や時間に自宅まで取りに来てもらえるシステムであるため，家を離れることすらできない家族にとっては，大きな介護負担の軽減となる。

第7章　家族への支援

⑦ 地域ネットワーク支援を利用する

　認知症高齢者のケアは，その人その人に合わせたケアが望まれ，かかわるチーム員は個々でさまざまな工夫をしている。しかしながら残念なことに，それがなかなか共有されていないと沖田（2007）は指摘している。かかわっている人たちが情報を共有し支え合うことは重要なことである。その一つの方法として「認知症の人のためのケアマネジメントセンター方式」がある。これは，認知症の人にかかわる人たちが，本人とその家族を中心に互いに協力し合いながら，どこに住んでいても，最期まで"その人らしい生活"が送れるよう支援するための情報収集のツールである。この方法を利用して得られた多くの情報を，介護支援専門員を中心として，あるいは地域包括支援センターが拠点となって，警察などの公的機関，生活に身近な事業者，民生委員，老人クラブ，小中学校，商店等がネットワークに参加し構築している。この地域ネットワーク支援は，幅広く市民を対象とした徘徊・見守り体制ができる，家族には心強い支援である。

⑧ 家族会へ参加する

　認知症の人を介護する家族の会がある。この会に参加する意義は大きい。1980年に「呆け老人をかかえる家族の会」が京都で発足し，2010年現在全国各地に多くの支部が結成され，多くの家族の交流の場として広がっている。家族は参加することで，自分だけがこのような辛い思いをしているのではないことを知る。家族会という組織の中でプライバシーが保護されているため，家族は本音で溜めていた思いを吐き出すことができる。同じ思いをしている人に自分の辛さや思いを受け止めてもらえ，共感し，心の支えを得ることができる人も多い。家族会のメンバーからのアドバイスや情報，知識を得ることは自宅での介護に役立つばかりでなく，認知症に対して社会的な理解を示し，自分の家族に認知症の人がいることを公表することを恐れなくなる。気持ちが楽になる。大森ら（2006）は，「つどいの参加によって，穏やかではあるが介護状況に良い変化がもたらされている」と報告している。家族にとって，家族会への参加は大きな安心感を得られる場である。

⑨ 電話相談を利用する

　「いのちの電話」や「子育て電話」など電話による相談システムがあるように，認知症の人を介護する家族にも電話相談や認知症110番などの電話相談システムがある。電話での相談は，面談と違い顔が見えないというデメリットもあるが，逆にそれがメリットになることもある。相談者は，自分の話に耳を傾けて聴いてもらうことによって，自分の思いを受け止めてもらえていることを感じることができる。相手の姿は見えなくても，相談者は安心して思いを吐き出し，面談場面以上に冷静に話すことができることもある。相談者は電話を通して自分の声を聞き，自分の感情の起伏を感じ取ることができる場合もある。そのような場面では，相談者は自分の方向性を自分で見つけることも可能になる。また電話による相談のメリットは，相談者の

第2節　認知症を受け入れる

都合によってかけることができる点である。都合が悪い状況になれば，すぐに電話を切ることもできる。なかなか外出のままならない，自由な時間がこま切れの状況にある家族にとっては大変都合の良いサービスである。

⑩ 経済的援助を得る

　介護保険制度創設の狙いは在宅介護における家族の介護負担の軽減があったが，現実の問題としてサービス利用には経済的負担が大きく，利用を控える人もある。そのため，国は介護の実践援助ばかりでなく，経済的にもいろいろな援助をしている。介護保険制度によるサービス利用の負担は，サービス利用に対する応益負担であるが，年間収入やその他の要件を満たせば，サービスを提供している社会福祉法人が利用料金の4分の1を負担する制度もある。また，従来の措置制度を利用せざるを得ない場合には，行政によって措置制度に基づいてサービスを提供している。また，家族介護者が日々心身ともに休まるときがないことを考えると，実際に介護に参加できない負担を，介護者の兄弟姉妹あるいは親族が経済的援助という形で参加するということもあり得る。兄弟姉妹あるいは親族の中には，経済援助はできないと言いながら，介護援助をしないまま贅沢な暮らしをしている家族も少なくない。認知症高齢者の行動・心理症状に振り回される家族にとっては，周りからの経済的援助を得ることが，単なるお金の問題ではなく，応援メッセージとして大きな癒しとなることもある。

＜引用・参考文献＞

荒賀直子・後閑容子『地域看護学（第1版）』インターメディカル，2004年，pp.214-223

上野千鶴子ほか『家族のケア　家族へのケア』岩波新書，2008年

大田仁史ら『障害受容』壮道社，1998年，p.3

大森恵理子・木村里世ら「認知症高齢者をかかえる家族介護者の『つどい』への参加の意味」第37回地域看護，2006年，pp.240-242

岡堂哲雄編『系統看護学講座基礎分野　家族論・家族関係論（第2版）』医学書院，2012年，pp.178-184

岡村裕ら「高齢者在宅サービスとしてのレスパイトケアとショートステイケア」『長野大学紀要』第17巻第1号，1995年，pp.28-38

沖田裕子「地域で支える認知症ケア」『月刊総合ケア』医歯薬出版，Vo.17，No.8，2007年，pp.17-19

沖田裕子『新・介護福祉士養成講座：認知症の理解』中央法規出版，2010年

家族ケア研究会（代表　島内節）編『家族生活力量モデル―アセスメントスケールの活用法（第1版）』医学書院，2005年，pp.5-19，pp.72-78

河原加代子ら『系統看護学講座統合分野　在宅看護論（第3版）』医学書院，2011年，pp.60-61，66-71

河原加代子ら『在宅看護論』医学書院，2001年，pp.68-70

キューブラー＝ロス，E.，鈴木晶訳『死ぬ瞬間』読売新聞東京本社，2011年，p.244

黒澤直子「認知症高齢者の家族介護者への支援に関する現状と課題」『人間福祉研究』第14号，北翔大学，2011年，pp.121-128

第7章　家族への支援

厚生省『厚生白書』1996年
厚生労働省「国民生活基礎調査」2009年
　http://www8.cao.go.jp/kourei/whitepaper/w-2011/zenbun/pdf/1s2s_3_2.pdf
厚生労働省「地域支え合い体制づくり事業」
　http://www.mhlw.go.jp/stf/houdou/2r985200000198ww-img/2r9852000001994j.pdf
国立社会保障・人口問題研究所「日本の世帯数の将来推計（全国推計）の概要2008（平成20）年3月推計」http://www.ipss.go.jp/pp-ajsetai/j/HPRJ2008/yoshi.html
櫻井尚子ら『ナーシング・グラフィカ21　在宅看護論―地域療養を支えるケア（第2版）』メディカ出版，2010年，p.51
杉山孝博『家族が認知症になったら読む本』二見書房，2009年，pp.48-58
鈴木和子ほか『家族看護学―理論と実践（第3版）』日本看護協会出版会，2008年，pp.48-51
「全国厚生労働関係部局長会議資料」2011年
　http://www.mhlw.go.jp/topics/2011/01/dl/tp0119-1_25.pdf
袖井孝子「家族介護は軽減されたか」『家族のケア　家族へのケア』岩波新書，2008年，p.149
高見国生「介護家族を支える」『家族のケア　家族へのケア』岩波新書，2008年，p.115
高室成幸『認知症の家族を介護するときに読む本』自由国民社，2011年
田中共子ら「高齢者の在宅介護者の認知的成長に関する一考察」『質的心理学研究』1(1)，2002年，pp.5-16
「認知症という親（身内）を家族が受け入れる過程」
　http://hulla150.blog67.fc2.com/blog-entry-6.html
布元義人ら「認知症高齢者における家族介護者の介護認識の変容に関する研究の動向」『日本認知症ケア学会誌』9(1)，2010年，pp.103-111
山田裕子ら「もの忘れ外来通院患者の家族介護者の認知症と介護の受け止めに関する研究」『日本認知症ケア学会誌』5(3)，2006年，pp.436-448
湯原悦子ら「認知症の人を抱える家族を対象にした電話相談の役割」『日本認知症ケア学会誌』9(1)，2010年，pp.30-43

第8章

さまざまな職種による支援

第1節 地域における支援体制

1．社会資源の活用
1）地域包括支援センター

　地域包括支援センターは，「地域住民の心身の健康の保持及び生活の安定のために必要な援助を行うことにより，その保健医療の向上及び福祉の増進を包括的に支援する」ために，2006（平成18）年度に新設された。身近な生活圏域ごとにサービスの拠点を設置しており，全ての市町村に設置された総合的な相談窓口であり，専門職種として，保健師，社会福祉士，主任介護支援専門員が配置されており，それぞれの職種が連携しながら支援を行っている。

　包括的支援事業としては，介護予防ケアマネジメント，総合相談・支援，権利擁護，包括的・継続的ケアマネジメント支援があり，また，介護予防支援業務として，指定介護予防支援事業所として，要支援者のケアマネジメントを実施する。地域住民の保健医療の向上及び福祉の増進を包括的に支援することを目的として，包括支援事業等を地域において一体的に実施する役割を担う中核的機関（厚生労働省編，2007）として機能している。

　地域包括支援センターは，認知症の方やその家族にとっても，地域で支えるチームの要となっている。認知症連携担当者や嘱託医を配置し，地域における認知症ケア体制および医療との連携を強化し，専門的・継続的な切れ目のない支援や緊急時の対応が期待されている。

2）認知症疾患医療センター

　認知症の方とその家族が住み慣れた地域で安心して生活ができるための支援の一つとして，都道府県や政令指定都市が指定する病院に設置するもので，全国150カ所の設置を目指しているが，偏在していることなども課題になっている。MRIなどの画像診断なども用い，認知症かどうかの診断を早期かつ，的確に行うための専門医療の提供を行い，医療から介護への切れ目のないサービス（シームレス・サービス）を提供するためのネットワークシステムの構築を目指す。

　その業務は，(1)専門医療相談（初診前医療相談，情報収集・提供，地域包括支援センターとの連絡調整），(2)鑑別診断とそれに基づく初期対応（初期診断，鑑別診断，治療方針の選定，入院先紹介），(3)合併症・周辺症状への急性期対応（合併症・周辺症状の初期診断・治療，合併症・周辺症状の急性期入院医療を要する認知症疾患患者のための病床として，連携する医療機関の空床情報を把

握），(4) かかりつけ医等への研修会の開催，(5) 認知症疾患医療連携協議会の開催，(6) 情報発信，（認知症疾患医療センター運営事業実施要綱，2009）である。

3）地域活動支援事業

　要支援や要介護になるおそれのある高齢者や，地域の全ての高齢者を対象に，介護予防を推進するとともに，地域において自立して生活を継続できるよう市町村が実施する。(1) 介護予防事業（特定高齢者施策，一般高齢者施策），(2) 包括的支援事業（地域包括支援センターが実施している介護予防ケアマネジメント），(3) 任意事業（介護給付適正化事業，家族介護支援事業，その他）がある。認知症に関しては，認知症などのおそれがある特定高齢者を訪問し相談・指導を行い，介護予防プログラムを実施する。また，地域によって，認知症高齢者の介護に関することや介護に役立つ情報を提供する認知症介護教室を開催し，地域における認知症高齢者の見守りや支援体制づくりの事業や，認知症高齢者を介護する家族を対象に，介護について一人で悩まず日頃の介護の悩みや不安を解消するための認知症家族交流会を開催する。

4）認知症コールセンター，若年性認知症コールセンター

　厚生労働省から自治体への要請で設置された。認知症の知識や介護技術の面のみではなく，精神面を含めたさまざまな悩みに対して，認知症の専門家や介護経験者等が相談に応じる。また，若年性認知症特有のさまざまな疑問や悩みに対し，専門教育を受けた相談員が対応する「若年性認知症コールセンター」も2009（平成21）年に開設された。

5）高齢者の見守り・SOSネットワーク

　認知症高齢者が徘徊の末，遺体で発見されたことがきっかけで，1994（平成6）年，釧路警察署管内の警察署や保健所・消防署等の31団体が参加して，SOSネットワークがスタートし，その後全国に広がった。認知症高齢者が行方不明になった場合，警察署に通報すると，タクシー会社や郵便局，ガソリンスタンド，コンビニ，銀行，宅配業者，町内会，老人クラブなどの捜索協力機関に情報が伝えられ，コミュニティFM放送局などを通じて一般市民にも協力を呼びかけ発見につなげる。速やかに行方不明者を発見保護するシステムであり，保護後には保健所の保健師が家族に対する相談援助を行う。SOSネットワークにより，(1) 手続きを簡略化して情報を一体化し，徘徊する高齢者の速やかな保護，(2) 必要に応じて，認知症高齢者や家族への支援や，適切な医療・福祉サービスへつなぎ，再発防止，(3) 地域全体で取り組むことで，認知症への理解を深め，認知症高齢者と家族を支える地域づくりに繋がる。（岩淵雅子，2004）

6）認知症の人と家族の会

　認知症の人と家族の会は，1980（昭和55）年に結成され，2011（平成23）年8月時点では全国46都道府県に支部，1万人の会員があり，「認知症があっても安心して暮らせる社会」を目指している。1985（昭和60）年から認知症の人と家族への援助をすすめる全国研究集会を毎年

第1節　地域における支援体制

開催し，国・地方自治体に対して政策の充実を求める提言・要望活動や，認知症や高齢者に関する保健・医療・福祉などのニュース・認知症の基礎知識・介護家族の体験記などが掲載されている会報発行，調査活動や，各地域で家族が集まり相談・情報交換・勉強会などを行う集い等を行う。

2．認知症サポーター

　2004（平成16）年「痴呆」から「認知症」へと呼称が変更され，これを契機に地域住民も共に認知症の人とその家族を支え，誰もが暮らしやすい地域を作っていく運動として，「認知症を知り地域を作る10ヵ年」のキャンペーンが始まった。そこで，2009（平成21）年5月，認知症サポーターを一人でも多く増やすために，「認知症サポーター100万人キャラバン事業」が展開された。この中で，認知症サポーターに期待されることは，
　①認知症に対して正しく理解し，偏見をもたない
　②認知症の人や家族に対して温かい目で見守る
　③近隣の認知症の人や家族に対して，自分なりにできる簡単なことから実践する
　④地域でできることを探し，相互扶助・協力・連携，ネットワークをつくる
　⑤まちづくりを担う地域のリーダーとして活躍する
としており，「認知症サポーター」を全国で100万人を目標に養成し，認知症になっても安心して暮らせるまちになることを目指している。認知症サポーターは2011（平成23）年12月31日時点で，3,091,354人になり，県・市町村ごとの集計も掲載され，2012（平成24）年2月18日には「認知症サポーター300万人達成　報告会」が開催された。

　認知症キャラバン事業は自治体事務局を中心に展開され，認知症に対する正しい知識と具体的な対応方法等を市民に伝える講師役として，「キャラバン・メイト」が位置づけられている。「キャラバン・メイト」は，地域や職域，学校など認知症サポーター養成講座を実施し，「認知症サポーター」養成の要の役割を担っており，認知症サポーター養成講座の計画や実施報告が義務付けられている。「キャラバン・メイト」一人では継続したサポーター養成講座の実施は難しく，市町村等の事務局からのバックアップが必要であるが，「キャラバン・メイト」の居住地域の中で事務局が設置されていない場合は，コーディネーターとして全国キャラバン・メイト連絡協議会が相互の連携についても支援をしている。

　認知症サポーター養成講座の対象者は大きく3つに分けることができる。
　1つ目は地域住民である。具体的には，地域の自治組織，当事者である家族介護者の会，自治会や町内会，老人クラブ，子ども会などの住民組織，社会福祉協議会，民生児童委員，地域サークル団体，地域NPO，各種ボランティア，既存の市民講座，住民講座，介護教室，各種学習会などである。特に地域活動などの要になっている方に働きかけ講座を開催している。

2つ目は，職域における職域組織・生活関連企業・団体などである。企業や商店組織，商工会などの団体，公共サービス（行政サービス全般，郵便局，警察，消防等），公共交通機関（鉄道・バス・タクシー等）で，社員研修の機会などを利用して行っている。

3つめは学校関係者である。小・中・高等学校の子どもを含めて，教育委員会，校長会，教職員，ＰＴＡを対象にする，また，同窓会などの機会も考えられる。さらに「子どもＳＯＳ活動」などとタイアップして行うこともできる。

認知症サポーターは，何か特別なことをする人ではなく，認知症を理解した上で，認知症の人への「応援者」として位置づけられる。認知症という疾患を他人事に考えず，自分も家族も友人も知り合いの誰でもがなりうる可能性のある疾患として捉え，地域や職場で認知症の人をあたたかく見守る理解者が認知症サポーターである。認知症サポーター養成講座では，主に認知症の病気の理解，認知症の予防の考え方，認知症の人と接する時の心がまえ，家族の気持ちを理解するなどを学ぶことになる。キャンペーンビデオや寸劇，紙芝居などで認知症の人や家族が抱える困難をわかりやすく学び，グループワークを通して地域で支える視点を話し合うことができ，地域におけるネットワークの必要性なども考えることができる場となる。

また，認知症サポーターのなかから地域のリーダーとして，まちづくりの担い手が育つことも期待されている。なお，認知症サポーターには認知症を支援する人間杖の証の「目印」として，ブレスレット（オレンジリング）が配布される。今後，オレンジリングがまさに連繋の「印」になるようなまちを目指し，キャラバン事業は展開し続けている。

第2節　スペシャリストによる支援体制

1．認知症医療のスペシャリスト
1）日本認知症学会専門医（日本認知症学会）
■背景と目的

　日本認知症学会のホームページでは「我が国では高齢者人口の急増に伴い認知症患者が急速に増加する一方，高度な専門性を有する認知症診療医が不足している。またアルツハイマー病の病態解明の進展とその成果に基づく新しい治療法の開発が進み，疫学研究の進歩ともあいまって，アルツハイマー病の予防・治療法が大きく変化し，近い将来，アルツハイマー病による認知症の発症自体を抑えることが可能になると予想されている。このような中で，認知症の診療，介護・ケア，社会資源を含めた広範な知識と技術を有して，科学的エビデンスに基づく認知症医療に取り組む専門医のさらなる養成が急務である。そこで，本学会が専門医制度を発足させて，研究成果の社会への還元を図り，早期診断・早期治療および予防を推進して認知症患者の増加を食い止めるとともに，認知症の病態の理解，福祉・介護・ケアを含めた本邦の認知症医療の質を向上させることに努める必要がある」（日本認知症学会，2012）と説明されている。

■役割

　認知症学会専門医の役割は，認知症の病状の段階において変化する。認知症の軽度の段階において専門医の重要な役割は，認知症の診断や原因の診断であるといえる。そして，認知症がすすむと，合併症の管理や，廃用性萎縮の予防を含めた全身管理が重要な役割となる。さらに，認知症が重度化すると，日常生活にかなりの介護が必要となり，転倒による骨折など合併症のリスクが高まる。寝たきりの状態に至った場合，常時介護が必要となり，感染症のおそれや，栄養管理，呼吸管理を含めた全身状態の管理も重要となる。

　また，介護保険や成年後見制度などの社会資源の活用，地域に存在する諸機関の利用に関する情報提供なども重要な役割である。最近は，社会的にも認知症の予防が重要視されているため，生活習慣との関連や生活習慣の改善を促す指導などを担うことになる。そして，認知症発症後の健康管理やリハビリテーションはもちろんのこと，かかりつけ医や介護サービス事業者と連携して，認知症があっても安心して暮らせる地域づくりに参加することが求められている。

■期待や課題

　近年，専門医制度が充実しつつあるが，各分野で進められている専門医制度により，診療科の縦割り傾向が強くなっており，横断的な幅広い診療に精通した医師を目指すことが少なくなっている。そこで，日本認知症学会専門医は，認知症患者とコミュニケーションをとること

が少ない他の専門医と，どのように連携をとり，認知症患者を支えるのかが，今後の期待であり課題といえる。

2）日精協認知症臨床専門医（日本精神科病院協会）

■背景と目的

　我が国の高齢化率は21％を超え，認知症患者も急増している。介護保険のサービスは社会的な介護という側面からは，一定の役割を担い認知症患者の生活を支えているが，認知症患者の多くが専門医の診断を受けていないのが現状である。我が国の認知症専門医は，日本老年精神医学会または日本認知症学会の専門医と決められている。

　一方，これまで認知症治療病棟では，認知症患者の入退院や治療，退院後のケアは，精神科医が担い，特に精神保健指定医は専門医として大きな役割を担ってきた。日本老年精神医学会や日本認知症学会の専門医の中には研究者も多く，臨床医としての経験が多いとは限らない。

　そこで，日本精神科病院協会（以下，日精協）では，1992（平成4）年に研究会を設置，1995（平成7）年より認知症に対する研修会を開いてきた。そして，2009（平成21）年4月から「認知症臨床専門医」制度が始められることになった。

■役割

　日精協のホームページには，日精協認知症臨床専門医とは「日本精神科病院協会の会員である医療機関に勤務する精神科医師に対し，認知症疾患の正しい理解と診断・治療技術の向上を図るものである。我が国の認知症対策の専門医療機関のリーダーとして患者，家族への治療ならびに指導を行うとともに，かかりつけ医やサポート医に対しては助言を行い，介護・福祉サービス等との連携を強化するものである。認知症に対する良質で安全な医療サービスが提供できる高い技能と見識を有する専門家であることを認証する」（日本精神科病院協会，2012）と説明されている。地域で認知症患者を支えている介護施設，地域包括支援センター，ケアマネジャーなどから相談を受け，専門的医療の対応をするなど，医療と福祉・介護との連携や役割分担が重要であり，今後ますます求められる。

　そこで，認知症を患った患者が医療と介護を受けられるようサポートし，地域の社会資源と連携していくこと，認知症という病気の正しい理解を地域住民に周知することが大切であろう。

■期待や課題

　認知症専門医という名称は，各学会の専門医を示しているが，臨床医としての診断，治療など，一定のスキルを保障しているとは限らない。そこで，認知症患者の立場に立ち，垣根を越えて学会ごとの強みを生かし，連携をとることが重要である。

2. 認知症ケアのスペシャリスト

1) 認知症看護認定看護師（日本看護協会）

■背景と目的

　日本看護協会のホームページには認知症看護認定看護師を養成する認知症看護学科について「戦後のベビーブーム世代が2015年に高齢期を迎え，2025年には高齢者人口がピークの3,500万人に達する日本において，認知症患者のケアは深刻な問題となっている。認知症患者はこの病の特性により，在宅や入所・入院を問わず療養期間と介護期間は長期化している。合併症を含む病態・病状管理の頻度も高くなり，また，的確な終末期ケアに対する医学・医療との効果的な援助計画の立案と，それに対応できる臨床能力の高い看護人材が求められている。そこで，社会の要望に応えるよう，質の高い認知症看護を実践する看護者の育成を行うため，日本老年看護学会が日本看護協会に認定看護師制度の認定看護分野として『認知症看護（2007年名称改正）』を申請した。日本看護協会は2004（平成16）年11月に認知症看護を特定分野として認定し，2005（平成17）年4月より日本看護協会看護研修学校認定看護師教育課程に認知症看護学科を新設して教育を開始した。［認知症看護は，認知症の経過と予後を理解したうえで，生命・生活の質や自己実現に対するケアの質やその病態に与える影響の深刻さを洞察し，認知症の発症から終末期に至る長期間のさまざまな看護上の問題に対して，その家族を含めた統合的な援助を企画し，実践できることにある］と説明されている。

■役割

　認知症看護認定看護師の主な役割としては，認知症患者の生命・QOL・尊厳を尊重し，認知症の発症から終末期に至る安全な療養生活環境の提供，専門知識や技術を他職種に広め認知症看護の質向上に貢献することである。特にデイケア計画，リハビリテーション計画等の立案や，家族に対する在宅でのケア指導等の役割を担う。

　認知症看護の分野の認定制度は2005（平成17）年4月から始まり，認知症ケアは確立していない現状であるが，認知症看護認定看護師を中心に認知症患者の尊厳が守られる環境づくりを考えていく必要がある。認知症看護認定看護師は，教育機関が3校とかなり限定されているため，有資格者は2012（平成24）年7月現在で178名と少数である（日本看護協会，2012）。日本看護協会の認知症看護学科への入学者アンケートによると，勤務先は一般病棟が多く，それに比べ認知症専門病棟，老人保健施設，訪問看護事業等は少ない傾向にあるが。認知症高齢者が多く利用している介護施設などにこそ，この認知症看護認定看護師のニーズはより高く，その専門性をいかんなく発揮できる職場であると考える。医療・保健・福祉の職場であれば，いずれも認知症ケアは重要な課題である。

　さらに，地域住民が認知症を正しく理解し，認知症の人が住みやすい地域づくりを目指す必要がある。認知症看護認定看護師は，認知症の人とその家族に対するケアはもちろんのこと，

地域の中で，地域住民とともに，その地域づくりに取り組む必要がある。
■期待や課題
　認知症患者は，思いを適切に表すことが難しいため，援助者が認知症患者の変化をとらえ，状況を鑑みて，アセスメントを行うことが求められる。たとえば，急性期病院で入院している認知症患者の場合，かかりつけ医や地域の社会資源と連携し，情報を共有しながら，認知症患者が安心して入院生活を送ることができるサポート体制の構築が必要である。そのためには，さまざまな合併症や事故の予防に取り組み，認知症患者，患者の家族，医療チームを含めた地域へのアプローチを行う必要性がある。

　唐沢（2008）は，認知症看護認定看護師の今後の活動への期待として「認知症看護認定看護師の活動成果の明確化」「認定看護師の定着拡大」「認知症看護認定看護師のフォローアップ教育」「認定看護師の専門性に関する広告活動」をあげている。現時点では，認知症看護認定看護師の数が少ないため，まずは認知度をあげ，各病院や施設に，有資格者が存在することを目標にすべきだと思われる。臨床での認知症看護に対する期待は大きいと考えられるので，まずは各機関において，認知症看護に精通したスタッフである認知症看護認定看護師を育成し，そのスタッフから認知症の正しい知識を学び，適切な対応を周囲のスタッフもできるように働きかけることが当面の課題である。

２）認知症ケア専門士（日本認知症ケア学会）
■背景と目的
　日本認知症ケア学会のホームページには「本学会が取り組んでいる認知症の人に対するケアの充実は，314万人という要介護認定者のおよそ半数にあたる149万人の認知症の人，さらにその家族にとって最重要課題となっている。この避けては通れないテーマに対し，本学会では，認知症ケアに対する優れた学識と高度の技能，および倫理観を備えた専門技術士を養成し，我が国における認知症ケア技術の向上ならびに保健・福祉に貢献することを目的とした『認定認知症ケア専門士』制度を設け，認定試験を実施することが，第4回日本認知症ケア学会総会（平成15（2003）年11月23日）において決定した。本制度は，すべての者に対し試験および面接を行い認定する（日本認知症ケア学会会員には限らない）ものであり，認知症ケアに特化した人材の育成に極めて重要な制度といえる。また，認定後も認知症ケア専門士には生涯学習に対する絶対的な義務を課している。皆様が専門職として，ご自身のため，また，社会のために認知症ケア専門士認定試験に挑戦してくださることを期待している」と説明されている。
■役割
　認知症ケア専門士の業務内容は，介護から相談業務にまで及び，特定資格などのように介護支援専門員はケアマネジメント業務，社会福祉士は相談業務，介護福祉士は介護業務といった明確な区分けはなく，あくまで介護支援専門員や社会福祉士，介護福祉士などの補助的資格と

いう役割を担っている。しかし，認知症ケア専門士資格の学習内容は，認知症については，介護支援専門員試験や社会福祉士試験・介護福祉士試験の中でもより詳しく，介護支援専門員・社会福祉士・介護福祉士の有資格者でも，認知症ケア専門士資格の学習をすれば認知症についての知識の幅が大きく広がると思われる。

　認知症ケア専門士は，文字通り「認知症ケアのスペシャリスト」である。多くの支援を必要とする認知症の方やその家族にとって，認知症ケア専門士の存在は頼もしい存在となる。認知症ケア専門士の仕事とは，認知症を患った人のケア知識，技術を持った「専門士」として提供することである。

　認知症は非常に対応が難しい病気であり，認知症ケア専門士のような認知症のスペシャリストの存在は，必要不可欠になるはずである。現在，若年性認知症など若くして認知症の症状を発症する人が増えており，そのことからも認知症ケア専門士の仕事が強く望まれるであろう。認知症ケア専門士になるには，3年以上の「教育」「研究」「診療」などの実務的な経験が必要なため，まずはこちらから経験する必要がある。国家資格ではなく，日本認知症ケア学会が認定する民間の資格であり，5年ごとに更新しなければならない。また，認知症ケア専門士には「認知症になった人のケア」から，「その家族への対応」「リハビリや薬の知識」まで，あらゆる知識が必要となる。

■期待や課題

　認知症ケア専門士は，公平中立な立場で，利用者本位のケアプランを作成し，適切なサービスを利用者が利用できるように働きかけることを期待されている。今後も認知症がある利用者が増え続けると予想される中，認知症ケア専門士が，その期待に応えていくことは，財政的に逼迫している介護保険制度を維持していくカギになる。

　この認知症ケア専門士は，生涯学習が義務付けられているため，学会が開いているセミナー等に参加することも必要である。生涯学習制度を導入し，資格取得者の知識や技術を常に最新のレベルに保つという姿勢は，医療や福祉の資格においては適切な動きであるといえるが，資格取得後の更新料，学会参加費などの費用がかかることが問題となる。現時点では，介護福祉士や介護支援専門員のように，介護保険制度の中で利点がないため，経営側の事業所にとってメリットがないことからも，損得勘定で判断して取得する資格ではなく，認知症という疾病をより正確に理解し，少しでも認知症の利用者に前向きに向き合いたい介護現場の職員向けの資格であるといえる。

3）認知症ケア指導管理士（厚生労働省認可・財団法人職業技能振興会）

■背景と目的

　職業技能振興会のホームページには「認知症高齢者が増加する現在，医療・介護現場で働くスタッフの，認知症に対する専門性と質の向上が大きな課題となっている。『認知症ケア指導

管理士』は医療・介護現場で働く方のスキル・アップを目的とした認定資格である。もちろん，自宅で認知症高齢者を介護するご家族にとっても最適な資格と言える」と説明されている。

■役割

認知症高齢者の増加に伴い，さまざまな医療や福祉の場で，認知症の理解や適切なケアを行うことがより求められている。専門職だけが認知症ケアを理解していればよいということではない。さまざまな人たちが認知症ケア指導管理士となることで，認知症の方やその家族に尊厳と安心を提供でき，広く社会に貢献できる人材の育成の役割を担っている。

■期待や課題

認知症関連の勉強をしたい人や，資格を取得したい人は，まずこの資格取得に取り組むとよい。認知症ケアについて基本的なことを学ぶには良い資格試験だといえる。試験対策は，公式テキストを読み，テキスト内にある問題を解く練習を十分しておけば合格はそれほど難しくない。資格対策の勉強をすることで，認知症についての概要，基本が理解できる。公式テキストには筆記試験に出題される項目解説とサンプル問題が収録されているので認知症高齢者ケアの基本が学べる。

＜引用・参考文献＞
岩淵雅子「SOSネットワークと地域の支え」『月刊福祉』87(9)，2004年，pp.52-55
NPOシルバー総合研究所「高齢者の見守り・SOSネットワークを築こう！〜認知症高齢者の行方不明者ゼロ作戦〜」http://www.silver-soken.com/sos-net/html/sosnetwork.html
NPO法人地域ケア政策ネットワーク全国キャラバン・メイト連絡協議会『キャラバン・メイト養成テキスト』2008年
唐沢千登勢「認知症看護認定看護師の活動状況と今後の課題」『老年精神医学雑誌』2008年，pp.642-649
厚生労働省「地域包括支援センターの手引き」
　http://www.mhlw.go.jp/topics/2007/03/dl/tp0313-1a-01.pdf
厚生労働省老健局老人保健課「介護保険最新情報・地域支援事業実施要綱の改正について」2010年，p.158
厚生労働省「『認知症を知り地域をつくる』キャンペーン　認知症サポーター100万人キャラバン」
　http://www.caravanmate.com/
厚生労働省「介護・高齢者福祉：認知症への取組み：認知症サポーター100万人キャラバン」
　http://www.mhlw.go.jp/topics/kaigo/dementia/c03.html
厚生労働省「認知症疾患医療センター運営事業実施要綱」2009（平成21）年改正
　http://www.okinawa.med.or.jp/doctors/kaigo/kaigo-doc/h210514-2k.pdf
職業技能振興会 http://www.shokugyou-ginou.org/
職業技能振興会監修『認知症ケア指導管理士試験公式テキスト』職業技能振興会，2011年
淵野勝弘「認知症疾患医療センターと認知症専門医療」『日精協誌』第28巻第4号，2009年，pp.220-227
日本看護協会：認知症看護の認定看護師登録者一覧
　http://www.nurse.or.jp/nursing/qualification/nintei/touroku/show_unit.cgi?mode=subcat

第2節　スペシャリストによる支援体制

　egoryb&subcategory
日本精神科病院協会「分野別認定看護師数年次推移」
　http://www.nurse.or.jp/nursing/qualification/nintei/pdf/bunyabetsusuii.pdf
日本精神科病院協会 http://www.nisseikyo.or.jp/
日本認知症学会「認知症学会専門医制度発足における理念」
　http://dementia.umin.jp/rinen.pdf
日本認知症ケア学会編『改訂・認知症ケアの基礎（認知症ケア標準テキスト）』2011年
日本認知症ケア学会編『改訂・認知症ケアにおける社会資源（認知症ケア標準テキスト）』2010年
認知症の人と家族の会 http://www.alzheimer.or.jp/

おわりに

　私の生まれ故郷の福島市の西部に「金剛山」という小高い山があります。子どもの頃は，山の麓の沢でカニを捕まえたり，山登りをして遊んだものです。その「金剛山」にある「ぼけ封じの観音様」は，今では毎年5月に祭りが催され，多くの市民がぼけ封じと健康長寿を願い訪れています。ぼけを封じたいという背景には，高齢になっても家族に迷惑をかけないで長寿を全うしたいという日本人の気持ちがあると思います。本書は，現代人のそのような老いへの不安に対しても，認知症の研究者，現場の方による実践的な認知症対策が集約されています。認知症の人に携わる多くの人に，本書を参考にしていただければと思います。
　　　　　　　　　　　　　　　　　　　　　　　　　　　　　　　　　　（阿部　隆春）

＊

　認知症は1つの個性と考えたいです。個性には色々なタイプがあります。

　認知症は病理学的には脳細胞の変性でありそれによって「記憶」「認知」の機能が十分発揮できなくなり，本人はもとより家族やその周辺の人々に困難をもたらしています。これは客観的な事実です。看護職・介護職は，客観的な事実や知識をしっかり踏まえ，「記憶」「認知」の機能低下やその反応はその人の個性・強みととらえ，その人の生活を明るく前向きにマネジメントするのが生活支援の専門職ではないでしょうか。認知症の人々は，これまで立派に社会貢献し，人の心や感情を読むのは得意です。すなわち感情の機微はとても豊かで敏感で繊細です。彼らがもっている独特の世界を学ばせてもらうそんな姿勢が大切と考えています。

　認知症の人々からのメッセージでは，うれしいこと，楽しいこと，こころが暖まるような関わり，ふれあいはこころのどこかに印象深く残っていると伝えており，このことにケアのヒントがあると考えます。
　　　　　　　　　　　　　　　　　　　　　　　　　　　　　　　　　　（安藤　邑惠）

＊

　認知症という言葉は多くの方が知っている言葉になりましたが，臨床ではしっかりとした診断（例えばレビー小体型認知症など）がついていないことも多く，疾患や病期の特性は専門職の間でも理解されていないこともあります。そのため，認知症がある人を，「やっかいな人」「人に迷惑をかける人」と誤解することもあります。また，認知症があると，必要な医療も十分に受けられず，その方が本来持っている力をも奪い取ってしまう場合もあります。一人でも多くの方に本書を手に取っていただき，認知症という疾患を理解し，生活のさまざまな困難にどのようなケアができるのかを一緒に考えていただけると幸いです。
　　　　　　　　　　　　　　　　　　　　　　　　　　　　　　　　　　（小木曽　加奈子）

＊

　「認知症になってしまった家族とどう接したらいいのかわからない」「昔と全く変わってしまった」「何を考えているのかわからない」と，ご家族からの声があります。介護保険サービス提供事業所からも「認知症の症状が進み，○○さんへの支援方法を再検討しています」との

おわりに

声も聞かれます。早めの病院受診をしたり，認知症についての理解を深め支援側の考え方や対応を変えたりすることで，その後の支援がスムーズにいくことが多いと思います。本著がそのきっかけになればと思います。この本の中には，認知症の利用者さんと実際に接している現場のケアスタッフの実践内容がたくさんあります。認知症状に戸惑いながらも，利用者さんその人を理解しようとし，その人の生活や人生と真剣に向き合い支援しているケアスタッフの姿を感じ取って頂ければ幸いです。

（祢宜　佐統美）

*

人にはさまざまな事象に対して，「自分だけは大丈夫」といった思い，願いを込めた思いがあります。認知症になるということに対しても，自分は大丈夫，家族も出来ればなって欲しくない，最期までしっかりしていて欲しいと望んでいると思います。しかしながら，要介護認定を受けている方の半数が，施設に入所している方の8割が認知症にかかっているといわれています。認知症の知識をもっていることは，早期発見や予防，対処方法など，私たちに知恵と支援方法を与えてくれることでしょう。この書は，認知症になっても，普通の生活を送ることができることを教えてくれると思います。

（平澤　泰子）

*

認知症のケアの一番の目標は，最後までその人らしさを保つことだと思います。認知症が重度となっても，その人らしさを保つためには，どのようにその人を理解するかにかかってきます。その人を理解するためには，認知症という疾患の医療的な理解やその人の生活歴を含めたその人自身の理解，そして，ケアの方法を理解することが必要となります。本書では，それらの理解のために多くの知見や実例が示されています。認知症の人の思いとどのように向き合い，ケアを実践するか，本書では多くのことを気づかせてくれるはずです。

（山下　科子）

*

なお，本書は，平成21・22年度財団法人日本生命財団助成金の「認知症ケアにおけるケア実践者のケア充実感と職務満足度の関係について—ICFの視点に基づく『認知症ケア尺度』の開発—」により実施した研究成果の一部を掲載しております。

［索　引］

Alzheimer's Disease Assessment Scale　40
BPSD　21
DCM法　108
FAST　54

IADL　62
Mini-Mental State Examination　40
NMDA受容体拮抗薬　66

あ行

アニマルセラピー　163
アルツハイマー病　31
アルツハイマー型認知症　17
意味記憶　20
意味性認知症　36
イメージ調理　154
エイジング教育　177
エピソード記憶　20
遠隔記憶　20
園芸療法　162
音楽療法　165

か行

介護等の日常生活上の世話の放棄，拒否，怠慢による虐待　194
外出支援　155
回想法　152
改訂長谷川式簡易知能評価スケール　40
学習療法　169
仮性球麻痺　30
家族生活力量モデル　212
柄澤式「老人知能の臨床的判定基準」　54
ガランタミン臭化水素酸塩（商品名：レミニール）　66
加齢関連認知低下　25
局在病変型梗塞認知症　30
近時記憶　20
クラスルームリアリティオリエンテーション　151
経済的虐待　194
軽度認知障害　25
幻視　35
見当識障害　20
権利擁護　202
高齢者虐待　193

コタール症候群　76
コリンエステラーゼ阻害剤　66

さ行

罪業妄想　76
実行機能障害　21
失行　21
失語　21
嫉妬妄想　75
失認　21
市民後見人　205
障害高齢者の日常生活の自立度判定基準　59
常同行動　36
自律神経障害　35
進行性非流暢性失語　36
身体拘束　196
身体的虐待　194
精神的（心理的）虐待　194
性的虐待　194
成年後見制度　202
世代間交流　176
前頭側頭型認知症　36
前頭側頭葉変性症　17, 36
せん妄　23, 79
即時記憶　20

た行

大脳皮質型血管性認知症　29
タウ蛋白質　32
中核症状　18
手続き記憶　20
ドネペジル塩酸塩（商品名：アリセプト）　66

な行

24時間リアリティオリエンテーション　151

索　引

日常生活自立支援制度　204
日精協認知症臨床専門医　236
日本認知症学会専門医　235
認知サポーター　233
認知症看護認定看護師　237
認知症ケア指導管理士　239
認知症ケア専門士　238
認知症（痴呆症）高齢者の日常生活の自立度判
　　定基準　53
ノーリフティングポリシー　137

は　行

パーソン・センタード・ケア　105
被害妄想　75
皮質下血管性認知症　29
ビンスワンガー病　29
プロセスレコード　147
βアミロイド　32
放尿　85
ボディメカニクス　137

ま　行

見捨てられ妄想　75
メマンチン塩酸塩（メマリー）　66

や　行

夕暮れ症候群　78
抑うつ　35

ら　行

ライフレビューブック　153
ラクナ梗塞　29
リアリティオリエンテーション　151
リバスチグミン（イクセロンパッチ・リバス
　　タッチパッチ）　66
レスパイトケア　225
レビー小体型認知症　17,34
レム睡眠行動障害　35
老人斑　32
老年うつ病スケール　40
弄便　85

監修者略歴

佐藤　八千子　岐阜経済大学　教授
(さとう　やちこ)
著書等
『豊かな暮らしが生まれる高齢者ホーム』（共著）NPO法人ぎふ福祉サービス利用者センターびーすけっと，2003年
『福祉施設改革にいかす苦情解決と評価システム』（共著）明石書店，2006年
『介護福祉士のための医学用語辞典』（共著）中央法規，2006年
『ICFの視点に基づく高齢者ケアプロセス』（著者）学文社，2009年
『子どもの豊かな育ちへのまなざし』（共著）久美出版，2010年
　　　　　　　　　　　　　　　　　　　　　　　　　　　など他多数

小木曽加奈子　岐阜大学　准教授
(おぎそかなこ)
著書等
『介護・医療サービス概論』（編著者）一橋出版株式会社，2007年
『事例に学ぶ生活支援技術習得』（共著）日総研，2008年
『ICFの視点に基づく高齢者ケアプロセス』（編著者）学文社，2009年
『医療職と福祉職のためのリスクマネジメント』（単著）学文社，2010年
『子どもの豊かな育ちへのまなざし』（共著）久美出版，2010年
『生殖ケアソーシャルワーク論』（共著）ヘルス・システム研究所，2011年
　　　　　　　　　　　　　　　　　　　　　　　　　　　など他多数

認知症がある人をケアする
BPSDによる生活場面の困難さ

2012年10月20日　第一版第一刷発行

監修者　佐　藤　八千子
　　　　小　木　曽　加奈子
発行所　㈱学　文　社
発行者　田　中　千津子
東京都目黒区下目黒 3－6－1　〒153-0064
電話 03（3715）1501　振替 00130-9-98842
落丁，乱丁本は，本社にてお取替え致します。
定価は売上カード，カバーに表示してあります。

ISBN 978-4-7620-2323-1　印刷／東光整版印刷株式会社
©2012 Satou Yachiko and Ogiso Kanako Printed in Japan